三农问题研究丛书
SANNONG WENTI YANJIU CONGSHU

新农村建设中的农业保险问题

XINNONGCUN JIANSHEZHONG DE NONGYE BAOXIAN WENTI

冯登艳 张安忠 马卫平◎著

知识产权出版社

内容提要

大力发展农业保险以规避农业风险是市场经济条件下保护我国农民利益和实现农业可持续发展的重要保障，也成为建设新农村要解决的最紧迫的问题。本书研究了我国农业保险存在的问题、国内外农业保险模式的比较分析、农业保险的定性和定量分析、农业保险的市场失灵分析、新农村建设中的农业保险的重要性和农业保险模式选择以及新农村建设中农业保险的普及问题。

责任编辑：蔡　虹

图书在版编目（CIP）数据

新农村建设中的农业保险问题/冯登艳，张安忠，马卫平著．—北京：知识产权出版社，2009.6

ISBN 978-7-80247-726-1

Ⅰ．新…　Ⅱ．①冯…②张…③马…　Ⅲ．农业—保险—研究—中国　Ⅳ．F842.66

中国版本图书馆 CIP 数据核字（2009）第 094256 号

新农村建设中的农业保险问题

冯登艳　张安忠　马卫平　著

出版发行：知识产权出版社

社　址：	北京海淀区马甸南村 1 号	邮　编：	100088
网　址：	http：//www.ipph.cn	邮　箱：	bjb@cnipr.com
发行电话：	010-82000893　82000860 转 8101	传　真：	010-82000893
责编电话：	010-82000860 转 8324	责编邮箱：	caihong@cnipr.com
印　刷：	知识产权出版社电子制印中心	经　销：	新华书店及相关销售网点
开　本：	880mm×1230mm　1/32	印　张：	8.375
版　次：	2009 年 6 月第 1 版	印　次：	2009 年 6 月第 1 次印刷
字　数：	225 千字	定　价：	20.00 元

ISBN 978-7-80247-726-1/F・252

前　言

党的十六届五中全会作出关于“建设社会主义新农村”的决定后，全国新农村建设开展得轰轰烈烈、深入人心。社会主义新农村建设是一项惠及广大农民群众的民心工程，给我国农业和农村发展带来了重大机遇。然而，新农村建设不仅需要政府帮着农民修公路、盖新房、建学校，而且需要建立和完善农业保险等保障制度。“硬件”建设是必需的，但不是新农村建设的全部。与“硬件”相比，农业保险、农村社会医疗和养老保险等“软件”更为重要，因为这些制度绩效的发挥更为持久，是广大农民迫切需要的“安全网”。只有建立和完善农业保险等保障制度，才能最大限度地消除农民面对灾害时的焦虑，才能给农民真正的安全感，满足农民心理安全的需求，才能构建真正和谐的社会主义新农村。

农业保险是指专为农业生产者在从事种植业和养殖业生产过程中，对遭受自然灾害和意外事故所造成的经济损失提供保障的一种保险。农业生产自身的弱质性，以及生产过程的特殊性，决定了成功推动农业保险发展是个世界性的难题。中国是农业大国，也是世界上农业自然灾害最为严重的国家之一。我国农业以独立的农户为主要生产单位，广大农民抗御自然灾害的能力极其脆弱，急需提供风险保障。农业要发展，农民要富裕，新农村要建设，农业保险必须做强、做大、做专。农业保险作为一种专业化、市场化的风险管理机制，在促进农业发展，增加农民收入，搞活农村经济，维护农村社会稳定等方面起着不可替代的作用。农业保险不仅与新农村建设息息相关，而且还有重要的助推作用。

农业保险在新农村建设中具有三个作用、三个功能。三个作用表现在：首先是稳定器的作用。稳定农民基本生活水平，改变了农民“一年受灾，即刻致贫”的现状；稳定农业再生产能力，摆脱了农业“一年受灾，三年难以翻身”的局面；稳定农村小康社会发展，解决了农村“十年致富奔小康，一场灾害全泡汤”的难题。其次是推进器的作用。推进了农业生产集约化、商品化和产业化发展；推进了以养老保险、医疗保险为重点的社会保障体系建设；推进了农村劳动力的转移。最后是调和器的作用。建设社会主义新农村，离不开农村和谐社会建设，建立和完善农业保险制度，才能解除农民的后顾之忧，才能使农民真正有安全感，有利于社会主义新农村的和谐发展。三个功能表现在：一是经济补偿功能。对自然灾害、意外事故给农民造成的损失，通过农业保险的方式进行补偿。二是资金融通功能。通过农业保险，提高了农民偿贷能力，农业保险在防范农业风险的同时也防范金融风险，从而加快了资金向农村的流入。三是社会管理的功能。农业保险使政府的临时救灾行为转变为经济契约行为，从而促进了市场救灾机制的形成，农业保险将逐步承担起救灾补偿的社会管理功能。

发展农业保险是提高我国农业抗风险能力和建设社会主义新农村的重要环节，党中央和各级政府非常重视。自2003年中国保监会会同有关部门共同制定了《建立农业保险制度的初步方案》及2004年进一步明确了农业保险的开展原则和工作方针以来，发展农业保险，促进社会主义新农村建设就成为各方关注的焦点。但农业保险理论研究中还存在着诸多的问题和缺陷，关于农业保险的一些理论和实践问题还未明确，农业保险的属性问题、农业保险的发展模式问题争论很大，农业保险的正式制度创建问题并没有解决。理论上需要对上述问题进行深入系统的研究，以指导农业保险试点和将来的普及工作。本书试图对这些问题进行一些研究，以探讨社会主义新农村建设中发展农业保险的模式问题。

要发展农业保险，首先必须明确农业保险的属性问题，即农业保险是公共物品或准公共物品，还是私人物品，这既是个理论问题，又是个实践问题。我国农业保险自1982年恢复至2004年年初，基本是在商业保险的框架内试验，但因缺乏财政的有力支持，其业务不断地萎缩，甚至处于名存实亡的状态。2004年政策性农业保险试点在一些地方开展以来，尽管取得了一些成效，但目前仍处于起步和试点阶段，农业保险整体供给水平依然很低。供给水平低的根本原因在于没有明确、充分认识农业保险的属性，而对农业保险属性的定位直接影响到其发展机制与模式的选择。

我们认为农业保险是介于公共物品和私人物品之间的、更接近私人物品的准公共物品。准公共物品的供给，可能由私人企业通过市场机制提供，但难以达到社会最优水平。准公共物品虽然并不都完全由国家提供，但是，由于其外部性的存在，国家进行适当的支持是必要的。农业保险的准公共物品属性，以及多风险率、高费用率、高赔付率等特点，决定了它是一项政策性极强的保险，政府对农业保险的支持程度决定一国农业保险的发展水平。然而，农业保险更趋近于私人物品，需要商业化运营。发展农业保险，必须从政策性和商业性相结合上寻求破解之道。

全书共分六章。第一章导论，对农业保险进行了界定（本书涉及的是狭义的农业保险），分析了当前各地农业保险试点中存在的问题，并对国内外农业保险的研究情况进行了介绍。第二章农业保险的定性分析，对马克思和西方经济学者关于农业保险的理论进行了归纳总结。第三章农业保险的定量分析，分析了农业风险发生的概率、农业风险的识别与度量、农业保险的成本—收益以及农业保险对农民和农业生产的影响。第四章农业保险的市场失灵分析，分析了农业保险属性及市场失灵的原因。第五章农业保险发展模式分析，对国内外农业保险的不同模式进行了分析。第六章新农村建设中农业保险模式的探讨，分析了国内外农业保险的发展经验，提出发展我国农业保险，应该走政府支持的商业化经营的发展之路。

本书各章撰写人：冯登艳撰写第二章和第六章；张安忠撰写第三章的第二、三部分及第四章、第五章；马卫平撰写第一章和第二章的第一部分。

目　录

第一章　导　论

一、问题的提出

党的十六届五中全会作出“建设社会主义新农村”的决定。这标志着我国农村政策的一个根本转向：即从“消灭农村”转向了“建设农村”。这一转向对我国农村社会经济的发展具有重大的意义。胡锦涛总书记在十七大报告中提出，要走中国特色农业现代化道路，把目前新农村建设的首要任务纳入了发展中国特色社会主义的体系之中。推进社会主义新农村建设，就是要发展生产，促进农民增收。建设新农村的首要任务，就是推进现代农业建设。农业的现代化建设，就要解决资金问题。首先是资金投入，就是融资问题；其次是资金补偿，就是保险问题。农业作为弱质产业，面临着自然和市场的双风险，农业保险——补偿机制，尤为重要。农业保险作为一种专业化、市场化的风险管理机制，在促进农业发展，增加农民收入，搞活农村经济，维护农村社会稳定等方面起着不可替代的作用，在建设社会主义新农村中发挥着积极的作用。党中央、国务院在关于推进社会主义新农村建设的意见中明确指出：“稳步推进农业政策性保险试点工作，加快发展多种形式、多种渠道的农业保险”。这一论述，充分地说明农业保险不仅与新农村建设息息相关，而且还有重要的助推作用。

中国是农业大国，也是世界上农业自然灾害最为严重的国家之一。我国农业以独立的、分散的农户为主要生产单位，广大农民抗御自然灾害的能力极其脆弱，急需提供风险保障。推进社会主义新农村建设，是我国国民经济和社会发展第十一个五年规划的重要部署，也是一项能够惠及广大农民群众的民心工程，给我国农业和农村发展带来了重大机遇。农业要发展，农民要富裕，新农村要建设，农业保险必须做强、做大、做专。目前农业保险现状，与当前我国农业基础地位及保险业发展状况极不适应，迫切需要建立新型的农业保险制度。

二、研究的范围

对农业保险的范围，有多种多样的看法，归纳起来主要有广义和狭义之分。广义的农业保险包括农业生产保险、农村保险、农民保险，涵盖农业产业的整个过程及相关财产和人员的保险。狭义的农业保险是特指针对农业（种植业、养殖业）生产的保险业务，是通过农户投保在更大范围内分散生产经营风险、在受灾后及时得到损失赔偿的制度。

联合国贸易与发展委员会对农业保险所下的广义定义是："总的说来，它（农业保险）涉及农业的整个过程，首先它包括农作物收割后储藏、加工以及将农作物运输到最终市场。进一步讲，它并不局限于耕种农作物，园艺、种植园、森林等都是。其次，农业生产过程中所使用的财产包括房屋、机器、设备工具、加工厂等都需要得到保护。再次，从事这些活动的人的保险，也是完备意义上的农业保险的必备内容。最后，对农户来说，各种手工业和家庭产品通常是一种重要的收入来源。所有这些都包括在农业保险的范围。"由此可见，农作物的种植仅是农业生产的一个前期阶段。以水果为例，摘收后要作保鲜处理，进行包装、冷藏，产品要通过运输运往各地。这一过程需要保鲜、冷藏所需设备、房屋和运输工具及包装用的纸箱、竹筐等物品，需要投入大量的人力为之劳作。这一生产活动过程中所涉及的人和物及形成相关的责任都应该列为农业保险，都应属农业保险的范围。这样一来，农业保险所涉及的险种就有寿险的医疗、健康、养老、子女教育；非寿险的农业产品种植、养殖、房屋、机器设备、运输工具及运输物品，还有雇主责任、建工责任等。可见，对农业保险内涵的把握对其业务的开拓和发展战略的制定都是非常重要的。

本书涉及的农业保险是狭义的农业保险，专指农业生产保险，包括对种植业和养殖业的保险，即是指专为农业生产者在从事种植业和养殖业生产过程中，对自然灾害和意外事故所造成的经济损失提供保障的一种保险。

农业保险按农业种类不同分为种植业保险、养殖业保险和林木保险；按危险性质分为自然灾害损失险、疾病死亡保险、意外事故损失保险；按保险责任范围不同分为基本责任险、综合责任险和一切险；按赔付办法可分为种植业损失险和收获险。

我国开办的农业保险主要险种有：养殖业保险主要有生猪保险、养鸡保险、养鸭保险、牲畜保险、奶牛保险、耕牛保险、山羊保险、淡水养殖保险、养鹿保险、蚌珍珠保险等；种植业保险主要有水稻保险、蔬菜保险、林木保险、水果收获保险、西瓜收获保险、小麦保险、油菜保险、棉花保险、烤烟保险等。

三、当前农业保险存在的问题

（一）农业保险的发展滞后于保险业的发展

我国农业保险经历了一个缓慢的发展过程，先后经历了试办、停办、再试办及多种模式发展的探索过程。20 世纪 50 年代农业保险的兴起和停办、20 世纪 80 年代前期的恢复和试办。从 1982 年以来，我国农业保险经历了一个曲折的发展过程。1982～1992 年呈上升趋势，1992 年农业保费收入 8.17 亿元，占保费总收入的 2.16%。保险深度为 0.14%，密度为 0.96%。1992～2004 年呈下降趋势（见表1-1），2002 年农业保费收入 4.76 亿元，占保费总收入的 0.16%，保险深度和密度分别降至 0.03%、0.64%；2004 年，我国农业保险保费收入仅 3.96 亿元，全国 2.3 亿农户，户均保费不足 2 元。保费总收入由 1992 年的 378.0 亿元增加到 2004 年的 4318.1 亿元，年均增长 22.5%，农业保险保费收入却由 1992 年的 8.17 亿元下降到 2004 年的 3.96 亿元，年均负增长 5.9%。相对于整个保险业的快速发展来说，中国农业保险发展严重滞后。农业保费收入状况也从一个层面说明了中国农业保险与中国是一个农业大国的国情极不相符的事实。

表 1-1　中国 1992～2005 年农业保险发展情况　　单位：亿元

年份	保费总收入	农业保费收入	年份	保费总收入	农业保费收入
1992	378.3	6.17	1999	1444.5	6.32
1993	525.0	5.61	2000	1599.7	5.55
1994	630.0	5.04	2001	2112.3	3.33
1995	683.0	4.96	2002	3054.2	4.76
1996	776.0	5.74	2003	3880.4	4.46
1997	1080.0	5.76	2004	4318.1	3.96
1998	1261.6	7.15	2005	4927.0	7.50

以上部分资料根据《中国统计年鉴》及《中国保险年鉴》整理而来。

从 2004 年开始，保监会遵循“先起步、后完善，先试点、后推广”的原则，按照“总体规划、阶段部署、抓好试点、逐步推进”的工作方针，在黑龙江、吉林、上海、新疆、内蒙古、湖南、四川、江苏、辽宁等地进行农业保险试点，组织筹建了多种农业保险组织，为建立具有中国特色的农业保险模式进行了有益的探索。其中阳光、安华、安信等专业农业保险公司都取得了较好的业绩和成功的经验，极大地促进了当地农村经济的发展和农民生活水平的提高。2005 年，我国农业保险保费收入达 7.5 亿元，同比增长 89%。其中，种植业保险保费收入 6.7 亿元，同比增长 92%；养殖业保险保费收入 0.8 亿元，同比增长 80.2%。农业保险覆盖了超过 4000 万亩粮食作物，超过 1.1 亿头家禽和牲畜。2006 年第一季度，农业保险保费收入达 8400 万元，比上年同期增长 25%，继续保持着良好的发展势头。2006年，全国大部分省市区通过多种形式、多种渠道发展政策性农业保险。

2007年4月，中央财政10亿元资金正式注入被列为首批中央财政政策性农业保险试点的内蒙古、吉林、江苏、湖南、新疆、四川六个省区。财政部提交的财政预算报告显示，2008年中央财政将安排60.5亿元来健全农业保险保费补贴制度，这意味着政策性农业保险将取得新的突破。

（二）农业保险试点过程中的问题显现

尽管自2004年以来，政策性农业保险试点工作取得了显著成效，但政策性农业保险在我国还仅仅处于开始和试点阶段，险种不足、覆盖面不广、参保率比较低等问题依然突出，同时面临很多的阻力和困难，正式制度的创建问题并没有解决。其经营规模远远不适应建设社会主义新农村的需要。

1. 政府补贴问题

从国际上看，凡是农业保险搞得较好的国家，政府对农业保险都给予多方面的支持，如实行免税政策，对保费给予一定比例的补贴，政府出面制定和实施农业保险计划等。要发展农业保险，如果没有政府补贴和多方面政策的支持，从长远看，无论采用哪种农业保险模式，其保障作用都很有限。在上海、浙江等少数经济发达地区，农业占该地区GDP的比重比较小，政府财力雄厚，无论采用“大农险”模式，还是实行“共保体”模式，政府补贴都不成问题，这为农业保险的发展创造了良好的外部环境。但是在经济欠发达地区，农民收入水平较低，政府补贴明显不足，这是制约农业保险发展的关键。当前发展农业保险的关键是如何加大政府补贴和支持力度，这种补贴既包括硬补贴，也包括软补贴，至于“补多少”、“补给谁”、“如何补”等则是另外一个层面的问题。

目前我国的政策性农业保险，特别是中央财政支持的政策性农业保险，补贴的险种不足、覆盖面不广的问题依然突出。中央财政在确定补贴省份时，只选择了部分省份，没有惠及全国。补贴只考虑了种植业，事实上，目前养殖业已经成为一些地方农业经济的重要支柱，保险应参与其中。我国尚未建立全国范围的补贴和支持制度，中央政府补贴不足，是制约我国农业保险实现跨省（市）区发展的根本因素。

2. 农民购买力与购买愿望较低的问题

农业生产因自然再生产和经济再生产相互交织，具有自然灾害发生频繁和范围广泛等特点，使得其风险损失率较高，加之农业产品的分散，展业不便，成本很高，使得农业保险比起其他财产保险价格高得多。各国的经验表明，一切险农作物保险的费率在2%～15%之间，比之家庭财产、企业财产的损失率（1‰左右）高出十几倍到几十倍，而农业保险面对的是收入较低的投保人。我国农户生产规模小、收入低、保费支付能力低，特别是在我国中西部地区主要从事小规模种植业的农户，大多缺乏为其农牧业生产项目投保的支付能力，要让他们自愿购买农业保险这种特殊产品很难。当然，收入较低并不是农业保险参与率不高的唯一原因。研究表明，即使农民收入较高的国家，如果按照农作物的损失率厘定保险费率，农民对农业保险的自愿投保积极性也都不高，所以美国、加拿大、日本等农业保险比较发达的国家，政府都给予较多的保费补贴。根据 Luz Maria Bassoco 等人（1986 年）对墨西哥农业保险补贴问题的研究表明，政府的保险费补贴低于 2/3 时，农业保险对农业生产者就缺乏足够的吸引力。

在我国比较发达的东部地区或中西部的城市郊区，农户的收入相对较高，但这些地区在自愿投保的条件下，农户也很少有投保的意愿。这是由于农业的预期收益相对于其从事乡镇企业或外出打工的收入来说，实在是微不足道。部分农民甚至将农田无偿转让给他人种植。对农作物收成本身都没有兴趣，更不可能有投保农业保险的热情了。

3. 不符合保险的大数法则

保险是以大数法则为基础的，即是说，投保主体越多，则保费越低，保障的风险也越小。农业风险由于其时间和空间的高度相关性，一旦发生可能会在短时间内跨越几个县甚至几个省的保险对象同时发生灾害事故，遭受巨灾损失。要分散农业风险，必须在更大地域甚至全国建立这种保险制度。然而就目前农业保险的试点情况来看，虽然已有许多农业保险试点模式，在有的地区虽然取得一定的成功，但仅停留在相对狭小的区域和品种范围内，投保者主要是一些种养大户，没有足够的量和面，农保公司普遍偏安一隅。这些农保公司多由地方政府补贴或给予税收优惠，在扩张时易遭遇地方财政补贴难题，地方性农保公司难以实现跨省（市）区运营以分散风险。这样一来，大数法则就难于正常发挥作用，其最终必然导致这样的结局：或者农业保险的保费过高，或者经营农保的公司亏损，或者国家补贴太多而财政包袱过重，或者兼而有之。

4. 缺乏风险管理措施和有效的巨灾风险分散机制

由于农业受自然因素影响较大，因而农业保险的风险就较大，故必须对农业保险进行风险管理，最终达到减轻投保人、保险人及国家的经济负担，从而达到使农业保险得到顺利发展的目的。然而，在中国目前试点的农业保险中，并没有风险管理的相应措施，这对农业保险的可持续发展非常不利。

各地试点的农业保险公司遭遇相同的难题—农业再保险的缺失，巨灾发生时，农业保险公司难以承担巨额赔偿。2008 年雪灾中农业保险的赔付占总赔款的比例不到 4%。

农业风险的特征，使得保险公司不能在同一地区通过集合大量标的来分散农业风险，保险公司承保的标的越多，风险越集中，保险人的经营风险就越大。一旦发生巨灾，经营农险业务的保险公司将遭受重创。因此各国在开展农业保险时都建立有效的农业风险分散机制，通过再保险或者农业风险基金等形式来分散农业保险经营者的风险。在美国，政府通过联邦农作物保险公司对参与农作物保险计划的各种私营保险公司、联营保险公司和再保险公司提供再保险支持。日本则由都、道、府、县的共济组合联合会和中央政府为市、町、村的农业共济组合提供两级再保险。由于缺乏再保险支持和巨灾风险转移分摊机制，风险无法在更广的范围内分散，保险公司的经营积极性和经营能力受到较大影响，我国农业保险试点的进一步发展受到严重制约。

2007 年 5 月底，在中国保监会的推动下，中国人民财产保险股份有限公司、中华联合财产保险公司和安华农业保险股份有限公司等国内主要经营农业保险的保险公司共同与中国再保险集团公司签订了政策性农业再保险框架协议，为 2007 年享受中央财政保费补贴的吉林等六省市的主要粮棉油作物保险的再保险作出初步安排。该协议的签订，仅是我国朝建立政策性农业保险再保险支持体系和巨灾风险转移分摊机制迈出的第一步。

5. 缺乏专门农险法律法规

农业保险经历了 20 多年的发展，至今还没有专门的农业保险法律或相关的农业保险实施条例。农业保险体制相关规定的缺失，使得政府在农业保险中的主导地位不明确，即使政府积极参与和推动，也缺乏法律依据，导致了在实际运营中农业保险公司的经营风险过于集中，很难实现农业保险公司的持续发展。

大力发展农业保险以规避农业风险，是市场经济条件下保护我国农民利益和实现农业可持续发展的重要保障，也成为建设新农村要解决的最紧迫的问题。新农村建设迫切呼唤着农业保险的支持和保护。发展农业保险是提高我国农业抗风险能力和建设社会主义新农村的重要环节，党中央和各级政府非常重视。自 2003 年中国保监会会同有关部门共同制定了《建立农业保险制度的初步方案》，2004 年进一步明确了农业保险的开展原则和工作方针以来，发展农业保险，促进社会主义新农村建设就成为各方关注的焦点。但农业保险理论研究中还存在着诸多的问题和缺陷，关于农业保险的一些理论和实践问题还未明确，农业保险的属性问题、农业保险的发展模式问题争论很大，农业保险的正式制度创建问题并没有解决。理论需要对上述问题进行深入系统的研究，以指导农业保险试点和将来的普及工作。

（三）我国农业保险发展空间巨大

2008 年，农业保险作为一项事业纳入《中共中央关于农村改革发展若干重大问题的决定》中，使其成为全国上下极为关注的焦点。从 2006 年 23 号文件到年初的全国金融工作会议以及中央“一号文件”，都清晰地表达了推进农业保险发展的战略部署。今后，我国农业保险发展迎来了前所未有的大好契机。

“十一五”时期，我国农业和农村经济发展的三大任务：一是确保粮食等农产品有效供给，具体目标见表 1-2；二是确保农业增收和农民持续增收，农民收入年均增长 5%以上，增加农民培训和就业机会，鼓励自我发展；三是确保农村社会和谐发展，农业布局趋于合理，结构优化，养殖业占比达 50%，加快农村二、三产业发展，农产品加工业与农业产值之比超过 1.5∶1。推进农村基础设施建设，改善农民的饮水、能源、道路、居住、通讯等条件。这对保险业来说是个很好的发展机遇期。

表 1-2“十一五”期间我国农产品供给目标

种类	数量
粮食播种面积	1.0333 亿公顷
粮食综合生产能力	5 亿吨
棉花	680 万吨
油料	3200 万吨
糖料	1.2 亿吨
肉	8400 万吨
蛋	3000 万吨
奶	4200 万吨
水产品	6000 万吨

资料来源：全国农业和农村经济发展第十一个五年规划。

“十一五”期间，国家将继续加大对“三农”的投入，如投资1377亿元继续实行退耕还林工程，农村教育投资2181亿元，主要用于改善农村义务教育办学条件，建设农村公路投资1000多亿元，基本实现全国所有乡镇、东中部地区建制村通沥青路或水泥路，西部地区基本通公路。投入超过300亿元建立与农民收入相适应的县、乡、村三级农村医疗卫生服务网络，解决农民看病难问题和鼓励计划生育。2006年投入农业综合开发资金366.4亿元，用于提高农业综合生产力和促进农民增收。这种投入是前所未有的，巨大的投入一定会带来巨大的变化，需要保险提供服务和保障支持，这给农业保险业提供了一个巨大的业务拓展空间。

四、国内外对农业保险的研究情况

农业是基础产业和弱势产业，如何利用农业保险来防范和化解农业风险，是当今各国及经济学界所共同关注的课题，也是世界性的难题。国内外研究表明，农业保险离不开政府的重视和支持，走单纯的商业化之路行不通。

（一）国外对农业保险的研究

国外对农业保险从农业经济方面的理论研究自20世纪30年代就已经开始。国外学者对农业风险保险的研究大多集中在对农业保险政府是否应该补贴、市场失灵、覆盖范围、保费厘定方式、保障水平及再保险等方面。许多研究表明，农业保险必须走政策性发展之路。

1. 关于政府是否对农业保险进行补贴的研究

美国学者Valgren（1939年）在研究了1917年和之后的20年代初期北达科他州和蒙大拿州提供农作物保险的火灾保险公司惨败的经历后总结：政府介入农作物保险的基本原因是农作物保险市场无法由私人企业来承担。Luz Maria Bassoco等人（1986年）对墨西哥农业保险补贴问题研究，认为政府的保险费补贴低于 2/3 时，对农业生产者就缺乏足够的吸引力。Jefery R. Williams 等通过对农场水平的纯收入曲线的随机动态分析，对个体保险、区域保险、灾害援助计划和政府农产品稳定计划等进行比较后，认为灾害援助计划是最优选择，个体保险优于区域保险，如果促使风险厌恶个体选择区域保险，那么政府必须给予补贴（Jefery R. Williams，Gordon L. Carriker，G. Art Barnaby，Jayson K. Harper，1993 年）。Wright 和 Hewitt（1994 年）发现，历史上使用私人来承担农业保险多重险的尝试无一幸存。对于农业一切险和多重险的保险，基本上都由政府来直接或间接经营。Hazell（2000 年）得出结论："政府的直接经营或大量补贴是这些国家农业保险发展的必要条件"。

关于农业保险的持续发展问题，Hazell（1986 年）认为农业保险业持续发展（Z）应满足的条件是：当期保险费收入（P）必须能够保证当期的保险赔偿支付（I）加上管理成本（A）和巨灾损失准备金（C），即 $Z=(A+I+C)/P\leqslant 1$。他同时分析并计算了 5 个国家的农业保险经营情况（见表 1-3）。

表 1-3 部分国家农业保险经营情况统计

国家	时期	I/P	A/P	$(A+I)/P$
巴西	75～81	4.29	0.28	4.57
哥斯达黎加	70～89	2.26	0.54	2.80
日本	85～89	0.99	3.57	4.56
墨西哥	80～89	3.18	0.47	3.65
美国	80～89	1.87	0.55	2.42

资料来源：OECD，1999，Agricultural Finance and Credit Infrastructure in Transition Economies。

从表 1-3 中 5 个国家的统计资料可以看出，农业保险的经营成本相当大，即使不考虑巨灾损失准备，表中 5 个国家的农业保险公司 $Z>2$，也无法满足商业性保险公司发展的要求。表中 5 个国家的农业保险赔付率（I/P）几乎都超过100%，巴西甚至达到429%；保险管理成本（A/P）较高，一般超过30%。因此，没有政府的大力资助，无论是政策性还是商业性的保险公司都难以生存。政府的资助和参与是农业保险持续发展的必要条件（K. Goodwin 等）。

但是，政府主导型农业保险的发展普遍面临着成本效率的矛盾。许多学者认为，政府的直接介入可能对私人保险产生“挤出效应”，同时政府经营往往效率低下，必然造成社会资源的浪费和社会福利的下降（Skees，Hazell and Mirandia）。Siamwalla 和 Valdes（1986年）利用消费者盈余和生产者盈余的概念进行成本—收益分析后，得出对农业保险不应该补贴的结论。他们认为，保险公司通过向农场主出售保单收回成本，农业保险本身并不是公共产品，不该对其补贴。Goodwin 和 Smith（1993年）对美国农作物保险的需求水平进行了估算，认为农作物保险的需求弹性较低，在参与联邦农作物保险计划的农业生产者中，规避风险只是促使他们投保的一个次要原因，农民是否参与农作物保险计划主要是根据预期利益的大小，即保费补贴的高低来决定的。Calvin 与 Quiggin（1999年）发现，农民参与联邦农业保险项目的原因中，风险规避仅仅是一个很小的因素，而主要是为了得到政府的补贴。现实中，世界上许多国家对农业保险的直接介入，使政府背上了沉重的财政负担，因而纷纷转向寻求市场导向型农业保险的发展方向。

2. 关于农业保险市场失灵的研究

1970年以后，运用经济理论在解释为什么农业保险会出现私人多重险和一切险保险市场的失灵，理论界主要从两方面进行了讨论：首先，由于农业风险具有系统性风险的性质，其覆盖面和灾害深度较为严重，因此，保险很难克服这方面的困难。其次，存在道德风险和逆向选择问题。而主流观点认为主要是由于保险人和被保险人之间在信息不对称条件下所引起的逆向选择和道德风险问题（Knight and Coble，1997年），导致农业保险市场失灵。逆向选择和道德风险表现在农业保险的参与率问题上，国外有很多的实证和计量经济学方面的成果。一些模拟研究结果显示 MPCI 的（Multiple Peril Crop Insurance 的简称，即作物多重险保险）收益会随着农场位置、作物和区域的不同有显著的差异。其中一些研究表明，MPCI 主要是对于所有没有保险的农场或者对于那些风险厌恶的农场主。另外有些研究表明也有由于 MPCI 所提供的收益比较小而放弃农业保险的。计量经济学分析表明，那些对于保险能够带来的期望收益比较高的农户倾向于购买保险，说明 MPCI 存在着逆向选择。其他在计量经济学方面研究的方向主要是随着农场规模的增大，农业保险的参与率增加。农场在各种作物和牲畜的管理上分散风险的能力越强，其从 MPCI 中得到的益处越少，而越倾向于不购买 MPCI。随着保险费率的增高，那些农场自然风险或者收入风险变化显著的单位倾向于购买农业保险。1989 年美国农业部作了一项全国调查，对没有参加联邦农作物保险的农民分析了不参加保险的原因，并进行了排序（Wright and Hewitt，1994 年），调查发现，前五位原因分别是保障太低、保费太高、更愿意自己承担风险、农场是分散化经营的、拥有其他农作物保险，前五位原因占到总量百分比的 84.9%。可见，国外对于农业保险市场的需求问题主要是从逆向选择这个角度进行分析的。也有 Serra 和 Goodwin 等（2003 年）在对农业保险需求的实证研究中发现，对于美国农民，随着其初始财富到达一定程度以后的增加，其风险规避减弱，因而购买农业保险的动机降低。

3. 关于农业保险功效方面的研究

国外对农业保险功效方面的研究较国内的研究更加深入和细致。Hazell（1986 年），Knight and Coble（1997 年，1999 年），Glauber and Collins（2002 年），Paul and Krishnamurthy（1995 年），Nelson and Loehman（1987 年），帕克雷（1989 年）等人分析了农业保险对农户的作用、农业保险的实施对作物产出的弹性等问题，并进行了较深入的研究。

理论上认为，国家每年用于救灾的资金往往取决于当年的财政收入，因而，救灾的力度也往往会随着财政收入的波动而处于一种波动的状态。如果将救灾资金通过农业保险的形式对受灾农民进行救助，将有利于实现财政支出的稳定；农业保险有助于促进农村金融的发展；农业保险还有助于提高农民的效用水平（博尔奇，1999）、促进农业科学技术的推广和有助于农民迅速恢复再生产。

（二）国内对农业保险的研究

我国对农业保险的理论进行研究起始于 1935 年，以王世颖（1935 年）、黄公安（1936 年）为代表的农业经济学家对当时国外农业保险的运作制度进行了研究，并结合当时中国的具体情况，对中国农业保险的实施意义及模式等方面进行了较为深入的研究，开创了农业保险研究的先河。然而，农业保险的研究在 1980 年代以前由于各种原因而进展缓慢。直到 1982 年，中国人民保险公司重新开办农业保险业务之后，以郭晓航（1982 年，1983 年，1984 年等）、庹国柱（2002 年）、李军（1996 年）为代表的农业经济学家又开始对农业保险进行系统的研究和分析，其主要集中于农业风险以及理赔的复杂性（龙文霞、姜俊臣等，2003 年）、农业发展水平低下以及保险费率高昂与农民收入低下的矛盾（丁少群、庹国柱，1994 年；刘宽，1999 年）、农业保险具有准公共物品性质（李军，1996 年；庹国柱、王国军，2002 年）、农业保险的外部性以及农业保险过程中的道德风险和逆向选择问题（庹国柱，2002 年；冯文丽，2003 年）、农业保险的二重性（刘京生，2000 年）等，以及由此而导致的政策性保险问题等方面（郭晓航，1986 年；庹国柱、王国军，2002 年；皮立波、李军，2003 年；杨世法、王荫祥、刘国祯，1990 年；史建民、孟昭智，2003 年；胡亦琴，2003 年）。

1. 关于农业保险属性的研究

多数学者认为农业保险不是私人物品，而是准公共物品。比如，李军（1996 年）提出农业保险应当属于准公共物品，而不属于私人物品；刘京生（2000 年）认为农业保险具有商品和非商品两重性；庹国柱和王国军（2002 年）主张农业保险是介于私人物品和公共物品之间的一种物品，但更多的趋近于公共物品；冯文丽和林宝清（2003 年）从福利经济学的角度，论证了农业保险是一种准公共物品，揭示了农业保险具有生产的正外部性和消费的正外部性；陈璐（2004 年）则认为农业保险应属于混合产品中的第三种类型，是具有利益外溢特征的产品；黄英君（2007 年）认为农业保险具有不完全的排他性和竞争性，既非纯粹的公共物品，亦非纯粹的私人物品，而具有准公共物品的特性。显然，这些学者都认为，农业保险既不是公共物品，也不是私人物品，而是介于公共物品与私人物品之间的准公共物品。官兵（2008 年）对“农业保险是公共物品”的观点进行了反驳，认为农业保险是私人物品。

2. 关于农业保险发展模式的研究

国内学者对农业保险属性的研究得出农业保险必须走政策性发展之路（郭晓航，1986 年；杨世法、王荫祥、刘国祯，1990 年；庹国柱、王国军，2002 年；皮立波、李军，2003 年；史建民、孟昭智，2003 年；胡亦琴，2003 年）。庹国柱（2001 年）揭示了农业保险“准公共性”属性后，指出我国以往商业保险公司经营农业保险失败的根本原因是没有充分认识农业保险所具有的特殊属性，并认为农业保险的纯商业性经营是不可能有出路的，它的出路在于政策性框架下的经营。谢家智、魏忠海（2005 年）则从农业保险经营特性来研究农业保险性质，得出结论：农业保险需要政府补贴，不具商业性。

比较系统研究保险制度模式的学者有林宝清、刘京生、庹国柱等。刘京生（2000 年）在分析了财政补贴型、自主经营型和财政支持型三种制度模式的利弊后，提出了财政支持下的相互制公司型作为我国农业保险制度模式的设想。庹国柱、朱俊生（2004 年）提出了四种模式：政府主办政府组织经营的模式；政府支持下的合作互助经营模式；政府支持下的相互保险公司经营模式；政府主导下的商业保险公司经营模式。冯文丽（2004 年）则提出农业保险应体现国家风险管理政策和收入转移政策的“双重政策性功能”，对农业保险制度创新提出了一些设想。

农业保险为什么必须走政策性发展之路，其原因有以下几个主要方面：

①农业保险是准公共物品，其“公共部分”应该由政府支持。介于公共物品和私人物品之间的准公共物品的供给，可能由私人企业通过市场机制提供，但难以达到社会最优水平，甚至出现市场失灵。

②保险费率过高，农民难以承受。由于农业风险的复杂性以及高成灾率，农业保险费率一般都比较高。

③险种设置不能满足农户要求。

④认为农户的侥幸心理严重，购买保险的意识不强。

⑤农业保险消费过程中的正外部性作用，以至相对于社会最优化的需求不足。

⑥在经济发达地区，由于农民收入中源于种植业和养殖业收入的下降，在保障水平不高（低于 70%）的情况下，由于这种补偿收入的预期很小，农民没有动力进行保险。

国内学者对我国农业保险发展模式争论较多，对我国农业保险试点中存在的问题及对策的研究还较少。

第二章　农业保险的定性分析

一、农业保险理论

（一）马克思关于农业保险的理论

在发现了资本主义剩余价值的秘密后，马克思进一步对剩余价值的补偿和保险功能进行了分析。他认为，资本家为了实现对资本主义剩余价值连续不断的追求，“在不变资本的再生产过程中，从物质方面来看，总是处于各种使他遭到损失的意外和危险中，因此，利润的一部分，即剩余价值的一部分，必须充当社会保障基金”[1]。这部分基金“甚至在资本主义生产方式消灭以后也是必须继续存在的一部分。”[2] 恩格斯也说：“防止‘损失’的保险费确实是从剩余价值中提取的，但它算在利润之外。”马克思在《哥达纲领批判》中指出：“如果我们把‘劳动所得’这个用语首先理解为劳动的产品，那么集体的劳动所得就是社会总产品。现在从它里面应该扣除：第一，用来补偿消费掉的生产资料的部分。第二，用来扩大生产的追加部分。第三，用来应付不幸事故、自然灾害等的后备基金或保险基金……剩下的总产品中的其他部分是用来作为消费资料的。在把这部分进行个人分配之前，还得从里面扣除：第一，和生产没有关系的一般管理费用……第二，用来满足共同需要的部分，如学校、保健设施等……第三，为丧失劳动能力的人等设立的

[1] 马克思．资本论：第三卷［M］．北京：人民出版社，1975：900.
[2] 马克思．资本论：第三卷［M］．北京：人民出版社，1975：958.

基金，总之，就是现在属于所谓官办济贫事业的部分。”[1] 从以上的论述中我们可以看出，社会保障在国民经济运行中的地位十分重要，不仅要“为丧失劳动能力的人等设立的基金”，而且还要设立“用来应付不幸事故、自然灾害等的后备基金或保险基金。”马克思认为社会保障基金是对社会总产品的一种必要的扣除，而这部分扣除是包含于工人创造的剩余价值之中的。从剩余价值的角度对社会保障资金的来源进行分析，目的是为了指明工人的保障资金并不是资本家的“慈善”基金，而是工人自己创造的和应有的。马克思认为将社会总产品分配给劳动者个人时，应首先扣除社会保障费用的论断也说明：在国民收入分配的过程中社会保障具有非常重要的地位，扣除社会保障费用是在财富的二次分配问题上体现真正的公平。这种公平性在于维护和延续社会有机体的生命力，是通过国民收入再分配实现收入转移的，对低收入者或无收入者提供了必要的帮助，减少了社会成员的风险，从而起到社会稳定器和安全网的作用。

从马克思的论述中可以得出，农业保险是对农业总产品的一种必要扣除，农业保险费或农业保险基金就是农业总产品中的一部分。

（二）福利经济学的农业保险理论

福利经济是现代西方经济理论的一个重要组成部分，福利经济理论论证了国家举办社会福利的必要性以及政府应该采取的政策措施，为国家建立福利经济制度提供了理论依据，同时也为农业保险的实施提供了理论依据。农业保险的保障对象—农业是国民经济的基础产业。农业稳定的受益者不仅仅是农民和农村，而是整个国民全体和整个社会经济，农业歉收使全社会的每个成员和整个社会的

[1] 马克思，恩格斯．马克思恩格斯选集：第三卷［M］．北京：人民出版社，1972：9-10.

福利遭受损失，农业保险发挥着保证农业再生产和稳定国民经济的作用，使全社会享受农业稳定、农产品价格低廉所带来的福利。政府通过对农业保险进行财政补贴，可以使社会福利大幅度地增加，保险公司和农民只是获得其中的一小部分，而大部分都回馈给了整个社会，从而增加了社会总福利。

根据福利经济学的理论，农业保险的福利功效具体表现为促进农业产业化、保护农民收入稳定、实现支农性国民收入再分配、对经济带来有利的乘数效应以及政策功效等方面，通过这些有利的影响实现国民收入总量增加或者分配均等化，具体分析如下：

1. 农业保险促进农业产业化

农业产业化在生产规模化、集约化的同时，也加大了风险的集中和扩大。农民一旦经营失败，将可能颗粒无收，甚至负债累累，较大的预期风险在一定程度上制约了整个农业产业化的进程。

农业保险可以有效地解决农业产业化过程中风险集中和扩大的问题，确保灾后农业生产能力的迅速恢复，稳定和加强产业链的基础环节，保证产业化的持续健康发展。农业保险可在一定程度上降低风险预期，加快农业产业化进程。对于农业生产者而言，农业保险是一种非常重要的转移农业风险的财务手段。一方面，农业生产者只要参加了农业保险，就能以少量的保险费支出，把不可预料的农业风险损失转移出去，形成一种现实的互助性风险保障；另一方面，把农业保险费计入生产成本由社会承担，可以依靠社会力量建立起一种可靠的农业灾害补偿制度。这种分散风险、提供经济补偿的制度可以将农业专业化生产的风险转嫁出去，降低农业投资者的风险预期，使原本不可能进行的投资在保险保障下得以实现，因而，可在一定程度上提高农业产业化程度。此外，通过农业保险，将农业产业化组织中的各个经营主体的利益和风险进行有机的联系，形成一种有效的利益共享、风险共担机制，进而强化农业产业化的组织基础，确保产业化进程的顺利开展。

农业保险为农业产业化组织编织了一张“安全网”。简言之，农业保险对农业产业化产生有利影响的路径为：使农业投资者风险预期降低—投资增加—产业化程度提高—产出效率提高—国民收入增加—社会福利增进。

2. 保证农民收入稳定

农业保险是为农业生产遭受的灾害损失提供保障的一种风险转移和补偿的制度安排，它能够保证农民收入稳定。Kraft（1996年）认为，农业保险影响农业净收入的概率分布。农民购买农作物保险需要支付保险费，从而会减少农户可获得的最大收入，但反过来也减少了低收入的可能性。Yamauchi（1986年）用日本 Aomori Prefecture 的案例来说明农业保险对稳定农民收入的好处。样本数据来自一个村庄的 15 个农户，他们的稻谷在 1980 年由于夏季严重低温遭受了全部损失。但由于购买了农业保险，稻谷保险赔偿额达到了正常年份稻谷总收入的 64%。这个赔付是非常高的，不仅弥补了种植稻谷的经营成本，还赔付了相当一部分的净利润。无论是 Kraft 的理论分析，还是 Yamauchi 的实证分析，都共同说明了一个事实：农业保险在灾害事故发生时可以使农民获得最低保障收入，从而起到了收入稳定器的作用。总之，通过农业保险能有效降低产业化组织及农户的损失，从而稳定了农业生产者的收入水平，保护了农民再生产的能力和积极性。与此同时，由于灾后农业生产能力的迅速恢复，产业链的基础环节得到了稳定和加强，为农产品加工、销售、服务等环节的振兴和发展提供了条件，这在一定程度上提高了农民收入，有利于全社会的收入均等化，从而增进了社会福利。

3. 实现支农性国民收入再分配

农业保险的国民收入再分配功效主要体现在：一方面，农民交给保险机构的保险费将会在受灾农民和非受灾农民、受灾地区和非受灾地区之间进行再分配；另一方面，由于政府对农业保险进行补贴，整个国民经济和农业部门之间也将会进行再分配。Goodwin

(2001 年) 认为，农业保险是财政部门对农业部门进行转移支付的一个重要工具。据他测算，在 1988~1999 年期间，农民平均支付 1 美元的保费，就可以收到 1.88 美元的赔偿。

无论是未受灾农民和受灾农民之间、受灾地区和未受灾地区之间的再分配，还是农业部门和整个国民经济之间的再分配，它们都可以使国民收入的分配相对均等和合理。根据庇古的福利标准，整个社会的经济福利都会有所提高。

4. 对经济带来有利的乘数效应

由于农业在国民经济中的基础地位，以及农业与国民经济各部门之间的千丝万缕的联系，农业保险对农业生产和农民收入的保障作用在整个国民经济内都会产生有利的乘数效应。据 Leatham 等人 (1997 年) 对北达科他州的实证研究表明，农业保险赔款对商业销售额、个人收入、就业和州总产值等能产生一定的间接贡献。

商业销售额效应系数 (即乘数) 为 2.3 说明 1 美元的农业保险赔款将刺激整个州的商业销售额增长 2.3 美元；个人收入效应系数为 1.03 说明，1 美元的保险赔款会使整个州中个人收入增长 1.03 美元；就业效应系数 51.6 说明农业保险赔款每增加 100 万美元，就可以为全州提供 51.6 个岗位；州总产值效应系数为 1.14 说明 1 美元的农业保险赔款可以使州总产值增加 1.14 美元。

5. 农业保险的政策功效

WTO 规则要求各成员逐步开放农产品市场并减少对农业的补贴，但与农业生产相关的自然灾害保险都作为“绿箱”政策，不予以限制，世界各国也都运用了政府参与保险计划的方式支持本国农业发展。因此，在 WTO 规则框架下，农业保险可以作为扶持农业发展的一种有效的政策工具。

世贸组织把农业国内支持政策分为三类：对贸易无扭曲或最小扭曲的支持政策被称为“绿箱”政策，免除削减承诺；最具扭曲效应的支持政策称为“黄箱”政策，需要分阶段削减；在限产计划下给予的直接支付通常被称为“蓝箱”政策，扭曲程度介于两者之间。

“绿箱”政策是今后 WTO 规则许可的主要农业国内支持措施，许多国家正将必须承担削减义务的“黄箱”政策转变为“绿箱”政策。其中，农业保险属于免于削减的“绿箱”政策，正日益受到各国政府的重视。例如，在美国，农业保险是实施农业保护的一项非常重要的手段和方式。为减轻自然灾害给农民可能造成的风险损失，美国政府对从事农业保险的机构提供大规模的保费补贴，从而使农民能以较低的费率普遍参加农业保险。美国于 2000 年 6 月通过《农业风险保护法》，在 5 年内提供总计 82 亿美元的财政支出，补贴农业保险；2002 年 5 月通过新《农业法案》，要求政府在未来 10 年内对农业提供高达 1900 亿美元的补贴，其中大多数是通过农业保险的方式资助农业的。

总之，从福利经济学的观点来看，农业保险能够增进农民福利，进而增进整个社会的福利。

（三）新制度经济学理论

以科斯、诺思为代表的新制度经济学派有效地把“需求—供给”拓展到制度领域，认为制度是重要的，经济增长的关键在于制度因素。有效率的制度安排能够促进经济增长和发展，无效率的制度安排则会抑制甚至阻碍经济的增长和发展。诺思定义制度是一整套规则，是应遵循的要求和合乎伦理道德的行为规范，用以约束个人的行为。制度类型有需求诱致型和供给主导型。T.W 舒尔茨、诺思等对制度需求进行了研究，T.W 舒尔茨在《制度与人的经济价值的不断提高》一文中提出，人的经济价值的提高产生了对制度的新的需求，一些政治和法律制度就是用来满足这些需求的。新制度经济学派认为制度供给取决于政治秩序提供新的制度安排的能力和意愿。每一项能预期带来收益的制度安排都需耗费成本，由于不同行为主体的效用函数和约束条件的差异，它们对某一制度安排的收益和成本可能有不同的评价标准。诺思在分析制度供给时，指出了意愿制度供给和实际制度供给存在不一致的情况，其原因主要是强制性制度变迁、信息不对称、地方差异等因素的存在。从供求角度看，当制度需求与制度供给相适应时，存在制度均衡，而当二者不一致时，存在制度不均衡，于是制度创新将出现。新制度经济学理论是农业保险制度产生及农业保险实现组织创新与制度变革的理论依据。

制度创新的过程就是制度产生、替代与转换的过程。由于人们进行制度创新是为了获取利润，因此，制度创新过程是寻找一种可以获得外在利润同时成本最小的制度安排的过程。各种风险的存在是削减农业经济活动的一个重要因素，对农业风险的分散与克服也能带来利润，减少风险的损失实际上就是增加农民收入，实际生活中大多数农民都是厌恶风险的，农民倾向于更为确定结果的活动。农业保险公司的建立就是克服对风险的厌恶的制度创新，农业保险利用大数法则，分散了农业经济风险，保证了农民收入的稳定性。制度的一个重要功能就是减少不确定性和降低风险，农业保险是保证交易的确定性的一种制度安排。一般经济制度是由于交易活动过程的不确定性而形成的，而保险制度不是为了降低交易费用，而是为了确保交易成果的稳定性，通过在时空上分散局部风险来补偿具体的风险损失，它对整个经济制度的运转起保障作用。

由于人们对事物的认识常常受所在的社会文化传统和意识形态的影响，与一个社会固有习惯和传统相一致的制度创新方向通常是成本最小的方向。对创新能否发生影响更大的是创新成本，而制度创新成本的大小又因制度创新主体的不同而不同。制度主体有三个层次：个人、组织和国家。相应地，制度创新也分为三个层次：由个人独自推进然后大家仿效的制度；各种组织以自愿协议形式建立的制度；政府强制推行的制度。不同层次的制度安排其制度创新过程的特点也不相同：由个人创新的制度，没有组织成本和强制执行成本，但收益增长的可能性是有限的，其制度创新缺乏规模效益；

由团体和组织创新的制度，在制度创新之前必须在组织或团体内形成一致的意见，然后才能进行创新，而这必然要支付组织成本。随着组织人数的增加和规模的扩大，达成一致的成本也随之提高，过大的组织成本常常使制度创新无法实现；国家的制度安排，由于以国家的强制力为依靠，因而不需要一致同意，组织成本较小。但是由国家进行的制度创新，任何人无论赞成与否都必须执行，这必定带有较大的“强制成本”。农业保险制度的变迁同样遵循所有制度变迁的一般演变过程即从低效的制度向高效的制度变迁的过程。这样的一个历史过程可以提高效率、节约成本，从而增加社会福利。农业保险的正外部性和农业保险信息不对称性，决定了农业保险制度的特殊变迁路径是：政府运用权力或法律手段实施强制性农业保险制度变迁，政府承担一定的责任，同时激励商业保险、农户的互助合作参与农业保险，在适当的时候，政府机构逐步退出原保险的经营，而提供更多的政策和法律以及制度环境支持。制度创新的主体不能由国家垄断，要让农民和农村基层组织成为农业保险制度创新的真正主体，同时国家应承担起改善制度创新环境的责任，让农民和农村基层组织进行的农业保险制度创新能够以较高的效率进行。

二、农业生产的特点与农业风险

（一）农业生产的特点

农业生产包括植物生产（种植业）和动物生产（饲养业）两大基本部分。种植业包括作物种植业（狭义农业）和林业；饲养业包括畜牧业和渔业；而对农畜产品的加工则是农业生产的延续，称为副业。这样就构成了农、林、牧、副、渔广义的农业。农业生产在很大程度上受到自然条件的影响，并且具有季节性、不稳定性和周期长等特征。农业生产的主要特点如下：

1. 农业生产的劳动对象——生命有机体

生命有机体的生态因子具有空间分布的地域性和时间变化的季节性、周期性特点。农业是利用动植物的生长繁殖来获得产品的物质生产部门。植物和动物都是有生命的物体，都有自己的生活规律。如地理分布、新陈代谢、遗传、异化，以及生长、发育、繁殖、死亡等。生物的空间分布受环境条件的控制，生物的季节性、周期性现象与环境条件的季节性、周期性现象有着密切联系。生物在生活过程中，体内与周围环境不断进行物质和能量交换，因此，生物的生存和延续都离不开环境。直接影响生物体的环境因素称为生态因子（包括气候因子、土壤因子、生物因子、人为因子）。某种或某组生态因子的数量、强度、出现频率、延续时间和性质变化，均在空间范围内和时间过程中有很大差异和变化。这些差异和变化，既影响生物的生长状况，也影响农业生产的时空分布。

2. 农业生产的基本资料——土地

土地生产力具有空间分布的地域性和时间变化的季节性、周期性特点。农业生产是在广大的土地和具有肥力的土壤上进行的。除植物生长所需要的光、热、空气等因素外，水分和养料都主要是通过根系取之于土壤。农业生产首先是发展绿色植物生产，而土壤是植物生产的基本生产资料，同时，也是动物生产的基础，任何饲养的动物，最终都以植物作为饲料。常言说“万物土中生”。在地理位置、地貌形态、气候条件、湖泊水系分布、土壤发育程度、植被类型、经济条件、开发历史等多种因素影响下，土地的水、热、肥等因素的组合和土地生产能力，在空间和时间上具有很大差别。土地是有地域性的生产资料，有一定的地点，不能被移动，其使用价值同光、热、水、气和其他自然要素相互结合的形式有关。土地生产力在空间范围内和时间过程中有很大的差异和变化。这种差异和变化，既影响生物的生长状况，也影响农业生产的时空分布。

3. 农业生产最主要的能源——太阳能

太阳能具有空间分布的地域性和时间变化的季节性、周期性特点。现代化农业生产对煤、石油等能源的需要日益增多。但太阳能仍是农业生产最主要的能源，农作物产量的形成主要是靠太阳能进行光合作用产生有机物。绿色植物把从空气中吸收的二氧化碳和从土壤中吸收的水分，通过光合作用生成碳水化合物，农作物产品实质上就是绿色植物转化成化学能形态的太阳能。由于太阳辐射能的数量在空间范围内和时间过程中有很大的差异和变化。这种差异和变化，既影响生物生长状况，也影响农业生产的时空分布。

4. 农业生产是自然再生产和经济再生产密切结合的产物

农业是人类劳动的产物，但也是自然再生产和经济再生产密切结合的产物。无论什么时候，无论农业生产技术发展到何种程度，农业生产都离不开地理环境这个大自然的基础。农业生产的发展虽然受社会经济条件的制约，但动植物的生存必须受生物学规律的支配。生物的生活规律无不同自然环境有着密切的联系，而组成自然环境的各要素在空间上的地域性差异和在时间上的季节性、周期性变化特点，必然要反映在农业生产的各个方面，使其也具有地域性、季节性和周期性。

5. 农业生产天生弱质性

农业生产的以上特点决定了农业生产天然具有弱质性。农业的弱质性主要表现在面临着高自然风险和市场风险。农业生产的劳动时间和生产时间不一致导致分工和专业化难以展开，这就在很大程度上影响农业生产效率。此外，农业生产受自然条件的影响大，对洪涝、干旱等特大自然灾害更是无法抵御，这意味着农业面临着比其他产业更大的自然风险。由于农业生产具有季节性和周期性，对市场信息的反应常常滞后，农产品生产难以随市场供求的变动而及时调整，在“看不见的手”的作用下农产品稀缺或过剩的信号往往被放大，农业经营者难以建立起稳定的价格预期，面临着相对于其他行业而言更高的市场风险。

6. 农业生产的高风险性

第一，生产周期长，它不仅是人参与其中的经济过程，还是一个受自然力支配的过程，农业灾害频繁，病虫害风险，气候风险都很大。第二，现代农业的市场风险性大。农产品市场近乎完全竞争型的市场特征，大宗农产品差异性较小，进入壁垒很低；生产者众多且比较分散，供给弹性较大，需求弹性却较小。这一市场特点，使得在买方市场条件下很容易形成过度竞争的不利局面，丰产不丰收的现象时常出现，生产经营风险大。第三，农业的投资回报率低，预期收益低。中国农业生产的高风险性与低收益性并存。中国农业地区辽阔，地理气候条件差别大，自然灾害多，这些因素导致了农业生产的高风险性。农产品市场又往往是买方市场，农产品价格低，农民收入水平也很低，农民积累能力很弱。另外，我国现行的农村家庭联产承包责任制，主要以农户家庭为农业的主要生产经营单位，农户的经济实力弱，经营规模小，农业生产经营方式落后，农业产业链短而细，集约化程度低，规模效益小，农产品加工增值率低，抗风险的能力十分有限。这些特征导致了中国农业保险的尴尬局面即：自然灾害多和农民抗风险能力弱，一方面导致农民急需农业保险等风险分摊和转移机制；另一方面低收入、低积累的农民难以承担与高风险性相对应的高保费，从而导致商业性农业保险难以生存。

（二）农业风险

1. 农业风险的概念

风险作为复杂系统中的重要概念，使用十分广泛，但却很难给它作一个严格的科学定义。正如美国著名经济学家约瑟夫·斯蒂格利茨（Joseph E. Stiglitz）所描述的，风险就像爱一样，我们都知道它是什么意思，但是我们却不知道如何去定义它（Stiglitz，

1979 年)。

不同领域的学者从各自的研究角度出发，对风险作了不同的工作定义。美国学者海恩斯（Haynes）于 1895 年就给“风险”作了权威性的解释。他认为，风险一词在经济学中和其他学术领域中并无任何技术上的内容，它意味着损害的可能性。“风险”具有“不利性”，它一旦发生，就会对相关主体造成损害。统计学家 Wald 认为，风险就是当采用一个特别的决策函数时，由于错误的最终决策而产生的预期实验成本和预期实验损失之和（Wald，1950 年）。在保险学中，风险通常被定义为潜在损失的概率或者不确定后果之间的差异程度等。精算师 Tetens 则第一次精确地用数学定义了风险的概念，将风险描述为平均偏差的一半（Tetens，1876 年）。但至今为止，风险还没有一个能够适用于各个领域的统一定义，引用 Fischhof 教授的话说，人们对怎么定义风险的争论比对怎么度量风险的争议还要大得多（Fischhof，1985 年）。

不同的研究主体需要不同的概念，在对风险这个概念给出一个明确的能够被普遍接受的定义几乎是不可能的情况下，我们主要关注国内外风险管理学派对风险的定义。

最早对风险进行系统研究的是美国学者哥伦比亚大学威雷特博士（Allan. H. Vllet），他在其 1901 年的博士论文《风险及保险经济理论》中对风险作了如下定义，所谓风险就是关于不愿发生的事件发生的不确定性之客观体现（Allan. H. Vllet，1901 年）。其后，美国经济学家、芝加哥学派创始人奈特（Frank Heyneman Knight）在其 1921 年出版的名著《风险、不确定性及利润》中，定义风险为“可测定的不确定性”（Frank Heyneman Knight，1921 年）。明尼苏达大学教授、著名风险管理学家小阿瑟·威廉姆斯（C. A. Williams. Jr）在其代表作《风险管理与保险》一书中给风险下的定义是，风险是在给定情况下特定的期间内可能发生的损失间的变动（C. A. Williams. Jr，1990 年）。日本学者武井勋认为，风险是在特定环境中和特定期间内自然存在的导致经济损失的变化

（转引于：于川、潘振锋，1994 年）。

国内学者的研究以北京大学孙祁祥的观点最具代表性，在其著作《保险学》中对风险下的定义是，风险是一种客观存在的、损失发生具有不确定性的状态（孙祁祥，1996 年）。中南财经大学陈克文教授对风险的概念作了类似的较为详细的界定，在给定条件下，某一事物在发展过程中，可能产生两种或两种以上的结果，而在未来的某一特定时刻，只能产生其中的某一结果，如果该结果对主体不利，又不能做出准确预测，那么，对于主体来说，这一结果或结局的不确定性便是风险（陈克文，1998 年）。

纵观国内外学者对风险下的定义，虽然各有偏颇，但我们可以发现其中都包含一些共同的要素：不确定性和损失。不确定性是一种可能性，包括发生与否，发生的时间、对象、状况、结果的不确定性等。损失就是不利结果的出现。风险被界定为存在不利结果可能性的状态，也就是损失发生的不确定性。可以说这些定义为风险概念的科学化和规范化做出了贡献。

风险的一般含义为某种事件发生的不确定性，也有学者指出风险是未来结果的变化性。按照这一定义，风险包含两方面内容：一是低于预期价值的结果称为损失；二是高于预期价值的结果称为收益。由于保险针对和弥补的是损失，所以从保险的角度讲，风险是指某种损失发生的不确定性。具有不确定性的损失，称为风险损失。因此在研究农业保险问题时，可以给农业风险作如下定义：所谓农业风险，是指在农业生产或经营过程中灾害所导致损失发生的不确定性。这种不确定性表现在三个方面：一是风险是否发生的不确定性；二是风险何时发生的不确定性；三是风险损失程度大小的不确定性。

所谓灾害，是指因自然原因、人为原因或二者兼有的原因所形成的破坏力给自然界、人类社会所带来的祸患。换句话讲，凡是能够造成社会财富和人员伤亡的各种自然、社会现象，都可以称为灾害。

灾害产生破坏作用要借助具体的载体，这种载体称作灾害事故。载体不同，灾害事故的表现形式就不同。因此，灾害就出现了许多种类，比如火灾、风灾、水灾等。

灾害的发生对社会财富和人的生命与健康的破坏结果，叫做灾害损失。灾害损失不同于风险损失，它是实质性的损失结果，而风险损失是带有可能性的灾害损失。灾害与灾害损失都是相对于人类社会而言，因而都具有相对性。灾害与灾害损失的相对性，决定了由它们导致的各种风险的相对性。

2. 农业风险的种类

农业以动植物为基本劳动对象，以土地等资源为基本生产资料，是高风险行业。农业风险是指在农业生产或经营过程中灾害或损失发生的可能性，其主要包括自然风险、资源风险、技术风险和市场风险等。自然风险是指由于不可抗性自然因素引起的较大程度的灾难和损失；资源风险是指农业资源的有限性与社会索取资源的无限性之间的矛盾，给农产品的安全供给带来的危害；市场风险是指来自市场方面的可能导致农业生产遭受损失的不确定事件；技术风险是指由于缺乏农业技术或某些技术应用后的副作用对农业生产经营活动所造成的损失。

依据不同的分类标准可以将农业风险分为不同的种类。

1）按照农业生产对象划分。按照农业生产对象的不同，可以将农业风险分为种植业风险和养殖业风险，并可以进一步细分为粮食作物风险、经济作物风险、畜禽饲养风险、水产养殖风险等。

2）按风险的性质划分。按农业风险性质的不同，可将农业风险划分为纯粹性的农业风险和投机性的农业风险。

3）按照农业风险产生的原因划分。概括起来讲，农业风险可由自然因素和人为因素两方面原因引起，具体可分为以下三类：

①自然风险。即由自然条件异常引发自然灾害而造成的农业风险。自然条件的异常可以由自然因素引起，也可以由人为因素引起。这些自然灾害主要包括气象灾害（如干旱、低温、风灾、雹灾

等)，植物病、虫、草害，动物疾病，地壳板块运动（如地震、泥石流等)，环境灾害（如水土流失、大气污染、农业污染等)，以及洪水、雷电、海啸等。

②经济风险。由人为因素引起即由经济环境的改变所带来的农业风险，如农产品价格变动、利率浮动、经济制度变革、生产资料涨价、贸易条件恶化等。

③社会风险。由人为因素引起，即由社会条件异常引发的灾害事故所造成的农业风险。通常包括：

a. 政治风险。指由于政局变化、战争、罢工等造成的农业风险。

b. 行为风险。指由于个人或团体的行为，包括过失、行为不当或故意行为所造成的风险。例如，纵火、投毒、恶意破坏等道德风险，管理不善、操作不当、管理人员贪污或失职等管理风险等。

c. 技术风险。指由于科学技术的发展所带来的风险，如工业技术的提高、农业生产技术的改进、农业科学技术的应用和推广等产生的农业风险。

3. 农业风险的特点

农业风险除具备风险的一般特性外，还有如下自身特点：

1）农业风险的高度相关性。经典保险理论要求承保风险必须是“独立的随机事件”，就农业风险而言，风险单位由于地域的广延性和气象灾害的特点，农业风险单位在灾害事故及灾害损失中常常表现为高度的时间与空间的相关性。例如一场洪灾，在较短的时间内，可能使跨越几个省市的风险单位同时遭受洪灾损失；一次旱灾，同样可以造成相当大的面积和范围的风险单位遭受损失。风险损失的高度相关性，导致损失率上升，保险公司难以通过集中大量风险单位来分摊损失。正因为农业风险的高度相关性，即使是小型灾害，由于受损单位数量特别巨大，也极易引起巨灾损失。巨灾损失风险不符合传统的“理想可保风险”准则。再加上，由于农业灾害的覆盖面广、影响面大，农业风险所造成的经济损失往往难以度量；农业风险发生巨灾损失的概率相对较大。我国几乎每年必发的洪水灾害都造成高达几百亿元的直接经济损失。所以，农业风险可保性差。

2）农业风险单位大。风险单位是指发生一次灾害事故可能造成保险标的的损失范围。对于普通财产保险，一个保险单位通常就是一个风险单位，只要承保标的充分多，就能在空间上有效分散风险。在农业保险中，一个风险单位往往包含成千上万个保险单位，风险单位巨大。一旦灾害发生，同一风险单位下的保险单位同时受损，使农业风险难以在空间上有效分散，保险赖以存在的风险分散机制难以发挥作用。

3）农业风险具有明显的区域性。这也是农业风险所特有的。我国幅员辽阔，地理环境复杂，自然灾害种类繁多且发生频率、强度各异，并表现出明显的区域性。首先是风险种类分布的区域性，即不同地区存在着不同的灾害种类，如我国南方地区水灾较为频繁，北方地区则旱灾较为严重，而台风主要侵害沿海地区等；其次是同一生产对象的灾害种类和受损程度的地区差异性，即由于地理、气候、品种的不同，同一生产对象在不同地区有不同类型的灾害，而且对同一灾害的抵抗能力也不同，如同样是水稻，在我国南方和北方就有着不同的自然灾害，而且即使是遭受同样灾害，南方、北方不同水稻品种的抗御能力也不同。农业风险的区域性使得农业保险经营必须进行风险区划与费率分区，这是一项科技含量高、成本高的工作，大大增加了农业保险经营的难度和成本。

4）农业风险具有广泛的伴生性。一种风险事故的发生可能会引起另一种或多种风险事故的发生，因此农业保险损失也容易扩大，而且由于这种损失是多种风险事故的综合结果，所以很难区分各种风险事故各自的损失后果。例如，在雨涝季节，高温高湿就会诱发作物病害和虫害，台风灾害往往伴有暴雨灾害等。在这种条件下，单一风险的保险理赔就会遇到麻烦，这也是许多国家开办多重风险或一切险农作物保险的原因之一。

5）风险事故与风险损失的非一致性。在很多情况下，农业风险事故甚至重大的农业风险事故，最终不一定导致损失，反而可能导致丰收，或者一个地区的风险事故会使相邻地区受益。如一场台风可能使台风中心地区的农作物受损，但台风带来的雨水，可能会使附近地区的作物解除旱情、创造丰收的条件。但对于其他财产的风险来说，就不具有这种特点。正是因为农业风险的这一特点，才使农业保险需要特殊的理赔程序和方法。

6）农业灾害发生频率较高。风险事故发生的频率和损失规模是厘定保险费率的基本依据。仅就我国而言，从 1978 年到 2003 年，我国年平均受灾面积约占实有耕地面积的 1/2，而成灾面积约占 1/4，灾害发生频率非常高（如图 2-1）。与此同时，农业风险的风险单位大，每次发生损失的规模也很大，严重的自然灾害可能使几个省区连片受损，甚至使作物绝产。这样大规模的损失足以使经营稳健的保险公司，在承保了一定规模的农业保险标的后，因一次巨灾发生而濒临倒闭。

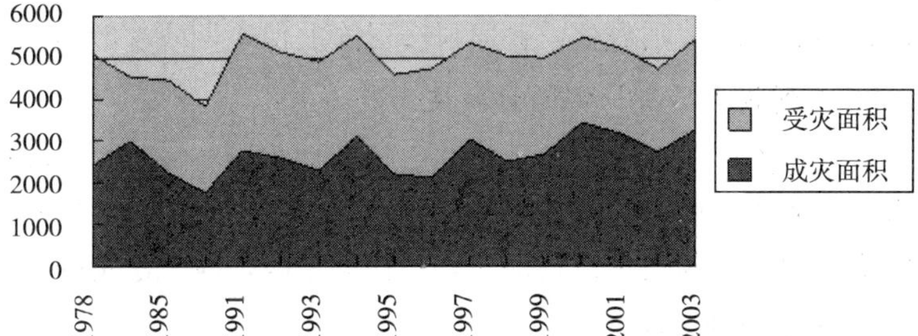

图 2-1　主要年份受灾面积与成灾面积（1978～2003）

资料来源：《中国统计年鉴》2004。

农业风险的特点决定了农业保险必须进行规模经营，才能在大范围内分散风险，以保持经营的相对稳定。

三、农业保险的特殊性

（一）保险标的的特殊性

农业保险的保险标的大多是有生命的植物或动物，受生物学特性的强烈制约，具有与财产保险非生命标的不同的一些特点。

1. 保险价值难以确定

财产保险的标的是无生命物，保险价值相对稳定、容易确定。农业保险的标的在保险期间一般都处在生长期，其价值始终处于变化中，只有当它成熟或收获时才能最终确定；在此之前，保险标的处于价值的孕育阶段，不具备独立的价值形态，因此，投保时的保险价值难以确定。实务中，农业保险的保险金额多采用变动保额，而一般财产保险的保险金额是固定的。

2. 具有明显的生命周期及生长期

农业保险期限需要细致而又严格地按照农作物生长期特性来确定，长则数年，短则数日。普通财产保险的保险期限一般为一年。

3. 受到损害后有一定的自我恢复能力

农业保险标的在一定的生长期内受到损害后有一定的自我恢复能力，这使农业保险的定损变得更为复杂，定损时间与方法都与财产保险不同，尤其是农作物保险，往往需要收获时二次定损。

4. 生命规律各异

由于农业保险种类繁多，抵御自然灾害和意外事故的能力各不相同，因而难以制定统一的费率标准和赔偿标准，这增加了农业保险经营难度。普通财产保险的费率标准和赔偿标准相对容易确定。

5. 对市场信息反应滞后

受自然再生产过程的约束、对市场信息反应滞后、市场风险高等诸多因素是农业保险的承保、理赔等所必须考虑的。而普通财产保险则相对简单。

6. 农产品受损现场容易灭失

农产品的鲜活性特点使农业保险的受损现场容易灭失，对农业保险查勘时机和索赔时效产生约束，如果被保险人在出险后不及时报案，则会失去查勘定损的机会。这也是农业保险更容易引发道德风险的重要原因。因此，农业保险合同对理赔时效的约定比普通财产保险严格得多。

（二）农业保险经营的特殊性

农业生产的风险很高，这就决定了农业保险经营上具有“高风险、高成本、高赔付”等特性。

1. 高风险

相对于二、三产业来说，农业生长周期长、经济效益显露慢、受自然制约多等因素。农业风险单位大、区域性明显、发生频率高和损失大。一旦受灾，损失非常惨重，甚至颗粒无收。现代农业的高投入在一定程度上也意味着高风险，越是发展设施农业、规模农业，越是需要农业保险。

2. 高经营成本

我国农业生产以小规模个体农户分散经营为主，地域分布极为分散，保险公司需要建立较多的分支机构，增加了开展业务的组织成本、交易成本。由于保险公司与农户之间存在严重的信息不对称，农业保险中的道德风险问题比其他险种要突出得多。投保农户受损后开展生产自救的主动性下降，并且有可能利用不对称信息骗取保费，而要降低道德风险又会带来较高的监督成本。

3. 高赔付率

农业生产极易遭受灾害损失。理想的可保风险是大量分散且不相关的风险，可是在农业领域，诸如洪水等风险高度相关，发生大面积灾害的概率较高。我国一些地区棉花的灾害损失率通常在9%～18%，粮食作物的灾害损失率通常在7%～13%。保险人往往因此承担很高的赔付率。1982～2001年，中国人民保险公司（PICC，原中保财险）农险收入70亿，总赔付率为88.6%，加上15%～20%的经营费用，所以实际上亏损。中华联合财产保险公司（CUPI，原新疆兵团财险）在新疆地区开展的农业保险业务平均赔付率为81.59%。美国从20世纪30年代起建立政策性农业保险制度以来亏损一直很严重，1948～1978年的平均赔付率为98%，1981～1987年更是达到了155%，农业保险完全依靠政府巨额的补贴来维持。

4. 高费率

高赔付率和高成本造成了高费率。保险公司都对农业保险业务制定了较高的费率，远高于一般财险费率。以我国情况为例，中华联合财险公司的农业保险费率约为5%～12%，其中棉花为6%～7%，甜菜和蔬菜达到10%，玉米、小麦为5%，而家庭和企业财产的保费率仅为0.2%～2%。而农民总体上是一个低收入群体，根据保险业发展特点，保险需求与潜在客户的收入水平正相关，农民的低收入以及较高的恩格尔系数限制了农业保险的实际需求。农业保险高昂的费率进一步抑制了农民对它的需求，而需求不足将使保险公司开展此项业务举步维艰。因为保险经营受大数法则支配，风险单位过少不利于公司对风险的控制，也不利于财务的稳定。

5. 逆选择与道德风险更为严重

保险业务中普遍存在逆选择与道德风险。但是，由于农业保险的标的大都是有生命的动植物，其生长、饲养都离不开人的行为作用，农民购买了保险之后，难免通过其行为增加预期索赔。又由于农村广阔、业务分散、交通不便、管理难度大、有效监管成本高等。因此，农业保险经营中存在更为严重的逆选择和道德风险。

农业保险费率一般是通过对过去一定时期风险损失计算的“总

体平均”，而农业因为经营地域以及经营种类的客观显著差异性，“总体平均”费率有利于高风险单位，而不利于低风险单位，结果导致低风险单位放弃购买保险或鼓励原来的低风险单位从事高风险的项目，保险公司所集中的主要是高风险者，低风险单位被排除在外，这就是逆向选择的消极影响。一方面，保险公司的赔付率上升，另一方面，大量低风险单位被排除在外，使保险公司更难满足大数法则的要求。农业保险的道德风险更难控制，购买保险以后，农民对改变经营方式、控制风险损失等风险难以衡量。

6. 存在特殊的技术障碍

农业灾害损失在年际间的差别很大，纯费率要以长期平均损失率为基础，而由于资料不足与缺失，保险费率难以拟定。各地的农业实践不同，自然灾害性质与频率强度也有差异，造成了合理的保险责任难以确定。此外，农业保险的保险标的是有生命的动植物，其价格在不断的变化，很难估算预期利益与损失程度，所以又难以定损理赔。最后，农业保险若是小规模经营，很难分散风险，使得经营农业保险具有很大的冒险性。

（三）农业保险需求的特殊性

市场化保险发展依赖于良好的需求激励机制，并形成有效的保险需求，保险需求取决于风险偏好、风险损失补偿预期以及支付能力等诸多因素。大量研究表明，农民并非典型的风险厌恶者，有限的购买保险意愿与能力无法满足私人保险公司所提供的保险商品或服务的要求（Goodwin，2001 年）。我国农业保险需求更是受到土地经营规模狭小、农业经营收入低下等因素的制约，农民对农业保险的有效需求较低。

农业风险的特殊性构成了农业保险的特殊性，超高的交易成本与赔付率，这既限制了保险供给又抑制了保险需求。农业风险难以满足传统保险理论对风险的要求，更难符合私人保险公司市场化经营的条件。

三、农业保险的功能

农业保险的基本职能是风险分散和经济补偿，并在此基础上派生了防灾防损、资金融通和社会管理三个职能。

（一）农业保险的基本功能

1. 分散农业生产风险

通过建立保险机制，将少数受害者的损失分摊在处于同样危险的多数人身上，这就是保险的风险分散功能，它体现了保险的互济性。

农业又是一个特殊的产业部门，是自然再生产和经济再生产的统一体，因此，农业经常受自然风险和经济风险的双重影响，而其中最突出的是自然灾害风险的影响，其主要原因是农业风险标的具有周期性、生命性、连续性等特征，受自然条件、生态环境影响大。农业保险作为现代农业发展的三大支柱之一，通过集合具有同类风险的众多农民，以合理计算分担金（保费）的形式对种植业（农作物）、养殖业（禽畜）在生长、哺育、成长过程中可能遭受的自然灾害或意外事故所造成的经济损失给予补偿。农业保险是从时间上与空间上分散农业风险的一种有效工具，也是市场经济国家支持保护农业发展的一项重要内容。

2. 对农业生产者的风险损失提供经济补偿

经济补偿也是保险的基本功能，是指保险业在风险发生时进行经济补偿或给付，为社会经济发展提供必要的风险保障，从而保证社会再生产过程的各个环节的连续性和均衡性不会因遭遇各种灾害事故而被迫中断和失衡。保险的这种稳定器功能既是经济社会发展的客观需要，也是保险产生和发展的根本原因，更是保险活动的根本目的。在现代农业中，农业保险发挥如下的经济补偿职能：一是有利于建立农村灾害保障体系，一旦发生大的灾害，参保农民可以得到保险赔偿，收回全部或大部分成本，恢复再生产能力，减少因灾致贫、返贫的风险，使农业生产在遭受自然灾害后能迅速恢复再生产，以此保障农业的持续稳定增长；二是通过农业保险的市场化运作，可以提高处置灾害或疫情的透明度，使真正需要救济的农民享受到农业补贴政策的优惠；三是农业保险通过专业的防灾防损机制，发挥着风险管理优势，为巨灾风险的可预测、可衡量、可管理提供经验、技术和人力上的支持。因此，世界上大多数国家政府都十分重视农业保险，视其为农村救济、农业贷款、农产品价格保护、农民福利等政策的一部分，以此来稳定农业生产和增加农民收入。

（二）农业保险的派生功能

1. 资金融通功能

保险是金融的重要组成部分。现代金融最基本的功能是对储蓄资源进行时间和空间的配置，实现储蓄向投资的转化。作为金融产业链中的重要一环，保险业通过收取保险费聚集了相当规模的保险基金，由于与赔款的支付距离一段时间，这样总有一部分资金处于闲置状态，保险资金的这种长期性和稳定性使其可以充分发挥其固有的管理社会的作用，为经济建设提供大量的资金来源，为促进资本市场的完善和发展提供必要的条件。

Binswanger（1980 年）对农业信贷、抵押物要求和农业保险之间的关系进行了研究，他认为：农业贷款人要求抵押物可以提高贷款人的预期收益；农业贷款人要求抵押物可以降低借款人的违约风险；如果借款人不能提供抵押物，将使小规模农户的信贷市场消失；农业保险可以部分替代农业信贷抵押品。他最终得出结论：农业保险在一定程度上可以支持农业信贷的发展，降低贷款人的风险预期，提高贷款人的预期收益，把潜在的借款人转化为实际借款人或提高现有借款人的贷款规模。

Pomareda（1986 年）对巴拿马农业保险机构和农业发展银行进行实证分析后，认为农业信用保险可以提高贷款人的经营业绩。根据 Pomareda 对农业发展银行从 1974 到 1980 年发放的、1981 年到期的保险贷款和未保险贷款的比较，可以看出农业保险机构对农业发展银行除了给予赔款这种直接的好处外，还有以下好处：①保险贷款的净收益略高于未保险贷款；②保险贷款的实际期限和预期期限非常接近，而且几乎所有的保险贷款的实际期限都明显短于未保险贷款，这说明通过保险，银行可以降低挂账成本，不用对逾期贷款进行起诉，从而提高资本的周转速度；③保险贷款比未保险贷款的收益更加稳定；④保险可以降低农业发展银行贷款组合的风险，从而使其从其他银行获得贷款的利率因风险贴水降低而较低。

农业保险是稳定农业生产、保障经营者利益的有力手段，它提高了农业经营者的收益保障程度，有利于改善农业和经营主体的经济地位，便于其获得贷款，引导农业金融资本的流入，促进农业生产扩大规模、提高集约化生产水平和降低资金融通成本。保险公司在经营农业保险中筹集了有长期稳定来源的资金，这些资金可以随着保险资金运用渠道的扩大直接或间接投向农业生产和农村基础设施建设等项目。保险业和银行业进行深层次的合作，共同为农户和农企提供贷款及保险服务，解决资金短缺问题，也为防范金融风险多设了一道屏障，使保险起到了应有的作用。

2. 防灾防损功能

保险作为一种商业行为，保险人经营的目的就是追求利润的最大化。这就使保险人从自身利益出发要求投保人想方设法避免灾害事故的发生，以降低经营风险。这就决定了保险具有防灾防损的职能。防灾防损，顾名思义就是防止灾害事故的发生和防止损失的扩大。保险人是最不愿意看到事故发生的。保险公司有采取各种积极措施防灾防损的内在动力。防灾防损作为保险公司的重要经营手段，保险公司有能力有条件来完成。因为保险公司所经营业务的性质决定了它是与风险事故打交道的特殊企业，保险公司所有业务的开展，都是围绕风险事故而逐渐展开或派生出去，从风险分析、费率制定、承包核保、风险检查一直到理赔勘查等环节无一不是和风险事故联系到一起的。对于一家保险公司来说，其掌握了大量的社会财富的分布状况和各种风险事故损失的统计资料，不仅对风险事故的发生原因作了深入的研究和分析，而且在积极参与各类风险事故的防灾防损工作中积累了丰富的经验，为做好防灾防损工作打下了扎实的基础。保险人可以通过各种手段防止风险发生和减轻损失，以降低赔付率，提高自身的经济利益，这在客观上也起到了保障被保险人的财富和人身安全，进而保障整个人类社会财富的安全和稳定的作用。随着保险业的发展，防灾防损职能在保险中体现得越来越突出。

由于自然灾害和大规模的动物疫病对农业的破坏较大，建立灾前预警机制，制定灾害突发应急预案，是及时、有效地防止大规模灾害、减少农业生产损失的必要措施。农业保险的防灾防损功能更为重要。可以发挥保险公司识别、衡量和分析风险的专业优势，积累农业生产风险的相关资料，为农业生产风险管理提供数据支持。保险公司可以与相关部门合作，做好防灾减灾的工作，将事后的灾害补偿和灾害救助与事前的防灾减灾功能有机地结合起来。

3. 社会管理的功能

现代保险对于社会的管理，不同于以国家为主体的“他我管理”，也不同于政治、经济、文化等各方面的部门管理，而在于通过其各项功能的发挥，能够促进、协调社会各领域的正常运转和有序发展，即起到“社会润滑剂”的作用。社会管理功能是保险的又一衍生功能，随着保险业在社会发展中的地位不断巩固和增强，该功能将日益突现。其主要表现在：①保险通过发挥经济补偿或给付功能，一方面使得保险基金在广大被保险人之间实现了社会再分配，另一方面为社会经济发展和人们生活提供强有力的经济保障，熨平了社会发展中的不安定因素，客观上起到了社会稳定器的作用。②参与社会风险管理。保险的经营对象是风险，保险进行风险管理主要体现在防灾防损工作上，其最大特点就在于积极主动地参与、配合社会防灾防损部门开展防灾防损工作。一方面能够有效承担风险管理的社会责任，有利于增强偿付能力，降低投保人支付成本，提高自身经济效益；另一方面通过积累大量的损失统计资料，可以为社会防灾防损部门进行风险管理提供可靠的依据，同时能够培养投保人的风险防范意识，尽可能地减少社会财富的灭失。③优化金融资源配置。例如，保险资金融通功能的发挥，一方面通过积聚大量的社会闲散资金，化零为整，起到分流社会储蓄、实现储蓄向投资的转化以及分散金融风险的作用；一方面又通过资金运用，参与资本市场运作，对于推动资本流动、实现金融资源在全社会中的合理配置具有不可替代的作用。④减少社会成员之间的经济纠纷。随着人们法律意识的增强，责任保险得到了迅速发展，如机动车辆第三者责任保险能使受害人得到及时救治和经济补偿，减少致害人与受害人之间的经济纠纷，从而起到安定社会的作用。⑤补充和完善社会保障制度。社会保障制度被誉为“社会的减震器”，它为社会提供诸如养老、医疗、失业、救助等方面的基本的经济保障。而商业保险则为社会提供较高水平、多层次的保障服务，能够满足人们日益增长的多样化的保障需求，是对社会保障制度的重要补充和完善。

发展农业保险对平抑农业生产风险，提高农村防灾防损能力，提高农村灾后恢复能力，维护农村社会稳定，完善农村社会保障制度等，都有着十分重要的作用。

作为一种市场化的风险转移和应对机制，农业保险在分散农业风险、补偿农业损失、提高农业综合生产能力和促进农民增收等方面发挥着重要的作用。农业保险是稳定农业生产经营、提高农业综合生产能力的重要手段，通过农业保险将农业生产经营中的风险以较小的代价转移给保险公司，可以对农业和农户进行有效的风险管理和经济补偿，保障农业生产稳定持续增长；农业保险是促进农民增收、保障农村建设小康社会的有效措施，可以大大提高农民风险应对能力，增强其投资发展的信心，拓宽其融资渠道，间接地保障农民增收；农业保险是农业综合支持保护体系的重要组成部分，其参与农业生产、防灾、销售等各个环节的风险管理和市场化运作，可以提升农业抵御自然灾害和提高处置灾害或疫情的能力。

四、农业保险的属性

我国农业保险自 1982 年恢复至 2004 年年初，基本是在商业保险的框架内试验的。但因缺乏财政的有力支持，其不断萎缩，在相当长一段时间处于名存实亡的状态。2004 年保监会颁布了发展农业保险的指导性意见，政策性农业保险试点在一些地方展开。目前，尽管政策性农业保险试点工作取得了一些成效，但尚处于起步和试点阶段，险种不足、覆盖面窄、政府支持不够等问题突出；农业保险整体供给水平依然很低，离服务“三农”、从金融上支持社会主义新农村建设的要求差距很远。其供给水平低的根本原因在于没有明确、充分认识其属性，而对农业保险属性的定位直接影响到其发展机制与模式的选择。

在农业保险的性质研究上国内外学者有着两种相反的结论。大多数学者认为农业保险产品是介于私人物品和公共物品之间的一种具有正外部性的物品，少数学者则认为农业保险属于私人物品。

国外学者对农业保险性质的研究较早，Hazell（1981 年）认为农业保险带来的产量增加既有利于生产者又有利于消费者，在需求曲线缺乏弹性的情况下，农场主收入可能会降低，从而农业保险带来的收益被消费者全部占有，即农业保险具有收益外溢的正外部性。Mishra 在研究印度农业保险之后，也认为即使农业保险不是公共物品，但也同样存在着收益外溢现象。国外有少数学者通过研究得出农业保险是私人物品的结论。Siamwalla 和 Valdes 通过比较农业保险、农业科研活动与农作物种子生产的差异后认为：农业科研活动成果具有非排他性和非竞争性，属于公共物品。当科研成果用于生产私人物品（如种子生产）且不再有公共资助时，种子公司可以从农民那里收回种子生产的成本（包括其开发成本）。农业保险与种子生产相似，公司可以向个别农民出售并收回成本。因此，农业保险和农作物种子生产不同于农业科研活动，属于私人物品，需要进行补贴的应是农业科研活动而不是农业保险。

国内学术界，多数学者认为农业保险是准公共物品。比如，李军（1996 年）提出农业保险应当属于准公共物品，而不属于私人物品；刘京生（2000 年）认为农业保险具有商品和非商品两重性；庹国柱和王国军（2002 年）主张农业保险是介于私人物品和公共物品之间的一种物品，但更多的趋近于公共物品；冯文丽和林宝清（2003 年）从福利经济学的角度，论证了农业保险是一种准公共物品，揭示了农业保险具有生产的正外部性和消费的正外部性；陈璐（2004 年）则认为农业保险应属于混合产品中的第三种类型，是具有利益外溢特征的产品；黄英君（2007 年）认为农业保险具有不完全的排他性和竞争性，既非纯粹的公共物品，亦非纯粹的私人物品，而具有准公共物品的特性。显然，这些学者都认为，农业保险既不是公共物品，也不是私人物品，而是介于公共物品与私人物品之间的准公共物品。然而，官兵博士在《农业保险是公共物品吗》（发表在《财经科学》2008 年第 4 期）一文中，对“农业保险是公共物品”的观点进行了反驳，认为农业保险是私人物品。这的确标新立异，让人耳目一新。

（一）公共物品、准公共物品和私人物品的界定

公共物品（Public Goods）一词，早在 1919 年，林达尔（Lindahl）在博士论文《公平税收》中正式使用，但没有明确界定。1954 年，萨缪尔森在《经济学与统计学评论》上发表的《公共支出的纯理论》一文中，给公共物品下了一个严格精确的定义。他认为公共物品是这样一种物品。“任何人消费这种物品，都不会导致其他人对该物品消费的减少。与之相对应的物品为私人物品（Private Goods），它是指如果一种物品能够加以分割而每一部分

能够按竞争价格卖给不同的人，而且对其他人没有产生外部效果。”[1]

从萨缪尔森的公共物品定义中可以发现，公共物品有两个基本特征即消费的非竞争性和受益的非排他性。与之相对应的私人物品的特征就是受益的排他性和消费的竞争性。公共物品的非竞争性意味着增加消费者引起的社会边际成本为零，在公共物品的消费上，人人都可以获得相同的利益。受益的非排他性是指，公共物品一旦提供，不能阻止另外一些人从中受益，所有社会成员都可以同时享有同等的消费利益。自萨缪尔森给出公共物品的精确定义后，其定义被多数经济学家接受并广为引用，但也有一些经济学家提出质疑。萨缪尔森是从“非竞争性”和“非排他性”来定义公共物品的，除了国防等少数公共物品外，大多数公共物品都具有一定程度的竞争性，且随着使用者的增加，拥挤现象必然会出现，完全非竞争性也就不存在了。张五常认为，“public goods”一词本身就是不准确的，他强调“公共物品”不是“共用品”，更不是“公共财产”，公共物品的唯一特征是边际费用等于零。实际上张五常与萨缪尔森的定义并没有本质上的区别，萨缪尔森是从消费的角度提出问题，而张五常是从生产或供给的角度提出问题。也有学者认为，萨缪尔森的公共物品定义，只适用于对假设的纯公共物品（Pure Public Goods）的分析，而不适用于对现实中的公共物品的分析。萨缪尔森所指的公共物品和私人物品，实际上是物品的两种极端情况，即图 2-2 所示的两个端点 A 和 B。

现实中有许多物品要么具有非排他性却不具有非竞争性，要么具有非竞争性却不具有非排他性。这就很难将其归于萨缪尔森所定义的公共物品，也不能归于私人物品，应该称之为准公共物品。于是布朗德尔、植草益和布坎南对萨缪尔森的公共物品定义进行了

[1] Samuelson, Paul A.. The Pure Theory of Public Expenditure[J]. The Review of Economics And Statistics, 36(November), 1954: 387.

修正。

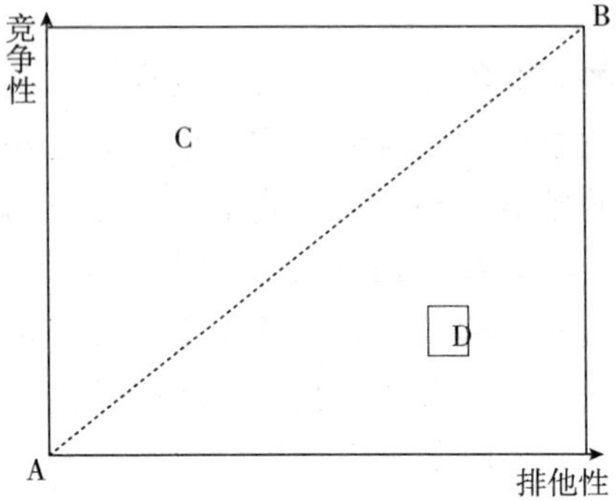

图 2-2 公共物品与私人物品

根据布朗德尔的定义：

$g_i = g/N^{\theta}$

式中 g_i 为某一消费者消费的物品数量，g 为物品供应总量，N 为人口规模，θ 为拥挤系数，$0 \leqslant \theta \leqslant 1$。如果 $\theta = 0$，则 $g_i = g$，即所有人的消费量都相同且等于该物品的供给总量，这样的物品就是萨缪尔森定义的公共物品。$\theta = 1$，每个社会成员得到份额相等且为 g/N 的效用，这表明该物品可以分割，从而是私人物品。如果 $0 < \theta < 1$。则该物品为准公共物品（或混合物品，Mixed Goods）。

日本经济学家植草益认为，私人物品具有消费上的竞争性和受益上的排他性，公共物品具有消费上的非竞争性和受益上的非排他性。准公共物品则是具有消费上的非竞争性但不具有受益上的非排他性（即第Ⅰ类准公共物品），或具有受益上的非排他性但不具有消费的非竞争性（即第Ⅱ类准公共物品）。根据植草益的观点，处在图 1 中包括纵轴和横轴的四条边上的物品（A、B 两点除外）才是准公共物品。

布坎南认为把处于公共物品和私人物品之间的物品称为“俱乐部物品”。这种物品有两大特征即有限的非竞争性和局部的排他性。

显然布坎南的“俱乐部物品”就是准公共物品，其位置处于上图四边形之内的所有各点。

正如许多学者指出的那样，如果将萨缪尔森所指的公共物品看作是“纯粹的”公共物品，那么准公共物品就是“不纯粹的”公共物品，即处在公共物品与私人物品之间的物品。准公共物品的这种特殊位置决定了它有着不同于公共物品和私人物品的如下两大特征。其一，不完全的竞争性和不完全的排他性，这里包含三种情况：一是，有些物品具有受益的排他性但不具有消费的竞争性；二是，某些物品具有消费的竞争性但不具有受益的排他性；三是，还有一些物品既不具有受益的完全排他性也不具有受益的完全非排他性，或者既不具有完全竞争性也不具有完全的非竞争性。其二，具有有限的外部性。纯私人物品的外部性为零，而纯公共物品的外部性则无穷大。总之，现实中大量的物品既不是单纯公共物品，也不是私人物品。在纯公共物品与私人物品之间存在着广阔的空间，在这个广阔空间存在的物品都称之为准公共物品，因为它们都带有某种公共物品的特性，但又不是完全意义上的公共物品。准公共物品是广泛分布在图 1 中的除 A 点和 B 点之外的所有各点（如 C 点和 D 点）。

准公共物品作为一个历史范畴，在社会发展过程中，由于社会以及公众需求的变化，也会使公共物品、准公共物品、私人物品之间互相转化。

（二）农业保险是准公共物品

农业保险既不是纯私人物品，也不是纯公共物品，而是介于纯公共物品和纯私人物品之间的准公共物品。与一般私人物品相比较，农业保险具有消费的不完全竞争性和受益的不完全排他性、取得方式上的非竞争性、利益的外溢性和利益计算上的模糊性等准公共物品的基本特征。

1. 消费的不完全竞争性和受益的不完全排他性

农民在消费农业保险产品的过程中，不仅享受农业保险提供的保障，还享受它提供的防灾防损措施。单从农业保险提供的保障上看，农业保险产品虽然在直接消费上具有排他性，即如果不购买农业保险就无法获得发生灾害损失后的经济补偿，但从农业保险产品消费的整个过程看，有时候不是完全排他性的。比如，防灾防损是农业保险经营的重要环节，是减少风险损失、降低保险经营成本的主要措施，但在实施防灾防损措施时，不买保险的人常常可以搭“便车”，即可间接地消费。山东德州曾开办了棉花雹灾和涝灾保险，保险公司为防冰雹专门为投保地区的农民购置了防雹高射炮，一旦发现可能导致降雹的乌云，就用高炮轰击，这样减少了雹灾的发生次数和强度。对于这些地区没有投保的农民来说，没有花钱买保险却同样因为保险防灾工作的开展而减少了雹灾损失。因此，农业保险具有消费不完全的竞争性且具有受益不完全的排他性。

2. 取得方式上的非竞争性

农业保险经营的农业风险具有相关性和灾难性，所承保的风险主要是自然灾害，而自然灾害具有成灾面积广、破坏程度大等特征，譬如旱灾、水灾、地震等。成灾面积广意味着风险具有正的相关性，即具有大量标的同时受损的可能性。保险风险分散机制赖以成立的前提是承保风险是相互独立的，而农业风险的正相关性意味着大数定理不再适应。所以风险管理方面的专家认为“系统风险由政府处理，市场只能处理独立风险”（Jerry R. Skees，2000 年）。农业风险的巨灾性后果还有可能导致保险公司的破产。

农业保险的主要产品不具有市场竞争性，特别是保障范围比较宽的多风险农作物保险产品，由于其高风险、高成本，再加上外部性的存在，商业保险公司往往不愿、也很难有效地参与供给，即使愿意提供保险费率也很高。农业本身的预期收益不高，农民可支配的收入较低，支付能力不足制约了对农业保险的需求。在竞争的市场上，难以形成有效供给和有效需求。如果完全按私人物品在竞争性市场上进行交易，农业保险的供给和需求曲线将可能出现不相交的情况。

3. 利益的外溢性（即正外部性）

农业作为国民经济的基础产业，其发展的状况直接影响到整个社会经济的发展。农业保险虽然面对的是农业，但其带来的利益却远非能用农业产量、农业产值等指标所能衡量的。农民缴纳保费购买农业保险，不仅能保障自己收入稳定，而且还有利于农业再生产顺利进行和国民经济的稳定。换句话说，农业稳定的受益者并不只是农民，而是整个社会及其每个成员。农业保险的受益者，具体来说，大致包括农业生产者、农产品经营者、农产品消费者和代表整个社会的政府。农民购买农业保险的边际私人收益小于其边际社会收益，显然，农业保险的利益是社会性的。

当然，具有正外部性的物品并非不是私人物品。一般来说，不管何种公共物品都具有一定的正外部性，但具有正外部性的物品并不都是公共物品或准公共物品。农业保险是准公共物品的关键不在于它有正外部性，而在于它既具有消费上的不完全竞争性和受益上的不完全排他性又具有巨大的正外部性。

4. 利益计算上的模糊性

由于农业保险具有一定的正外部性，农业保险通过参与农业生产、防灾、销售等各个环节的风险管理和灾后的经济补偿，产生较之其他保险更大的效益。虽然在短期内农业保险产品的供需双方可以确切地计算利益，但从长期看保险公司和农户并没有得到全部的利益，它所创造的收益以间接的渠道渗透到整个产业或为社会创造综合效益。因此，农业保险短期内可以确切地计算收益，但长期利益的计算必然是模糊的。

（三）农业保险是更接近私人物品的准公共物品

介于公共物品与私人物品之间的准公共物品的农业保险，到底是更接近公共物品还是更接近私人物品呢?

农业保险的一个特点是其具有双重性，即只有缴纳保费参加农业保险，出险后才能得到保险金赔付，不投保者不能享受。根据保险的经济理论，防灾防损只是保险的派生职能，而损失补偿才是保险的基本职能，未加入农业保险体系者就无法得到保险赔付。农业保险在直接消费上，即购买农业保险产品享有发生灾害造成损失时得到补偿的权利，具有完全的竞争性和排他性，具有私人物品的属性；而只是对某些农业保险品种来说，在间接消费上，即没有购买的农民也能享受到防灾防损措施带来的好处。因此农业保险在消费上首先是具有私人物品的排他性，其次才具有某种公共物品特性。因此，农业保险是私人物品性质较强的准公共物品，即更接近私人物品的准公共物品。

第三章　农业保险的定量分析

一、农业风险的形成与农业风险的来源

（一）农业风险的形成

农业的特点之一就是其生产者始终面对着恶劣气候、作物的病虫害或畜禽的疾病等风险因素影响，这导致其生产成果及其交易活动成果有很大的不确定性。同时，农业经济再生产的属性决定了它受价格、供求和市场的影响大，它还必须面对市场风险。自然风险与市场风险交织在一起，体现为农业的经营风险。为了降低风险，就产生了农业风险管理。

农业风险作为损失发生的不确定性，其产生的原因在于导致农业风险产生的灾害事故或市场供求变化的客观存在，以及这些因素发生的不确定性和其所造成的破坏及影响的不确定性。就农业风险与灾害事故（市场供求变化）的关系而言，灾害事故（市场供求变化）是原因，农业风险是结果。

由于农业以自然界的水、热、光、气、土壤等为基本生产条件，同时又与第二、第三产业保持密切联系，是整个社会生产的一部分，因此各种灾害事故的发生，都会对农业赖以维持的生产条件和环境条件造成破坏，从而使农业遭受损失。而灾害事故是客观存在的，并且其破坏作用尚无法完全避免，所以就总体而言，农业遭受灾害损失是一种必然；但对于某一地区、某项农业生产来说，是否遭受灾害损失、何时遭受灾害损失、有多大损失等均不能确定，这样便产生了农业风险。

由于农业风险是人们主观上对灾害事故所致的客观损失的一种度量，因此农业风险（也就是灾害事故）的客观存在和必然发生是对农业生产经营者的一种心理影响，人们时刻要对灾害事故的发生加以提防，即产生一种心理紧张。这种心理紧张程度越强，意味着风险越大；而心理紧张程度的减轻，则预示着风险的降低。由此，如果设法减轻或消除人们心理上产生的对于灾害事故所致损失的这种紧张，比如为农民提供农业保险保障，使农业风险在发生时得以转移，即便没有减少这种损失，但也同样起到了降低农业风险、增强人们从事农业生产的信心的效果。

（二）新阶段农业风险的主要来源

新阶段农业风险主要来源有如下几个方面：一是来自市场的风险明显加大。随着经济市场化程度提高，农业生产必须自觉地面向市场。但一方面农产品市场波动大，变化难以把握；另一方面受农产品生产周期和众多分散的小规模农户经济的影响，农产品生产调整慢，盲目性大。这样就导致农产品市场价格起伏大，农民难以应对。尤其是突发性的农产品事件发生，对于农民来说，是天降灾难，欲哭无泪。猪链球事件、禽流感事件，一度导致相关产品市场的休克，农民的损失实难统计。二是农业新技术的风险不容忽视。近年审定的水稻新品种就有部分客观存在抗逆性不强、性状不稳定问题；除草剂使用不正确，容易导致植物生长受挫、发育滞后的问题。三是假劣农资坑农事件时有发生。主要农业投入品已基本实现来源外部化、商品化，农民普遍缺乏识别假劣农资知识和手段，且假劣农资坑农不良后果短时难以察觉，故假劣农资危害相当大、补救难。四是动植物疫病、外来生物入侵发生更频繁。便利的交通、活跃的人员物资往来、世界经济一体化等使农业更易遭受疫病和外来有害生物的侵袭，如红火蚁、稻水象甲、加拿大一枝黄花、葡萄根瘤芽的发生已频频拉响了警报。五是环境污染影响加深。随着工业化、城市化进程的加快，工业“三废”、城市生活垃圾和农业污染对农产品产量和品质构成了危害。一些地方土壤重金属含量超标，生产的产品无法达到无公害的标准；有的工厂一次大气污染影响了几十万亩农田。六是气候的变化增加了农业的不确定性。人类活动的加剧已深深影响着地球环境，无常的气候变化使品种的适应性和传统的农业耕作制度的有效性打了折扣。

（三）农业风险的构成要素

传统风险管理理论认为，风险一般由风险因素、风险事故和损失三种要素构成。从农业保险实际操作的角度看，对于一项特定的农业风险，可以认为其是由以下两种要素，即可能性和预期损失构成的。

1. 可能性

即灾害事故发生的概率。可以通过经验估计、长期资料的统计计算等方法得到。

2. 预期损失

即灾害事故发生后可能造成的损失的大小。可以通过经验估计、理论推算、统计调查等方法得到。

用公式表示特定农业风险的大小，即，某项农业风险的大小＝预期损失×概率

二、农业风险的概率分析

（一）农业风险的概率与概率分布

1. 概率

概率也称或然率或机率，是数学中一个重要概念，借用来作为衡量随机事件出现的可能性大小的一种尺度。概率的公式可表述如下：

$$0 \leqslant P \leqslant 1 \tag{3.1}$$

其中 0 表示不可能事件的概率；1 表示必然事件的概率；P 表示事件发生的概率。

在一定条件下，概率大表示某种随机事件出现的可能性就大；反之，则表示这种随机现象出现的可能性就小。概率的值永远是正数，如果把同类事件的所有不同结果的概率都加起来，则概率之和必为 1，即

$$\sum_{i}^{n} P_i = 1 \quad (i = 1,2,3,4,\cdots,n) \tag{3.2}$$

2. 概率分布

把一个事件所有可能的结果都列出来并给予一定的概率，列示在一起，就构成概率分布表。风险的概率分布是用来显示各种可能的风险事件发生的概率，不同的风险事件具有不同的概率分布，常见的损失分布模型有正态分布、指数分布、伽玛分布、瑞利分布、威布尔分布和耿贝尔—I 分布等，而这些概率分布都是厘定不同保险产品保险费率的重要依据和方法。各分布模型的概率密度函数如下：

正态分布：$f(x \mid \mu,\sigma) = \dfrac{1}{\sigma\sqrt{2\pi}} e^{\frac{-(x-\mu)^2}{2\sigma^2}} \quad \mu,\sigma$ 为参数　　(3.3)

指数分布：$f(x \mid \mu) = \dfrac{1}{\mu} e^{-\frac{x}{\mu}} \quad \mu$ 为参数　　(3.4)

伽玛分布：$f(x \mid a,b) = \dfrac{1}{b^a \Gamma(a)} x^{a-1} e^{-\frac{x}{b}} \quad a,b$ 为参数　　(3.5)

瑞利分布：$f(x \mid b) = \dfrac{1}{b^2} e^{-\frac{x^2}{2b^2}} \quad b$ 为参数

威布尔分布：$f(x \mid x,b) = abx^{b-1} e^{-ax^b} \quad x \propto (0,\infty), a,b$ 为参数　　(3.6)

耿贝尔—I 分布：$f(x \mid a,b) = a e^{-a(x-b)^b - e^{-a(x-b)}} \quad a,b$ 为参数　　(3.7)

模型中的参数采用参数估计的方法求得，一般先假定这种损失随机变量服从某一具体分布，然后根据样本数据进行参数估计。❶

（二）我国部分地区主要农业气象灾害风险的概率分析

农业气象灾害风险是指农业气象灾害事件发生的可能性。在此基础上的风险评估实际上是估计导致农业产量损失、品质降低以及最终的经济损失的农业气象灾害事件发生的可能性大小的过程。数据中的概率是衡量随机事件发生可能性的有效工具，目前自然灾害风险评估的数学依据是概率论。

霍治国（2003 年）等对此进行了相关研究，并得到北方地区冬小麦干旱不同致灾因子、致灾指标下的风险概率，不同减产率下的风险概率分布。

1. 北方地区冬小麦干旱的风险概率分布

对北方地区部分县的冬小麦减产率序列进行理论概率分布函数拟合，发现 85%以上的站点符合正态分布，少数不符合正态分布的站点，采用“偏态分布正态化”的方法也可将其序列转换为正态分布（下同）。利用建立的正态分布模型，可以估算北方地区部分县的不同冬小麦减产率范围出现的风险概率。图 3-1、图 3-2 分别给出了河北及京津地区冬小麦减产率≥10%、≥20%的风险概率分布（其他图略）。其结果表明：冬小麦各减产率范围出现的风险概率分布具有很明显的区域性和连续性；大体上以该区的中部为分界线呈两条带状分布；西部地区的风险概率较东部地区小；各减产率风险概率较高值区域多集中分布在沧州、衡水一带和邯郸的个别地区，如黄骅、海兴、武强等县的各个等级都具有相对较高的值；而唐山、秦皇岛的大部分县相对于整个东部地区来说其风险概率则较低。

❶ 屠其璞，王俊德等. 气象应用概率统计学［M］. 北京：气象出版社，1984：130-147.

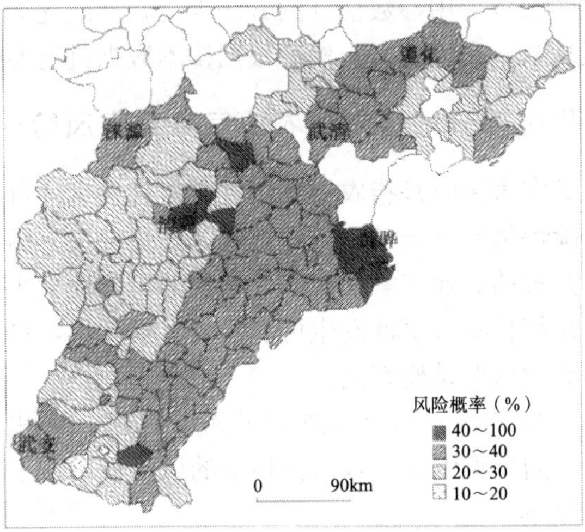

图 3-1　冬小麦减产率≥10%的风险概率分布

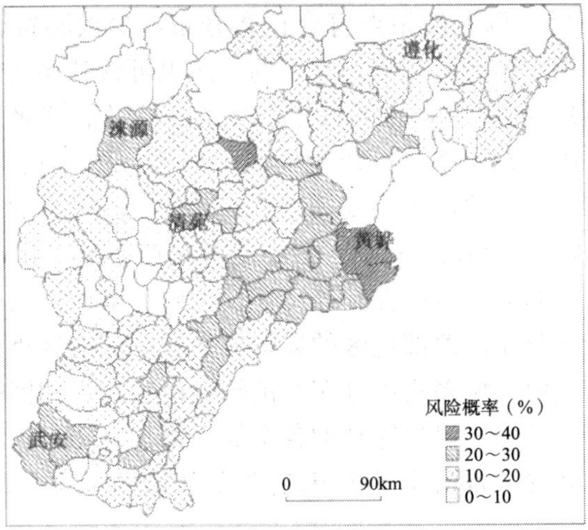

图 3-2　冬小麦减产率≥20%的风险概率分布

资料来源：霍治国，李世奎等. 主要农业气象灾害风险评估技术及其应用研究［J］. 自然资源学报，2003，11（6）.

2. 基于气候生产潜力的冬小麦干旱风险概率分布

冬小麦气候生产潜力是在自然气候条件下冬小麦可能达到的最高产量，基于气候生产潜力的冬小麦干旱风险评估方法基本上消除了人为因素的影响，凸现了自然气候条件的影响。其主要依据如下：在大气候环境下，北方冬麦区的光温资源是相对稳定的，年际之间波动较小，而降水资源年际间波动较大。因此，冬小麦气候生产潜力年际之间的波动主要是由降水变化造成的。将由“逐步订正法”得到的气候生产潜力用“直线滑动平均法”得到其趋势产量，把逐年气候生产潜力偏离其趋势产量的相对值作为相对波动产量，把相对波动产量的负值定义为气候生产潜力的减产率。以其为序列样本，经过理论概率分布型判别，有95%符合正态分布。用正态分布模型计算得到不同气候生产潜力减产率范围出现的风险概率。图3-3、图3-4分别给出了北方地区冬小麦气候生产潜力减产率≥20%、≥30%的风险概率分布（其他图略）。结果表明：北方冬麦区冬小麦气候生产潜力的减产率概率最大可达60%，而且有着很好的连片性和区域性。在陕西、山西和河南三省由南向北呈增加的趋势，在山东由南向北、由东向西呈增加的趋势，河北规律不明显。

3. 基于自然水分亏缺率的冬小麦干旱风险概率分布

以水分平衡原理为基础，建立自然条件下冬小麦的理论缺水率模式：

$$R = (ETm - ET) / ETm \times 100 \qquad (3.8)$$

式中，R 为缺水率，ETm 为冬小麦全生育期需水量，ET 为自然条件下的供水量，即冬小麦播种期土壤有效底墒与全生育期降水量之和，具体计算参见文献《中国北方冬小麦的水分亏缺与气候生产潜力——近40年来的动态变化研究》（王素艳，霍治国，李世奎等，2003年）。

利用式（3.8）的计算结果，构建北方地区部分县的冬小麦全生育期的自然水分亏缺率序列。对序列进行理论概率分布函数拟合，发现85%以上的站点符合正态分布。利用建立的正态分布模型估算北方地区部分县的冬小麦全生育期不同自然水分亏缺率范围出现的风险概率。表3-1给出了河北及京津地区部分站点冬小麦全生育期不同自然水分亏缺率范围出现的风险概率（其他略）。同时依据实际产量的减产率对自然水分亏缺率的敏感性差异，确定了不同干旱年型的冬小麦干旱减产的A类和B类指标。即按自然水分亏缺率<20%、20%～30%、30%～40%、40%～70%和>70%，分别划分轻旱、中旱、重旱、严重干旱、极端干旱，与其相对应的A类冬小麦实际减产率分别为<9%、9%～12%、12%～14%、14%～21%和>21%，该类指标适用于山东东部及中部的部分地区、陕西南部渭河一带、河北中部的部分地区；B类实际减产率分别为<9%、9%～15%、15%～21%、21%～40%和>40%，该类指标适用于本区的其他地区。

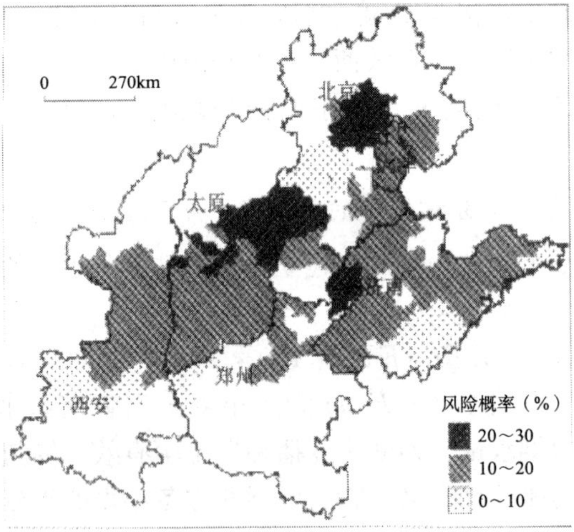

图3-3　冬小麦气候生产潜力的减产率≥20%的风险概率分布

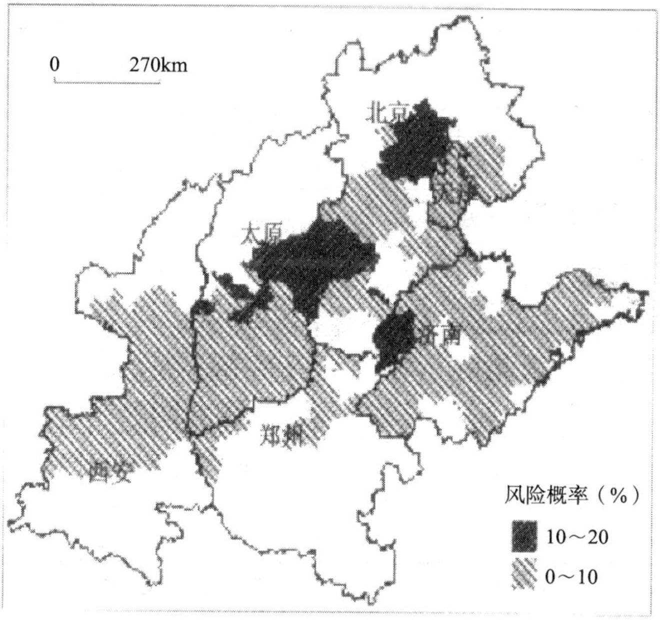

图 3-4　冬小麦气候生产潜力的减产率≥30%的风险概率分布

资料来源：霍治国，李世奎等. 主要农业气象灾害风险评估技术及其应用研究［J］. 自然资源学报，2003，11（6）.

表 3-1　冬小麦全生育期不同自然水分亏缺率出现的概率及对应的实际减产率（%）（A 类）

站名	缺水率	10	20	30	40	50	60	70	80	90	100
泰安市	概率	90	75.5	53.9	31.1	13.9	4.7	1.15	0.2	0.02	0
减产率	−2.21	−4.22	−6.23	−8.24	−10.25	−12.3	−14.27	−16.28	−18.29	−20.3	
灞州市	概率	100	99.5	96.5	85.7	62.5	33.4	11.96	2.7	0.36	0
减产率	1.67	−1.66	−4.99	−8.32	−11.65	−15	−18.31	−21.64	−24.97	−28.3	
沂源县	概率	97.1	89.1	71.4	45.9	22	7.5	1.75	0.27	0.02	0

续表

站名	缺水率	10	20	30	40	50	60	70	80	90	100
减产率	-2.24	-5.48	-8.72	-11.96	-15.2	-18.4	-21.68	-24.92	-28.16	-31.4	
青岛市	概率	38.3	22.6	11.4	4.9	1.7	0.5	0.12	0.02	0	0
减产率	-9.87	-11.86	-13.94	-16.02	-18.1	-20.2	-22.26	-24.34	-26.42	-28.5	
渭南市	概率	51.6	30.9	14.9	5.7	1.7	0.4	0.07	0.01	0	0
减产率	-9.13	-11.36	-13.59	-15.82	-18.05	-20.3	-22.51	-24.74	-26.97	-29.2	
临潼县	概率	62.6	41.3	22.3	9.6	3.3	0.9	0.17	0.03	0	0
减产率	-9.11	-10.62	-12.13	-13.64	-15.15	-16.7	-18.17	-19.68	-21.19	-22.7	
文登市	概率	26.1	15.4	8.2	3.8	1.6	0.6	0.19	0.05	0.01	0
减产率	-14.45	-16.4	-18.35	-20.3	-22.25	-24.2	-26.15	-28.1	-30.05	-32	

资料来源：霍治国，李世奎，王素艳，刘锦銮，薛昌颖．主要农业气象灾害风险评估技术及其应用研究［J］．自然资源学报，2003（1）．

4．灌溉降低冬小麦干旱风险的概率分布

不同自然水分亏缺率范围出现的概率大小，反映了该地在自然条件下水分对冬小麦生长发育的满足状况及其对产量影响的程度。考虑到北方地区冬小麦大都有灌溉条件，因此，根据不同地区的灌溉情况，分别计算了冬小麦全生育期内无灌溉、灌水 1 次、灌水 2 次、灌水 3 次及灌水 4 次时的不同缺水率的概率，从中可以分析当地自然降水对冬小麦的满足情况，以及当地在不同灌溉条件下降低干旱风险概率的状况。北方地区冬小麦一般每次灌溉量为 675～750m^3/hm^2，此处取 675m^3/hm^2。表 3-2 给出了部分站点在不同供水条件下不同缺水率范围出现概率的分布情况。

表 3-2　冬小麦全生育期内不同灌溉条件下缺水率的概率分布（%）

旱情		缺水率%	保定	坝县	北京	沧州	黄骅	乐亭	南宫	石家庄	唐山	天津	邢台	遵化
无灌溉	轻	<10	3.9	0.7	2.4	2.2	4.2	1.4	4.8	12.4	2.3	0.9	8.8	7.9
		10～20	12	5.4	10.4	11.3	13.2	11.3	15.1	22.9	13	7.1	25.9	20.2
	中	20～30	22.7	20.1	24.2	27.9	24.8	33.2	27.1	26.8	32	24.9	35	29.6
	重	30～40	27.1	34.5	30.9	33.2	28	36.5	28.1	19.9	33.8	36.9	21.7	24.8
	严重	40～50	20.3	27.4	21.6	19.1	18.9	15	16.8	9.4	15.4	23.2	6.2	11.8
		50～60	9.6	10	8.2	5.3	7.7	2.3	5.8	2.8	3	6.2	0.8	3.2
		60～70	2.8	1.7	1.7	0.7	1.9	0.1	1.1	0.5	0.3	0.7	0	0.5

资料来源：霍治国，李世奎，王素艳，刘锦銮，薛昌颖．主要农业气象灾害风险评估技术及其应用研究［J］．自然资源学报，2003（1）．

河北省及京津地区冬小麦在全生育期内，如果没有灌溉，其缺水率的风险概率是很高的，缺水率≥20%、≥30%和≥40%的风险概率大都分别高达80%、50%和30%左右，仅石家庄、邢台和遵化略小些。不同干旱年型发生的概率不同：缺水率≤20%的轻旱年10年中约有1～2年；缺水率20%～30%的中旱年10年中约有2～3年；缺水率30%～40%的重旱年10年中约有2.5～3.5年；缺水率在40%以上的严重旱年10年中约有2～3年。从地区分布看，仅石家庄、邢台、遵化地区的旱情偏低些。但在有灌溉条件下，随着灌溉次数的增加，缺水率的风险概率也逐渐减小，即灌溉降低了干旱减产的风险概率。一般在轻旱年灌水1～2次、中旱年灌水2～3次、重旱年灌水3次之后，大部分地区都能基本满足冬小麦的需水要求，缺水率出现的概率已经很小。在严重干旱年要灌水4次或4次以上。

5. 华南地区寒害概率分布

寒害是指热带、亚热带地区作物在冬季遭受低于5℃（有时稍低于0℃）气温作用的一种低温危害现象。华南地区是我国热带、亚热带作物的主要生产基地，而且华南地区冬暖气候优势明显，最冷月平均气温10℃以上，11～3月的热量资源约占全年的1/3以上。为了充分利用冬季气候资源，近年来各地迅速发展了冬季农业。但是，冬季低温寒害却不时袭击华南，给华南地区的农业生产造成重大损失，其中仅20世纪90年代的4次寒害就给广东农业造成了213亿元的经济损失。因此，开展华南地区寒害的风险评估和区划，对制定防灾减灾政策、确定防灾投资方向及保险理赔等具有重要意义。而确定不同强度寒害的出现概率是进行寒害风险评估和区划的基础。杜尧东、毛慧琴、刘锦銮（2003年）利用华南地区109个（广东86个、广西23个）气象站寒害资料，根据概率分析和数理统计原理，对不同强度寒害的概率分布模型进行了研究。

研究结果表明，过程降温幅度有47个站以正态分布拟合得最好，过程最低气温有92个站以耿贝尔分布拟合得最好。图3-5是韶关站寒害过程降温幅度的经验分布和正态分布图，图3-6是其正态概率图，图中的每个“+”号由过程降温幅度值和经验概率共同决定，如果所有的“+”都落在直线附近，则为数据服从正态分布，如果所有的“+”构成曲线，则为不服从正态分布。从图3-5可以看出，经验分布和正态分布曲线拟合效果很好。图3-6表明，所有的数据点都落在直线附近，数据服从正态分布。从图3-7连山站和图3-8佛冈站寒害过程最低气温的频率直方图和概率密度图看，耿贝尔分布拟合得比较好。

根据模拟结果逐站进行分析，发现指数分布和瑞利分布对过程降温幅度和最低气温的拟合效果都不好，故决定不用。威布尔分布也不适于拟合过程最低气温。这样，华南地区寒害过程降温幅度的分布函数以选用正态分布、伽玛分布、威布尔分布和耿贝尔分布较好；过程最低气温以选用正态分布、伽玛分布和耿贝尔分布较好。

具体选择的原则为：在待选的3～4种分布模型中，比较它们拟合优度检验的统计量D_n和ω^2。如果某种分布的D_n和ω^2同时最小，则选择该种分布；若D_n和ω^2中只有一个最小，则选择两者中拟合相关系数R大的一种分布。这样，华南地区109个站寒害过程降温幅度有51个站服从正态分布、29个站服从伽玛分布、20个站服从耿贝尔分布、9个站服从威布尔分布；过程最低气温有12个站服从正态分布、97个站服从耿贝尔分布。

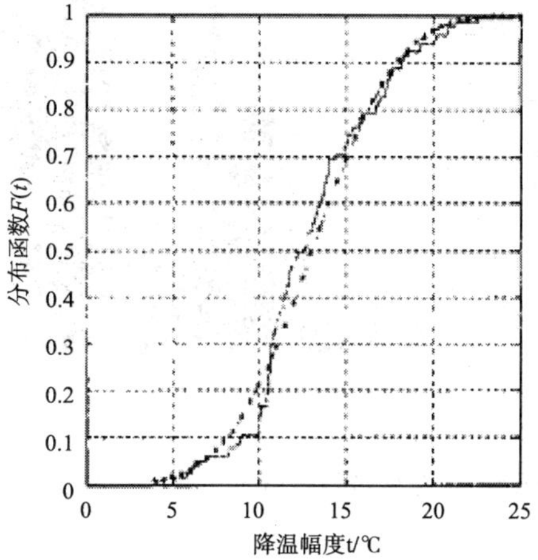

图3-5　韶关站寒害过程降温幅度经验和正态分布曲线

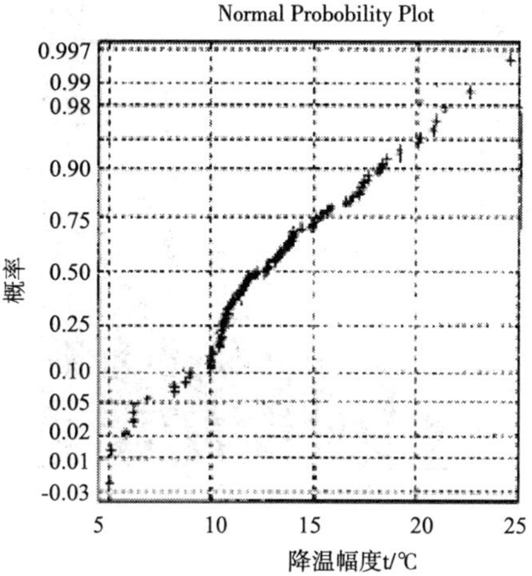

图3-6　韶关站寒害过程降温幅度经验和正态概率图

资料来源：杜尧东，毛慧琴，刘锦銮．华南地区寒害概率分布模型研究［J］．自然灾害学报，2003（5）.

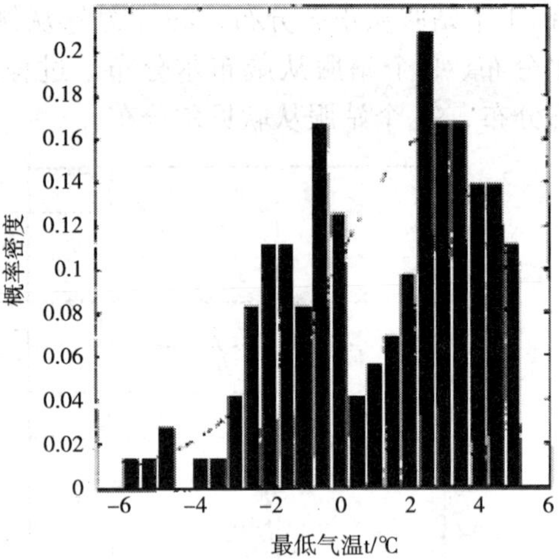

图 3-7　连山站寒害过程最低气温频率图和概率密度曲线

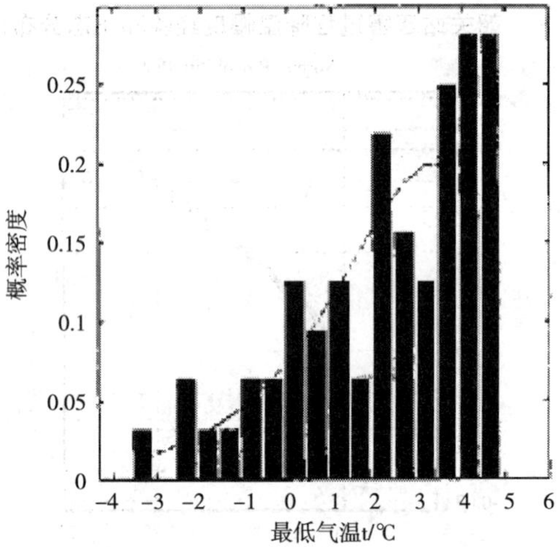

图 3-8　佛冈站寒害过程最低气温频率图和概率密度曲线

资料来源：杜尧东，毛慧琴，刘锦銮．华南地区寒害概率分布模型研究［J］．自然灾害学报，2003（5）．

6. 长江中游地区洪涝灾害风险概率分布

长江中游地区地处内陆腹地，跨雨水比较充沛的中亚热带和北亚热带，地表水源丰富，又居中国地势第二阶梯向第三阶梯的转折地带，自然条件复杂，时空分布变化大，受东亚季风进退异常的影响，该地区常常是中国洪涝灾害的高发区。

长江中游地区是中国重要的农业生产基地和商品粮基地之一，由于该地区特殊的地理位置和气候条件，以及承灾系统的脆弱性，洪涝灾害给该地区的工农业生产及人民生活造成了很大影响。因此，开展对长江中游地区洪涝灾害的风险评估，对制定防灾减灾政策、确定防灾投资方向、保险理赔及稳定我国粮食生产等都具有重要意义。而确定不同强度洪涝灾害的出现概率是进行洪涝灾害风险评估和防控的基础。

为了研究长江中游地区洪涝灾害发生的风险概率以及灾害造成损失的严重性，王雪臣、冷春香、冯相昭、邹骥、马珊等（2008年）采用蒙特卡洛模拟方法（Monte Carlo simulation）进行了随机模拟，确定了极端降水的概率分布模型。

极端降水是原始降水数据的极大值。极值的理论分布模式研究已比较成熟，Fisher等证明当取样长度 $n \to +\infty$ 时极值具有渐近分布函数，并概括了与原始分布对应的3种类型极限概率分布，即渐近的极值分布模型。其中，第1种类型即Gumbel分布常用于气象和水文研究的极值分布。用于极大值分布时，其分布函数为：

$$F(x) = P(X < x) = \exp[-\exp(-\alpha(x-\theta))],\ -\infty < x < +\infty \tag{3.9}$$

概率密度函数为：

$$f(x) = \alpha\exp[-\alpha(x-\theta) - \exp(-\alpha(x-\theta))] \tag{3.10}$$

其中，α 为尺度参数，θ 为位置参数。常用的参数估计的方法有矩法、最小二乘法、极大似然法、概率加权矩法和L—矩法。常用的拟合优度检验有 χ^2 检验、柯尔莫哥洛夫—斯米尔诺夫（KS）

检验和安德森一达森（A-D）检验。χ^2检验是一种分组频率检验，要求有相当数量的数据并需利用数据本身来估计分布函数。K-S检验不受这些限制而更为常用，其基本思想是将数据按递增次序排序，求出每个分级观测的推定值与其对应假设值之间的最大差值。一般小于0.03的K-S值表示紧密拟合。

A-D检验的方法与K-S检验类似，只是对两个分布之差在其尾部所赋的权数大于在中区所赋的权数，小于1.5的计算值表示拟合优良。通过水晶球（Crystal ball）软件以Gumbel分布拟合湖南省1951～2004年极端降水的概率分布。概率密度函数的尺度参数为219.215，位置参数为938.846。K-S值为0.075，AD值为0.3573，拟合度较好。

由上述分析可知，农业风险多是有规律的，并且风险损失概率是可以计算的，也就是说，通过众多相互独立的同质风险单位的集合（用大数定律），利用一定的方法，可以计算和预见未来该类农业风险的损失概率，找出风险发生的规律性，从而最大限度地减少风险的不确定性。这为农业保险的经营提供了前提条件，即农业风险具有可保性。因为，只有当保险人有可能了解风险的规律时，才能确定该类保险的纯费率。

三、农业风险识别与度量

（一）农业风险识别

风险识别是指经济单位对所面临的、已经存在的、以及潜在的风险加以判断、归类和鉴定风险性质的过程。对于农业生产风险来说，要求回答以下几个问题：

1）应该考虑哪些风险事件？风险事件是风险识别的起点，按照农业生产对象对不良条件反馈滞后时间的长短不同，可将风险事件分为慢性发作型风险事件和急性发作型风险事件。前种风险事件在农业生产对象受到危害时往往没有明显的生理和病理反应，只有当不利条件对新陈代谢、生长发育的抑制作用和对农作物的损伤累积到相当程度时才会对产量造成较大的影响；后一种风险事件是当致灾因子程度剧烈，超过了受灾农业生产对象的适应能力而使动植物发生明显的病理变化或器官损伤，如茎秆折断、叶片卷曲、落花落果、倒伏等。与此类似，按照不同分类方法可以划分不同性质的风险事件。

2）引起风险事件的原因是什么？致灾因子和孕灾环境是引发风险事件的深层次原因。例如，植株叶片枯萎可能是由于干旱、冻害、霜冻、热害、病虫害等原因引起的，而对干旱来说久旱不雨、大气蒸发过于旺盛、土壤中有毒物质的积累是更进一步的原因。探讨风险事件的原因应与及时、广泛的大面积田间调查相结合；把损失资料与各种致灾因子资料相结合，利用数理统计和模拟的办法可以定量地研究风险事件的起因。

3）风险事件引起的后果及严重程度如何？风险事件发生后使农作物减产是众多不利影响中最重要的部分，此外还会对社会生产、生活造成更深远的影响。

农业风险识别的程序和方法可以参考图 3-9 所示来进行。

我国农业的生产条件、供应条件、销售条件在各个时期变化都很大，也存在很大的不确定性，再加上我国人口的持续增加，耕地面积的逐年减少，农业资源相对来说越来越稀缺。因此，有效地识别我国农业面临的风险，加强农业风险管理对缓解农业资源稀缺具有重大的意义。目前我国农业面临的风险主要有自然风险、市场风险和技术风险等，通常这三种风险不是孤立存在的，自然风险（如自然条件的变化）可能会引起技术风险，而一项技术能否转化为经济效益，最终还要取决于市场需求，因此技术风险有时又与市场风险交织在一起。

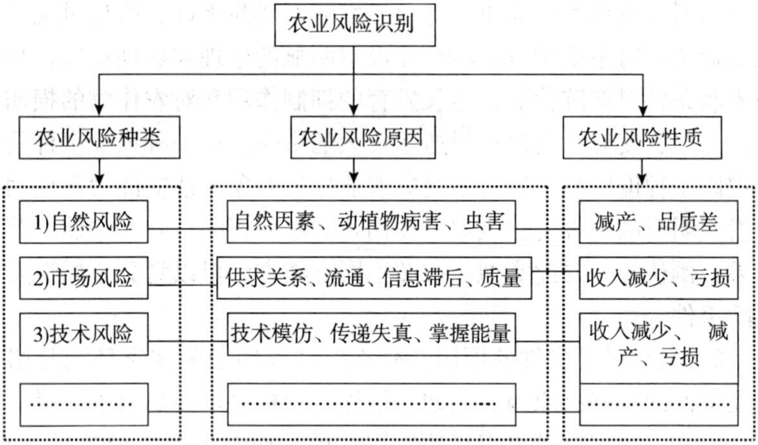

图 3-9　农业风险识别方法和程序构造图

1）农业自然风险。农业自然风险是指由于自然力的不规则变化而给农业带来的损失，其主要表现为气象灾害、病虫害等。我国是世界上自然灾害较为严重的国家之一，风险种类较多，发生也较为频繁，其具体表现在大部分地区降水分布不均，东中西部空间差距明显，北方易旱，南方易涝，风灾袭击沿海，沙灾困扰西北，虫灾则遍及全国。同时我国的农业基础比较薄弱，抵御风险的能力比较差，尤其是水灾和旱灾在我国农业损失总额中占到 80％以上，且其受灾面积在总体上呈递增趋势。据中国统计年鉴（2001 年）的统计数据表明，2000 年我国水旱灾受灾面积分别比 1980 年增加了 226.8 万 hm^2 和 740.3 万 hm^2，成灾面积分别增加了 81.5 万 hm^2 和 776.5 万 hm^2，水旱灾害的频繁发生，造成粮食大幅度减产，每年因水灾减产的额度约为 89 亿 kg，因旱灾而减产约 100 亿 kg。如果把水旱灾害损失有效降低，这将极大地有利于农业产值的增长。

2）农业市场风险。农业市场风险主要是指农产品供求失衡导致的价格波动对收益的冲击，其主要源于市场调节的滞后性、农产品流通环节的特殊性以及国际市场的挑战性。首先，农业生产周期长，从农业生产者依据市场的价格信息对生产所做出调整到产品的产出之间有较大的时间差，在这段时间内，产品的价格与需求可能已经发生较大的变化，就很难达到预期的收益，因此价格调节滞后是造成农业生产周期波动的根源；其次，在流通领域，农产品具有鲜活易腐蚀性，所以必须要采取一些措施，才能保证其合乎质量要求地进入消费领域，而所有措施和后续活动都需要特定的容器和设备，这使农产品流通比工业产品流通更具生产延续性和资产专用性，这可能会降低农产品的市场竞争力，引发市场风险；再者，我国农产品在国际市场上的竞争力较低，由于片面追求产品数量，质量却得不到快速提高，目前粮食生产呈现出普通产品多、优质产品少，低档产品多、高档产品少的格局。从国内市场看，这种供给结构不能适应现阶段城乡居民收入提高后对农产品的品种多和质量高的消费需求；从国际市场看，近年来我国很多农产品在国际市场上不具备价格竞争力。此外，我国的农业产业化水平较低，科技创新和科技成果产业化运行机制也不够健全，市场供求状况、竞争者和合作者的相关信息不能得到及时地传递，从而由于信息分散而导致的农产品短缺和积压等现象时有发生，这大大降低了市场效率，使农产品处于不利的市场竞争地位。

3）农业技术风险。农业技术风险是指农业技术运用的实际收益与预期收益发生相背离的可能性。在农业领域，现代生物技术的发展不仅拓宽了传统农业的产品种类，而且降低了农业对自然资源的依赖，但农业技术的运用在带来收益和效率的同时，也隐含着如下巨大的风险：首先，农业生产技术的工艺过程保密性很差，且大多数的种植业技术具有经验型特征，比较容易被模仿，新技术一旦投入使用，其他的模仿者便会很快跟进，由此而引起的产品供给大幅度的增加便会导致产品价格的下降，使新技术的采用者难以获得预期的收益；其次，现代农业技术大多数以信息传递的方式进行传播，而我国目前的技术推广网络还很不健全，这样很容易造成信息不对称，由此而产生的失真信息也会引发相应的技术风险；最后，农业技术无论是以知识形态存在还是以实物形态存在，其识别都要求农业技术的使用者具备一定的知识和技能，但目前我国农民的文化水平普遍较低，常常因为难以掌握技术要领而造成技术运用的失败；另外，如果遇到自然条件发生变化不能满足技术使用的环境要求，技术优势也可能无法发挥，收益就可能达不到预期的目标。

（二）农业风险的度量

风险衡量是指在风险识别的基础上，利用概率论和数理统计方式对所收集的、大量的详细损失资料加以分析，估计和预测风险发生的概率（频率）和损失程度。

从对农业风险的分析中可以知道，农业生产面临的风险种类繁多，且每种风险的来源及造成的损失程度存在着很大差异，因此，如何准确地度量农业风险带来的损失是目前中国农业保险制度亟须解决的问题。中国历来就是一个农业大国，农业生产是国民经济赖以生存和持续发展的基础和前提；同时，中国又是世界自然灾害最为严重的国家之一，灾害种类繁多、频度高、分布广，所造成的损失大，尤其是近年来连续的自然灾害给农业生产和农民生活带来了无法估量的损失。毫无疑问，自然灾害风险是包括中国在内的众多农业大国所面临的主要风险，因此，加快建立和健全自然灾害风险识别和计量体系是完善中国农业保险制度的重要内容。

农业自然灾害保险是转移自然灾害风险的手段，它是一种对受灾的保户实行经济补偿，使其恢复原状的金融手段和措施。自然灾害保险风险分析是以自然灾害为基础，综合社会、经济等因素的自然灾害保险风险的综合分析与评判，其结果可作为保险公司进行分区防灾定损、厘定保险费率的依据。自然灾害保险风险分析是一个复杂的问题，要考虑的因素有很多，借鉴国内外保险行业的做法，本节在自然灾害保险风险分析时选择了自然灾害的危险性、灾害的经济易损性、风险区的工程防御能力以及风险离散度等指标，建立

了农业保险自然灾害风险衡量的数学模型。❶

1. 自然灾害的危险度

1）划分风险区域。将中国领土按气候特点和地理位置区划为华北地区、东北地区、东部沿海地区、中部地区、西南地区和西部地区六个区域，这六个区域即为农业保险研究的六个风险区。一般在研究中将所研究的区域按一定的特点划分为 n 个风险区。

2）计算各风险区的灾变指数。自然灾害的危险性程度主要由灾变强度和发生频率决定，一般灾变强度越大，频次越多，灾害危险性的程度越高，故可采用灾变指数相对值表示灾害危险性程度的大小。

灾变指数 V 的计算公式如下：

$$V = q \cdot p \tag{3.11}$$

其中，q 为灾害强度；p 为灾害发生的概率或频次，其计量方法可以参照本章第一部分所述内容进行。

由于每个风险区可能发生的自然灾害不止一种，设共有 m 种可能发生的自然灾害，则各风险区单个灾种的危险度（灾变指数）为 V_{ij}（$i=1$，2，…，n；$j=1$，2，…，m），在此基础上计算出各风险区的自然灾害综合危险度为：

$$c_i = \sum_{j=1}^{m} V_{ij} \tag{3.12}$$

3）确定各风险区的自然灾害危险度衡量模型。

$$\begin{cases} c_i = \sum_{j=1}^{m} V_{ij} \qquad (i = 1,2,\cdots,n;j = 1,2,\cdots,m) & (3.13) \\ C_i = \begin{cases} \dfrac{c_i}{a}, & c_i < a \\ 1, & c_i \geqslant a \end{cases} \qquad (i = 1,2,\cdots,n) & (3.14) \end{cases}$$

❶ 陈璐，宗国富等．中国农业保险风险管理与控制研究［M］．中国财政经济出版社，2008，(1)：181-185.

式（3.14）即为自然灾害危险度衡量指标。将限值 a 赋予自然灾害综合危险度 c_i 使 C_i 的值控制在［0，1］上，这样便于计算。

2. 承载体的脆弱性和易损性

1）确定各风险区农业自然灾害的承载体。自然灾害所造成损失的另一个基本条件是该区域有一定的经济财富和物资资源。经济越发达、财富越集中的区域自然灾害所造成的损失和破坏就越大，而荒无人烟的沙漠或荒地则无论自然灾害有多大均无损失可言。一般承载体的易损性越低，灾害损失越小；反之则亦然。农业保险中考虑的承载体应为农户或农业生产企业的农作物（包括粮食作物、经济作物、果树等）、房屋、加工厂、家禽和牲畜等养殖品种、农用生产资料等。

2）计算各风险区的灾害易损度。选择能体现各风险区农户经济财产的指标 t 个（如农作物产量、房屋价值、大牲畜数量等），设其值为 W_{ik}（$k=i=1=2$，…，t），采用加权平均的方法计算出各风险区的自然灾害综合易损度为：

$$w_i = \sum_{k=1}^{t} b_k W_{ik} \tag{3.15}$$

其中，b_k 为第 k 个指标的权重，其取值视各个指标的重要性而定。

3）确定各风险区的自然灾害易损度衡量模型。

$$\begin{cases} w_i = \sum\limits_{k=1}^{t} b_k W_{ik} \qquad (i = 1,2,\cdots,n;k = 1,2,\cdots,t) & (3.16) \\ W_i = \begin{cases} \dfrac{\ln w_i}{b}, & e_i < b \\ 1, & e_i \geqslant b \end{cases} & (3.17) \end{cases}$$

式（3.17）即为各风险区自然灾害易损度的衡量指标。通过取对数使自然灾害综合易损度 w_i 无量纲化，限值 b 使 W_i 控制在［0，1］上，这样便于计算。

3. 风险区的工程防御能力

工程防御能力评判指标包括水利、房屋、农田灌溉等工程设施质量的防洪能力、防旱能力、旱涝保收程度等。选取上述能体现工程防御能力的指标 s 个，设其值为 F_{ir}（$r=i=1, 2, \cdots, s$），采用加权平均的方法计算出各风险区的自然灾害综合工程防御能力综合指标值：

$$f_i = \sum_{r=1}^{s} d_r F_{ir} \tag{3.18}$$

其中，d_r为第 r 个指标的权重，其取值视各个指标的重要性而定。

确定各风险区的工程防御能力的衡量模型为：

$$\begin{cases} f_i = \sum_{r=1}^{s} d_r F_{ir} \quad (i=1,2,\cdots,n; r=1,2,\cdots,s) & (3.19) \\ F_i = \begin{cases} \dfrac{\ln f_i}{d}, & f_i < d \\ 1, & f_i \geqslant d \end{cases} & (3.20) \end{cases}$$

式（3.20）即为各风险区工程防御能力的衡量指标。通过取对数使工厂防御能力综合指标 f_i无量纲化，限值 d 使 F_i控制在［0，1］上，便于计算。

4. 自然灾害风险的离散度

风险离散度即自然灾害损失随机变化的离散程度，一般来说灾害损失离散程度越小，灾害风险度越低；反之，则反是。自然灾害风险的离散度可用变差系数来估计，变差系数为各风险区在过去若干年（设为 T 年）风险指数分布标准差的估计值。

其计算公式为：

$$\mu = \sqrt{\frac{\sum_{t=1}^{T} (R_{it} - R_i)^2}{T-1}} \tag{3.21}$$

其中，μ_i为各风险区自然灾害风险指数的变差系数；R_{it}为各风险区的保险风险指数；R_i为各地区过去T年间保险风险指数的平均值。

5. 自然灾害风险的衡量模型

根据上面的分析，自然灾害保险的风险度由自然灾害危险度、承载体的易损度、工程防御能力和自然灾害风险离散度来综合确定。自然灾害危险度、承载体易损度以及保险风险离散度越大，则农业保险的风险度越大；而工程防御能力越大，则农业保险的风险度越小。因此，农业自然灾害保险的风险大小应与自然灾害危险度、承载体易损度及保险风险离散度成正比，与工程防御能力成反比。鉴于此，各风险区农业自然灾害保险的风险衡量模型为：

$$R_i = \frac{C_i \cdot W_i}{F_i}(1+\mu_i) \tag{3.22}$$

式中，R_i为各风险区自然灾害保险的风险度指标值（风险指数）。

利用式（3.22）确立的农业保险自然灾害风险的衡量模型，选取合理的指标可以计算六个风险区的自然灾害保险风险度指标值R_i。由模型可知，R_i越大，保险风险越高。利用区域数值分级方法，将自然灾害保险的风险度分为五级：

1级（极低风险）：$0 \leqslant R_i < 0.2$；

2级（低风险）：$0.2 \leqslant R_i < 0.4$；

3级（中等风险）：$0.4 \leqslant R_i < 0.6$；

4级（高风险）：$0.6 \leqslant R_i < 0.8$；

5级（极高风险）：$R_i \geqslant 0.8$。

（三）农业保险综合风险评价

农业保险的投保人为农户或农业生产经营企业，因农业生产的高风险性和农户本身风险意识的淡薄，导致投保人在保险期内面临各种潜在风险、遭受损失的可能性较大。作为农业保险的经营者，农业保险公司应该在充分调查各风险区域的气候特点、农户防灾抗灾能力、技术推广情况以及当地农产品市场供求的基础上，针对各风险区域制定具有可操作性的综合风险评价指标体系，以作到及时预测、防范、化解和控制农业保险经营过程中所遇到的各种风险。

1. 农业保险综合风险评估方法

根据中国农业生产面临的特定的自然环境、经济环境及政治环境，将农户在农业生产过程中可能面临的风险加以细分，以便更好地识别和防范风险。由于影响农业风险大小的因素具有不确定性，因而农户在生产决策过程中对其风险的考虑通常具有模糊性，因此，采用模糊评价法可将定性指标与定量指标结合起来，消除因指标量纲不同或量纲相同量级不同对整个评价体系的影响，这对于问题复杂、信息不全面的农业生产活动来说是适应的。

1）建立评价指标体系中各指标权重集（A）。目前用于确定指标权重的方法很多，如层次分析法（AHP）、德尔菲法、熵值法等，这里我们采用专家评判法来确定各指标权重。邀请一些农业专家根据每一层次中各个因素相对农业结构调整风险的重要程度，分别给每一因素赋以相应的权重，各层次的权数 d_i 应满足归一性和非负性条件。即：

$$\sum d_i = 1, i = 1,2, \wedge, n \tag{3.23}$$

确定方法如表 3-3 所示。

表 3-3 指标权重集（A）赋值方法

序号	评估指标	专家 1	专家 2	……	专家 n	均值	归一化
1	D_1	D_{11}	D_{12}	……	D_{1n}	$d_1 = \sum D_{1j}/n$	$c_1 = d_1/\sum d_i$
2	D_2	D_{21}	D_{22}	……	D_{2n}	$d_2 = \sum D_{2j}/n$	$c_2 = d_2/\sum d_i$
…	…	…	…	……	…	…	…
m	D_m	D_{m1}	D_{m2}	……	D_{mn}	$d_m = \sum D_{mj}/n$	$c_m = d_m/\sum d_i$

注：①该测定法对于一、二、三级指标权重的确定均适应；②n 为参加的专家数；③m 为该级指标个数；④D_{ij} 为 j 个专家第 i 个该级指标的重要程度。

2）确定农业风险综合评价的等级（备择集 V）。选取模糊评价集，即确定各影响因素对评价指标产生风险的影响程度 $V=(V_1, V_2, V_3, V_4, V_5)$，其中 V_1—优，V_2—良，V_3—中，V_4—差，V_5—劣；即农业风险综合评估等级集为 V—（优、良、中、差、劣）。

3）建立评价矩阵（R）。对于任一个评价指标，邀请有关专家对其组成因素按照备择集 V 进行选择，建立评价集合 R：

$$R=\begin{bmatrix} r_{11} & r_{12} & \wedge & r_{1n} \\ r_{21} & r_{22} & \wedge & r_{2n} \\ \wedge & \wedge & \wedge & \wedge \\ r_{m1} & r_{m2} & \wedge & r_{mn} \end{bmatrix} \tag{3.24}$$

其中，r_{ij}（$i=1, 2, \cdots, m$；$j=1, 2, \cdots, n$）表示子因素层指标 X_{ij} 对于第 j 级评语 v_j 的隶属度，r_{ij} 的值按如下方法确定：对专家评分结果进行统计整理，得到对于指标 X_{ij} 有 v_{i1} 个 v_1 级评语，v_{i2} 个 v_2 级评语…v_{in} 个 v_n 级评语，则对于 $i=1, 2, \cdots, m$，有：

$$r_{ij}=v_{ij}/\sum v_{ij}\ (j=1,2,\wedge,n) \tag{3.25}$$

4）选择模糊算子。一般选择主因素决定型模糊算子，这种模型是将权重模糊向量 A 与单因素评判矩阵 R 按模糊矩阵合成的取小（∧）和取大（∧）运算来进行，此运算简洁明了，突出了主要因素和评价对象评价集元素的隶属程度。

5）计算综合评价结果。

$$S=A*R \tag{3.26}$$

其中，A——对各项指标的权重矩阵；

R——单项指标的评价集合，以矩阵表示；

S——单因素综合评价结果；

$*$——运算符号。

在多级模糊综合评价模型中，下一级的评价结果经正规化处理之后作为上一级的评价值，最后根据隶属度原则选择综合评价分值最高的评价因素，判别对该风险区域投保人保险标的取舍。

6）评价结论。最终评价结果 V 是一个代数值，取值在 0～100 之间表示对农业综合风险的最终得分。分数越高，该风险区域农业综合风险越低，从而经营农业保险的风险越低；反之，分值越低，经营农业保险的风险越高。

2. 农业保险综合风险评价方法应用实例

1）某农业生产企业基本概况。某农业企业有土地面积 30000 公顷，长年以种植天然橡胶为主，且有近 40 年的生产经验。近年来由于天然橡胶市场价格不景气，且橡胶生产属劳动密集型产业，需要投入大量的劳动力，部分橡胶树树龄较老，产胶量小，经济效益较差。该企业决定调整种植结构，将 10000 公顷老龄化的胶园更新改造后种植经济效益较好、市场上价格较高的热带水果，如荔枝、芒果、红毛丹等。同时改变经营模式，将改造后的土地以承包方式让职工个人经营。

2）某农业生产企业综合风险评价指标体系。对某农业生产企业进行农业综合风险分析时，我们从技术风险、管理风险、市场风险、自然风险、政策风险、制度风险等六个方面对风险进行划分，采用专家打分法给其各项指标打分，并运用多级模糊综合评价方法评价其风险大小。如表 3-4 所示：

3）风险模糊评价。第一，以风险因素为主要依据，提出技术项目风险评价指标体系，如表 3-4 所示；第二，采用专家评分法，评语分为“优”、“良”、“中”、“差”、“劣” 5 个等级；第三，利用重要性比较确定出各指标的权重值。

根据评价表进行模糊综合评判，求出风险因素各项指标的有关数据及评价结果如下：

$$技术风险\ R_1=\begin{bmatrix}0.35 & 0.30 & 0.20 & 0.10 & 0.05\\ 0.35 & 0.30 & 0.15 & 0.10 & 0.10\\ 0.30 & 0.30 & 0.20 & 0.10 & 0.05\\ 0.40 & 0.30 & 0.15 & 0.10 & 0.10\\ 0.35 & 0.25 & 0.20 & 0.10 & 0.10\end{bmatrix}$$

$A_1=$ (0.3，0.1，0.2，0.25，0.15)

$S_1=A_1 * R_1$

表 3-4　某农业生产企业综合风险评价指标体系

指标体系			权重	评定级别				
一级指标	二级指标	三级指标		优	良	中	差	劣
内部风险（0.70）	技术风险 R_1(0.25)	生产技术条件	0.30	0.35	0.30	0.20	0.10	0.05
		资金实力	0.10	0.35	0.30	0.15	0.10	0.10
		农业经营规模	0.20	0.30	0.30	0.20	0.10	0.05
		种植技术	0.25	0.40	0.30	0.15	0.10	0.10
		农作物品种	0.15	0.35	0.25	0.20	0.10	0.10
	管理风险 R_2(0.15)	农业经营者的素质	0.40	0.35	0.25	0.20	0.15	0.05
		经营管理方式	0.30	0.35	0.25	0.20	0.15	0.10
		经营管理条件	0.30	0.30	0.25	0.20	0.15	0.05
	市场风险 R_3(0.30)	市场前景	0.20	0.32	0.26	0.18	0.14	0.05
		产品竞争力	0.15	0.33	0.25	0.20	0.15	0.10
		市场信息	0.15	0.35	0.25	0.20	0.15	0.10
		国内供需状况	0.20	0.30	0.25	0.20	0.15	0.07
		国际农产品供需及影响	0.20	0.40	0.30	0.20	0.08	0.05
		营销能力	0.10	0.33	0.27	0.20	0.13	0.10

续表

指标体系			权重	评定级别				
一级指标	二级指标	三级指标		优	良	中	差	劣
外部风险(0.30)	自然风险 R_4(0.15)	农作物生长周期	0.25	0.35	0.25	0.20	0.15	0.05
		洪涝灾害	0.05	0.32	0.28	0.20	0.12	0.08
		植物病虫害或畜禽瘟疫	0.35	0.30	0.25	0.20	0.15	0.05
		土壤条件	0.25	0.35	0.25	0.20	0.15	0.05
		气候条件	0.10	0.30	0.25	0.20	0.15	0.10
	制度风险 R_5(0.05)	政府的指导政策	0.05	0.35	0.25	0.20	0.15	0.05
		政府的优惠政策	0.15	0.30	0.25	0.20	0.15	0.10
		政府农业结构调整方案	0.25	0.35	0.25	0.20	0.15	0.05
		政府的生产计划和指令	0.30	0.30	0.25	0.20	0.15	0.10
		政府的农业发展规划	0.25	0.40	0.27	0.23	0.07	0.03
	政策风险 R_6(0.10)	农产品进出口政策	0.30	0.32	0.25	0.20	0.13	0.10
		国家的农业生产政策	0.20	0.28	0.24	0.22	0.16	0.10
		国家的农业税费政策	0.25	0.28	0.25	0.20	0.15	0.12
		农田保护政策	0.15	0.35	0.25	0.20	0.15	0.05
		政府的相关优惠政策	0.10	0.30	0.25	0.20	0.15	0.10

资料来源：宗琪．农业结构调整的风险识别与模糊评价［J］．统计与决策，2006，(4)：49-51.

运用模糊矩阵乘法得

S_1＝（0.3，0.3，0.2，0.1，0.1）

经过归一化后可得　S_1＝（0.3，0.3，0.2，0.1，0.1）

同理，管理风险

A_2＝（0.4，0.3，0.3）

$$管理风险\ R_2 = \begin{bmatrix} 0.35 & 0.25 & 0.20 & 0.15 & 0.05 \\ 0.35 & 0.25 & 0.20 & 0.10 & 0.10 \\ 0.30 & 0.25 & 0.20 & 0.15 & 0.05 \end{bmatrix}$$

经过归一化后可得　$S_2 =$（0.33，0.24，0.19，0.14，0.1）

市场风险

$A_3 =$（0.2，0.15，0.15，0.2，0.2，0.1）

$$市场风险\ R_3 = \begin{bmatrix} 0.32 & 0.26 & 0.18 & 0.14 & 0.05 \\ 0.33 & 0.25 & 0.20 & 0.15 & 0.10 \\ 0.35 & 0.25 & 0.20 & 0.15 & 0.10 \\ 0.30 & 0.25 & 0.20 & 0.15 & 0.07 \\ 0.40 & 0.30 & 0.20 & 0.08 & 0.05 \\ 0.33 & 0.27 & 0.20 & 0.13 & 0.10 \end{bmatrix}$$

经过归一化后可得　$S_3 =$（0.24，0.23，0.23，0.18，0.12）

自然风险

$A_4 =$（0.25，0.05，0.35，0.25，0.10）

$$自然风险\ R_4 = \begin{bmatrix} 0.35 & 0.25 & 0.20 & 0.15 & 0.05 \\ 0.32 & 0.28 & 0.20 & 0.12 & 0.08 \\ 0.30 & 0.25 & 0.20 & 0.15 & 0.05 \\ 0.35 & 0.25 & 0.20 & 0.15 & 0.05 \\ 0.30 & 0.25 & 0.20 & 0.05 & 0.10 \end{bmatrix}$$

经过归一化后可得　$S_4 =$（0.30，0.25，0.20，0.15，0.10）

制度风险

$A_5 =$（0.05，0.15，0.25，0.30，0.25）

$$制度风险\ R_5 = \begin{bmatrix} 0.35 & 0.25 & 0.20 & 0.15 & 0.05 \\ 0.32 & 0.25 & 0.20 & 0.15 & 0.10 \\ 0.35 & 0.25 & 0.20 & 0.15 & 0.05 \\ 0.30 & 0.30 & 0.25 & 0.15 & 0.10 \\ 0.40 & 0.27 & 0.23 & 0.07 & 0.03 \end{bmatrix}$$

经过归一化后可得　$S_5 =$（0.29，0.24，0.22，0.15，0.10）

政策风险

$A_6=(0.30, 0.20, 0.25, 0.15, 0.10)$

$$\text{政策风险 } R_6=\begin{bmatrix} 0.32 & 0.25 & 0.20 & 0.13 & 0.10 \\ 0.28 & 0.24 & 0.22 & 0.16 & 0.10 \\ 0.28 & 0.25 & 0.20 & 0.15 & 0.12 \\ 0.35 & 0.25 & 0.20 & 0.15 & 0.05 \\ 0.30 & 0.25 & 0.20 & 0.05 & 0.10 \end{bmatrix}$$

经过归一化后可得　$S_6=(0.29, 0.24, 0.19, 0.16, 0.12)$

对整体项目而言，风险大小为：

$A=(0.25, 0.15, 0.30, 0.15, 0.05, 0.10)$

$$R=\begin{bmatrix} S_1 \\ S_2 \\ S_3 \\ S_4 \\ S_5 \\ S_6 \end{bmatrix}=\begin{bmatrix} 0.30 & 0.30 & 0.20 & 0.10 & 0.10 \\ 0.33 & 0.24 & 0.19 & 0.14 & 0.10 \\ 0.24 & 0.23 & 0.23 & 0.18 & 0.12 \\ 0.30 & 0.25 & 0.20 & 0.15 & 0.10 \\ 0.29 & 0.24 & 0.22 & 0.15 & 0.10 \\ 0.29 & 0.24 & 0.19 & 0.16 & 0.12 \end{bmatrix}$$

$S=A*R$

经过计算并归一化后可得　$S=(0.24, 0.24, 0.22, 0.18, 0.12)$

假定“优”=100,“良”=80,“中”=60,“差”=40,“劣”=20,则得到最后的评价结果:$V=100\times0.24+80\times0.24+60\times0.22+40\times0.18+20\times0.12=66$。

这说明该企业的农业经营综合风险表现一般，风险处于中等水平。

综上所述，因农业保险面临的各种风险尤其是自然灾害在时间和空间上的分布不同，农业保险经营企业应因时因地制宜，及时调整和修改相关指标参数，以便动态评价参保农户所面临的农业风险，为合理厘定保险费率提供有力的基础和保障。

四、农业保险成本—收益分析

关于农业保险业的收益，持肯定态度的有如下两种基本观点：一是认为农业生产风险对资源配置有着极大的影响，农业保险可以作为一种减少资源配置失误成本的调节工具；二是农业保险可以减轻农业生产者收入波动所产生的负效应，是受人青睐的政策性工具之一。因此，农业保险广义上的目标，就是减少低效率和实现农民收入的稳定，因而认为农业保险的社会效益大于它的成本。持反对意见的人则指出农业保险有如下两点重要缺陷：一是农业保险通常只承保产量的变动，而不承保价格的变化，所以它对收入的稳定作用并不大；二是由于道德风险和逆选择问题以及很高的管理费用，农业保险的社会成本通常都很高。除了一些威胁大的风险外，农民几乎都不愿意支付保险费，而依赖于政府的补贴。农业保险作为一种风险管理工具，某些时候似乎显得既花钱又无效率❶。对此我们作以下理论分析。

1. 有或无保险的收入分析

为便于分析，先简要地把风险定义为“收入波动”。可以设想农业生产者根据一个平均的或预期的收入水平来安排预算，对此预算水平的偏离就有一个最大和最小值。当收入高于平均水平或预算水平时，生产者就可以考虑把额外的收入进行再投资或用于消费。

首先考察有和无农业保险的收入预期，图 3-10 显示了收入分布的两个正态概率密度函数，一个未采取任何减少风险的措施，另一个采取了一些措施。在两函数中，预期收入假定相等，但采取了风险减少策略的收入水平的方差很低。因此，假设减少收入水平方差的这一分布无成本，那么农户都会优先考虑能减少端点值变化范

❶　吴扬．农业保险的理论依据及其效用分析［J］．社会科学，2005，（12）：2-24.

围的方式，如多样化种植和增加信息等，这些措施都可能影响概率密度函数性质。但这些管理方式的资产不可能增值，在有些情况下还逐渐贬值。因为在某种程度上持有贮备能把高收入年份转移到低收入年份。预期收入概率会减少税后净收益的概率分布的方差。但持有贮备对收入的概率分布图影响不大。

所有的农业保险政策都以同一种方式影响着农业净收入的概率分布。一切保险合同的签订均需要农户支付保险费，从而会减少农户可获得的最大收入，但反过来也减少了低收入的可能性。投保产量的历史记录和保障水平是保费确定的依据，每份合约中投保农作物的平均产量决定了赔付的水平。在许多年份，农业保险费成为农户收入的一项成本，但赔付都会提高农户的收入。图 3-10 显示使用风险措施其收入概率明显高于不使用风险减少措施。

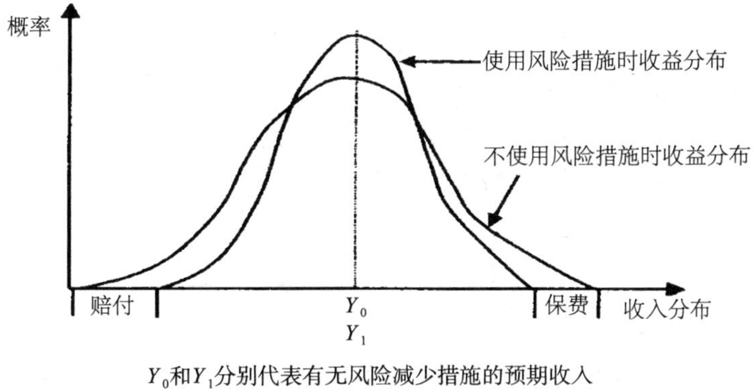

图 3-10　有（无）风险措施的收入概率分布

2. 保险成本与收益分析

为了更好的认识农业保险的作用，有必要进行保险成本—收益分析。

图 3-11 显示了收入分布的三种概率密度函数。一种投保且不采取任何保险措施，两种参加了农作物保险。其中一种保险可以获

得政府的保费补贴，另一种则完全依赖于农户交纳保费。在非赔付事件下，投保农户比不投保农户获得的收入低，因为前者支付了保费。保费代表了索赔条件下 Y_0 或 Y_s 点下投保和不投保的概率密度函数之差。如发生灾害减少农业产量从而引起收入降至 Y_0 或 Y_s 点以下时，农户会因为获得保险赔款而缓解损失。而未投保且不采取任何风险管理措施的农户其收入可能降至 $\overline{Y}_0$。如果政府补贴会提高其收入水平，即从 $\overline{Y}_0$ 提高至 $\overline{Y}_S$。其差额就是政府补贴。当政府补贴其赔款超过了生产者交纳的保费，投保农户的预期收入就超出了未投保的预期收入水平。农作物保险提高了预期收入，减少了收入降至某一水平以下的可能。如果政府不负担保险的部分份额，那么参与保险的农民就会大大减少。而当收入水平高于 Y_0 或 Y_s 点的情况下，有无保费补贴对赔付都不产生影响。

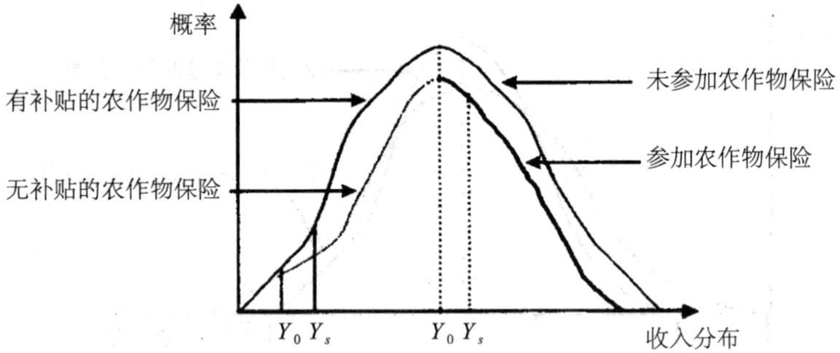

图 3-11　有无农作物保险条件下的收入分布

从世界范围看，农作物保险种类主要分为 3 类：一是基本产量的保险（APH）。其类别包括：①多种灾害作物保险（MPCI）。这一政策对由自然灾害和病虫害造成的生产者损失给予保险。假如收获量少于投保产量，按产量差额乘以选择的投保价格获得赔偿。②作物风险计划（GRP）。如美国这一计划是按国家农业统计局确定的一个县的指数作为衡量损失的基准，而不是按单个投保农户的实际产量。当这个县的实际产量按90%折算后低于所有农户投保选择的产量之和时，农户可获得赔偿。二是收益保险计划。其包括：①集体收益保险政策（GRIP），其仅在被投保作物的乡或县平均收益低于农户选择的收益水平时给予赔偿；②调整总收益计划（AGP），其是通过承保平均农户收益的一定比例为农业生产全部收益而不是为单个作物收益提供保险；③作物收益保险总额（CRC），其是根据预期价格和产量而提供的收入保护，方式为赔偿价差损失；④收入保护（IP），其是当作物价格或产量低于预期时保护生产者免于总收入的减少；⑤收益保险（RA），其是通过生产者选择预期收益的规定范围的目标收益货币量来提供以美元标价的承保险种。三是政府的大灾保险（CAT）。如美国当作物损失超过50%时，提供确定价格的55%的赔偿。CAT保费由联邦政府支付，但生产者必须支付一定比例的管理费，其中有限资源的农户可免除这一费用。不考虑潜在收益，农业风险防范的成本是相当高的，因为农业保险成本的形成与其他产品成本和商品流通费用的形成是有区别的。其赔偿或给付受自然客观因素影响，损失率无法控制，农业保险经营者自身很难控制保险成本费用。据测算，全世界一般企业财产和家庭财产的损失率为1%～2%，而农作物生产的损失率一般都在6%左右，如中国西部棉花实际损失率一般都在9%～18%之间，粮食的损失率在7%～13%，农业保险赔付率要高出任何其他的商品保险，这足以导致农业保险市场的衰败。

3. 道德风险和逆选择

道德风险指投保人因有保险保护而发生行为悖异，从而增加的责任风险。这种行为包括转变或滥用生产方法，其中有些行为可构成诈骗。逆选择是当被保险人比保险人更清楚地认识到保险对他利弊大小而作出选择时产生的一种行为。逆选择导致这样一种不公平现象的产生，即高风险的生产者的积极参与和低风险的生产者的急于退出同时并存，它也说明了为什么给不同的生产者承保相同的产量会出现赔付差异很大的现象。

农业保险合同中有一个突出的问题就是很难把保费调整到符合农户使用自保措施的限度之内，这就易于产生道德风险和逆选择。道德风险的产生缘于保险人不能确定签订后农户的行为。如果保险公司在承保产量风险的同时又承保了价格风险，如果保险公司在风险上没有在空间上适当分散，或可靠的保险统计资料不足，或出售保险的时间不适当，费率区间过宽，如此就会诱发道德风险和逆选择，就会导致高赔付率。然而，从发达国家如美国、日本、澳大利亚等国的农业保险业经营情况看，如果预期赔付大体上等于保费收入的农作物保险项目，只能吸引10%～20%的农户参加；如政府给予补贴，保险投资的收益率每上升1%，农民的投保率大约上升1～3个百分点，保费补贴若达到50%以上，大部分农民都会选择保险。因为与所交的保费相比，投保农作物的预期收入超出了未投保农作物的预期收入水平，减少了收入降至某一水平以下的可能性，保险提供的保障能提高预期收入，但也同时增加了潜在的道德风险与逆选择的机会，从而增加了保险的项目成本。这就是农业保险业重大损失所产生的一个重要因素，也是保险公司及其代理机构难以确定损失发生的真正原因。

综上所述，通过对上述农业保险效用的理论分析可以得知：农民采用保险手段应付风险，其支付的保费会减少农民获得的最大收益，但能确保当收入降至某一水平以下农民的基本收入。若政府给予补贴，补贴越高，投保率越高。但道德风险与逆选择的机会增大，而政府若不补贴，农业保险业务则基本上无利可图。

五、农业保险对农民、农业生产影响分析

（一）农业保险对农民的影响

1. 农业保险有利于降低农民收入过度波动的风险

关于农民投保农业保险可以降低其收入波动风险的问题，可以

通过计算其均值和标准差及变异系数加以说明。

为简化起见，假定农业风险只有两种状态即出险和不出险，一旦出险保险标的即全损。出险概率为 π，不出险概率为 $1-\pi$，农民面临两种选择，即投保和不投保，这两种事件分别记为 ξ_1 和 ξ_2，若不出险，农民可得收益 Y；若出险，不投保者收益为 0，若投保，可得保险公司赔款 B，当 $0<B\leqslant Y$，保险公司应收保费为 a。则投保和不投保在出险与不出险两种情况下收益见下表。

表 3-5 投保和不投保在出险与不出险两种情况下收益表

状态	出险（π）	不出险（$1-\pi$）
不投保（ξ_1）	0	Y
投保（ξ_2）	$B-a$	$Y-a$

则投保与不投保的农民的农业期望收益分别为：

$$E\xi_1=(1-\pi)Y \tag{3.27}$$

$$E\xi_2=\pi(B-a)+(1-\pi)(Y-a)=\pi B-a+(1-\pi)Y$$
$$=(1-\pi)Y+b \tag{3.28}$$

其中 $b=\pi B-a$，πB 实际上是保险金的期望赔付额，即如果农户缴纳的保险费与保险金的期望赔付额相等时，则投保和不投保对农民来说期望收益都是一样的。但如果农业保险实行纯商业经营，由于保险公司所收保费 a 要包括较高的管理费用及必要的利润，因此农户缴纳的保费 a 相对于保险金的期望赔付额 πB 要高，则 b 一般小于 0，因此投保纯商业农业保险的期望收益要略比不投保者低。但如果政府分别对保险公司补贴一定的管理费用，对保户补贴一定的保费，则农民实际缴纳保费变为 $a-T_1-T_2$，则 $b=\pi B-a+T_1+T_2$，只要有两方面的补贴，尤其是对农民的补贴较大，则 b 将超过 0，这样投保农民的期望收益也将超过不投保农民的期望收益。因此政府补贴型的农业保险具有以财政方式补贴农业和农民的功能。

其次，投保和不投保对农民收入的波动也有较大的影响。下面计算农民期望收入的方差（或标准差）。

$$D\xi_1 = E(\xi_1 - E\xi_1)^2$$
$$= \pi[0-(1-\pi)Y]^2 + (1-\pi)[Y-(1-\pi)Y]^2$$
$$= \pi(1-\pi)Y^2 \tag{3.29}$$

$$D\xi_2 = E(\xi_2 - E\xi_2)^2$$
$$= \pi[B-a-(1-\pi)Y-b]^2 + (1-\pi)[Y-a-(1-\pi)Y-b]^2$$
$$= (1-\pi)(B-Y)^2 < D\xi_1 \tag{3.30}$$

第二式的计算用 $b=\pi B-a$ 代入，通过第一式与第二式的比较，可见有农业保险的农民收入的方差要小于不投保农民。即前者收入的波动程度要低于后者。

投保农民和不投保农民的收入的变异系数分别为

$$\delta_1 = \sqrt{\frac{\pi(1-\pi)Y}{(1-\pi)Y}}, \tag{3.31}$$

$$\delta_2 = \frac{|B-Y|\sqrt{\pi(1-\pi)}}{(1-\pi)Y+b} \tag{3.32}$$

对于多数保险标的，风险发生的概率一般都较小，即使对于较高的损失概率的农业风险，其一般也不超过 10%。而保费支出 a 一般只占农业收益 Y 的一小部分，但鉴于 b 表示理论纯保费与实际保费的差额，那么 b 相对于（$1-\pi$）Y 就很小了，而农业保险的赔偿金额 B 一般接近于实际损失 Y，因此，虽然在纯商业保险中，b 一般小于 0，但 δ_2的分母只是略为比 δ_1 小，其分子则远小于前者，而如果政府补贴较多的话，那么 δ_2 的分母又比 δ_1 大。因此，有农业保险保障后的农民收入波动明显小于不投保农民，而且赔偿金额越接近于实际损失，即保障程度越高，δ_2越小，则农民收入波动越小。因此农业保险可以显著地降低农民收入的大起大落。

Yamauchi（1986 年）对日本农业保险的收入稳定功能进行了实证研究。在表 3-6 给出了 1953 年（灾年）日本 Hokufiku 地区农户稻谷保险的数据。为了显示农作物的损失程度，把 1952 年（正常年份）该地区种植稻谷的产量和总收入也列了出来。如果没有农业保险，不同生产规模的农户都会遭受比较严重的损失，购买农业保险后，就可以降低损失程度。农业保险降低损失程度的效果，可以通过计算每种生产规模下保险赔款占农作物损失的比例来表示。这种比例居于17％到26％之间，足以把所有受补偿农户1953年的收入至少提高到正常年份的70％。

表3-6 日本Hokuriku地区1953年农作物减产的稻谷保险数据

项 目	农户规模（公顷）					
	小于0.5	0.5～1.0	1.0～1.5	1.5～2.0	大于2.0	平均[a]
稻田的平均规模（公顷）	0.28	0.63	1.04	1.52	1.88	0.88
稻田的产量						
1952（石/公顷）	6.26	14.69	23.69	36.29	43.91	20.59
1953（石/公顷）	4.74	10.28	16.77	27.22	29.42	14.62
1953/1952（％）	71.00	70.00	71.00	75.00	67.00	61.00
种植稻谷的收入						
1952[b]（日元/公顷）	59669	142922	242827	397610	430618	213854
1953（日元/公顷）	38919	90828	153581	254645	279500	131513
1953/1952（％）	65	64	63	64	65	62
农作物损失（日元/公顷）	20780	52094	89246	142965	151118	82341
保险赔款（元/公顷）						
每块稻田	5436	10174	20444	24010	27626	15148
每0.1公顷	1941	1615	1966	1586	1470	1821
保险赔款/农作物损失（％）	26	20	23	17	18	18
（1953年收入＋保险赔款）/1952年收入（％）	74	71	72	70	71	69

注：a. 根据样本中的农户数平均，小于0.5公顷，21；0.5～1.0，58；1.0～1.5，40；1.5～2.0，19；大于2.0，9；b. 调整为1953年的稻谷价格。

资料来源：Yamauchi Toyoji，EvolutionOftheCrop lnsurance Program inJapan，Hazell Peter，Crop Insurance for Agricultural Development：Issues and Experience，the Johns Hopkins University Press，1986，235.

Ymnauchi（1986年）还用日本AomoriPrefecture的案例来说明农业保险对稳定农民收入的好处。样本数据来自一个村庄的15个农户，他们的稻谷在1980年由于夏季严重低温遭受了全部损失。表3-6显示1979年（正常年份）和1980年（灾年）的调查结果。稻谷保险赔偿额达到了正常年份种植稻谷总收入的64%。这个赔付是非常高的，不仅弥补了种植稻谷的经营成本，还赔付了相当一部分的净利润。

表3-7 日本AomoriPrefecture地区1980农作物减产的稻谷保险数据

项　　目	1979（正常年份）	1980（灾年）
种植稻谷的平均面积（公顷）	1.355	1.353
平均产量（公斤/公顷）	5.570	0.000
一等和二等稻谷（作物的%）	94.300	0.000
三等稻谷（作物的%）	5.700	0.000
种植稻谷的收入（日元/公顷）	1491560.000	0.000
保险赔款（日元/公顷）	0.000	965320.000
经营成本（日元/公顷）[a]	658090.000	633400.000
净利润（日元/公顷）	833470.000	331920.000
每个农户的净利润（口元/公顷）	1129627.000	449088.000

注：a. 经营成本包括种子、肥料、农药、雇佣的人力、农场建筑物和机器的折旧，电力和燃料、灌溉费用、保险费、租用稻田的租金和借款利息。

资料来源：Yamauchi，Toyoji，Evolution of the Crop Insurance Program in Japan，Hazell Peter，Crop Insurance for Agricultural Development：Issues and Experience，the Johns Hopkins University Press，1986，235.

总之，无论是理论分析还是实证分析，都共同说明了一个基本事实：农业保险在灾害事故发生时可以使农民获得最低保障收入，从而起到了收入稳定器的作用。

2. 农业保险分散专业化经营的高风险，有利于农民实行产业化经营

我国农业发展的重要方向就是在稳定家庭联产承包责任制的前提下，逐步将家庭超小规模的农业经营向农业产业化经营方向转变，即通过一些有效的产业组织方式，将农业生产的产前、产中、产后各环节联系起来，实现农业生产经营的规模化、一体化和商品化。

具体来说，农业产业化主要体现在如下三个农业专业化方面：一是农业经营主体的专业化，即各农业生产经营主体逐步摆脱“小而全”的结构，转向为市场提供某些专业农产品及其服务的组织，如各类农业专业户（如瓜农、奶牛养殖户）、专业农业生产联合体（如甜椒基地、大葱基地等）；二是农业生产过程的专业化，即农业生产全过程分段由不同的各具优势的专业经营主体来完成，如一些地方的种苗公司、饲料公司等，“公司＋农户”也是目前我国大力提倡和推广的农业生产过程专业化模式；三是农业生产的区域化，即根据比较利益原则及动植物生长环境，建立区域性的农产品基地或农业产业带。

无论何种形式的产业化其实都是一种专业化。但产业化在促进专业化与集约化的同时，也带来了小型农户甚至大型企业都难以承受的风险。众所周知，多种经营是一种非常重要的农业风险管理策略，而专业化的农业生产，在相对集约化、规模化经营的同时，也使农业风险的强度和概率增加，农户一旦经营失败，损失将十分巨大。

关于农业专业化生产，我们可以以生产过程的专业化为例来分析专业化与多元化农业经营的风险。

假设某农业生产全过程可分为三个阶段，分别记为 ξ_1，ξ_2，ξ_3。

首先对专业经营和多元经营的损失概率加以比较。为简化起见，假定一旦损失即为全损，三个阶段的损失概率分别为 P_1、P_2、

P_3，期望损失金额分别为μ_1、μ_2、μ_3，综合经营的损失概率记为P，可以比较它与某一阶段的损失概率，比如与第一阶段比较可得

$$p-p_1=\frac{p_1\mu_1+p_2\mu_2+p_3\mu_n}{\mu_1+\mu_2+\mu_3}-p_1$$

$$=\frac{(p_2-p_1)\mu_2+(p_3-p_1)\mu_3}{\mu_1+\mu_2+\mu_3} \tag{3.33}$$

三个阶段的损失概率一般来说都各不相同，一般而言损失概率最大者最易受高风险影响而不愿投资，不妨假定P_1最大，那么由上式可见，$P-P_1<0$，即$P<P_1$，因此多元化经营可以使得平均损失概率低于专业化经营中的最高损失概率。由于专业化经营任何一环节出问题都会影响整个农业产业化，而最容易出问题的环节就是风险最大的生产阶段，由上面的公式可见，风险最高的生产环节的损失概率要高于多元化经营的损失概率，因此如果没有农业保险的支持，专业化经营可能更易于失败。

其次，可以分析专业化经营和多元化经营的变异系数。

农业专业化经营的三个阶段的收益的数学期望和方差分别为$E\xi_i=\mu_i$，$D\xi_i=\sigma_{i2}$，$i=1，2，3$，为简化起见，假定三个阶段的风险不具有相关性，三个阶段综合经营收益的数学期望和方差记为$E\xi$，$D\xi$，

则 $$E\xi=E(\xi_1+\xi_2+\xi_3)=\mu_1+\mu_2+\mu_3 \tag{3.34}$$

$$D\xi=E(\xi-E\xi)^2=E\xi^2-E^2\xi$$

$$=E(\xi_1+\xi_2+\xi_3)^2-(\mu_1+\mu_2+\mu_3)^2$$

$$=E(\xi_1{}^2+\xi_2{}^2+\xi_3{}^2)+2(E\xi_1\xi_2+E\xi_1\xi_3+E\xi_2\xi_3)-(\mu_1+\mu_2+\mu_3)^2$$

$$=E(\xi_1{}^2+\xi_2{}^2+\xi_3{}^2)-(\mu_1+\mu_2+\mu_3)^2=D\xi_1+D\xi_2+D\xi_3$$

$$=\sigma_1{}^2+\sigma_2{}^2+\sigma_3{}^2 \tag{3.35}$$

上式中，由于三阶段的风险事件不具有相关性，则$E\xi_i\xi_j=E\xi_iE\xi_j$

设三阶段综合经营和每一阶段专业经营的风险损失变异系数分别为δ和δ_i，$i=1，2，3$。一般来说每一阶段变异系数都不可能绝

对相等。不妨假设它们依次增加。令 $\delta_3=t$

即$\frac{\sigma_1}{\mu_1}<\frac{\sigma_2}{\mu_2}<\frac{\sigma_3}{\mu_3}=t$,(3.36)

$$\text{则}:\delta=\frac{\sqrt{D\xi}}{E\xi}=\frac{\sqrt{\sigma_1^2+\sigma_2^2+\sigma_3^2}}{\mu_1+\mu_2+\mu_3}<\frac{\sqrt{\mu_1^2+\mu_2^2+\mu_3^2}}{\mu_1+\mu_2+\mu_3}<t=\delta_3 \tag{3.37}$$

因此多元化经营的损失风险肯定低于专业化经营中风险最大的某一阶段，换句话说，如果将多元化经营转变为经营主体、经营过程或经营区域的专业化，那么必有某些经营主体、经营阶段或经营区域的风险高于多元化经营。

但是否多元化经营的风险肯定会高于专业化经营的某些阶段，还是有可能低于所有阶段，则无法直接推断。但通过具体分析发现，两种情况都有可能。比如假设 $\mu_1=\mu_2=\mu_3=1$，则比较 $\sigma=\frac{\sqrt{\sigma_1{}^2+\sigma_2{}^2+\sigma_3{}^2}}{3}$与 $\delta_1=\sigma_1$，发现只要 $\sigma_1{}^2>\sigma_2{}^2+\sigma_3{}^2$，则 δ 也小于 δ_1，而 δ_1 又小于 δ_2 和 δ_3。比如三阶段的标准差分别为 2，3，4，则满足上述不等式，但标准差为 1，3，4，则不满足上述不等式。

因此，我国的农业产业在由超小规模的家庭式综合经营向以专业化经营为特征的产业化经营逐渐转变过程中，不仅某些专业化阶段的风险有可能凸现更高风险，甚至可能每一阶段的风险（按变异系数界定）都有所增加，如果没有农业保险分散专业化经营的更高风险，那么农业产业化将面临更多的障碍。

3. 农业保险有助于提高农民的预期收益和经营业绩，保障农民对农业投入的增加

农业保险不仅可以降低农业投资者的风险预期，而且，它还具有部分替代信贷抵押品的功能，可以提高农民的预期收益和经营业绩。

Binswanger（1980 年）对农业信贷、抵押物要求和农业保险之间的关系，经过研究得出以下结论：

（1）抵押物要求可以提高贷款人的预期收益

Binswanger（1980 年）用一个方程来表示贷款人的预期收益。

$$E(L) = iL(1-\pi) + [C - L(1+i)]\pi \tag{3.38}$$

式中：$E(L)$ 表示贷款人的预期收益；i 代表给定利率；L 代表贷款数额；π 表示投资失败的概率；C 代表贷款抵押物的价值。

Binswanger（1980 年）提出，抵押物价值不同，会导致贷款人预期收益 E 有三种不同的结果：

①如果抵押物的价值为 0（$C=0$），贷款人的预期收益就等于利息收益 iL 乘以还款概率（$1-\pi$），再减去贷款本息乘以违约概率（假定贷款要么全部偿还，要么全部违约）；

②如果抵押物的价值大于零、小于贷款本息，方程的第二部分就可以得到改善，即只有抵押物与贷款本息之间的差额部分会遭受损失。

③如果抵押物的价值大于贷款本息，方程的第二部分为正值，即增加了贷款人的预期收益，使贷款人的预期收益率大于利息率。贷款人一般可以利用这种技术来规避利率上限规定。

总之，方程（3.38）表示，把抵押物的价值（C）从 0 提高到某个正数，就会提高贷款人的预期收益（E）。

（2）抵押物要求可以降低借款人的违约风险

在没有抵押要求的情况下，借款人当前财富（W）减去违约造成的未来利益的损失（D）的效用，如果大于偿还贷款本息后财富的效用，那么效用最大化的借款人就会违约。从形式上来看，借款人违约的条件为 $U(W-D)>U[W-L(1+i)]$ 或 $L(1+i)>D$。简单地讲，如果贷款本息 $L(1+i)$ 大于违约所造成的未来利益的损失（D），借款人就会违约。

贷款人有抵押物要求，可以降低借款人的违约动机和违约风险。在这种情况下，违约条件变为 $U(W-D-C)>U[W-L(1+i)]$ 或 $L(1+i)>(D+C)$，即只有当贷款本息大于违约所造成的未来收益损失与抵押物价值之和时，借款人才会违约：相比没有抵押物要求时借款人的违约条件 $L(1+i)>D$，借款人违约的成本提高了，违约的条件变严格了，因而可降低借款人的违约动机和违约风险。

（3）抵押物不足使小规模农户的信贷市场消失

在 Binswanger（1980 年）看来，小土地所有者拥有的抵押物是不足的。没有土地或拥有较少土地的农场主，因为缺乏抵押物，就不能利用信贷进行农业投资，只能通过储蓄或其他方式获得投入品。所以，对于小土地所有者来说，不存在信贷市场。但大规模经营的农场主可以较低利率和较优惠的抵押条件获得信贷，其原因在于他们所提供的抵押物可以转移贷款人面临的风险。

小土地所有者也可以获得贷款，但贷款人对他们提出的抵押要求通常会高于大土地所有者，以此弥补较高的违约风险。这就把资本损失的风险转移给了小土地所有者，提高了借款人的预期成本，与发放给大土地所有者的贷款相比，费用和成本都非常高。

当然，小土地所有者还可以通过支付较高的利率来换取较低的抵押要求，以此方式再将风险转移给贷款人；但是，如果贷款的成本太高，超过了投资所获收益，小土地所有者的信贷市场从需求方就会消失；另一方面，对于缺乏抵押物的农户或者债务/资本比率很高、已经用完抵押物的农户，信贷市场从供给方也会消失。

（4）保险可以部分替代抵押物

没有抵押物的借款人可以利用保险来转移风险，降低灾害损失，由此降低借款的违约概率，从而使其获得无抵押贷款变得比较容易。

假定借款人将获得的贷款全部投向农场，并且投保了雹灾险。如果遭遇雹灾，就可以用保险赔款来偿还贷款。保险降低到某种损失发生的概率，把投资的预期收益降低到相当于保险费的数额，因此，保险改变了投资收益的概率分布。在方程（3.38）中，保险降低了违约概率 π，如果被保险的风险独立于其他风险，则：

$$\pi=\pi_H+\pi_O \tag{3.39}$$

式中：π_H是雹灾损失的概率；π_O是其他原因导致失败的概率。银行对已投保的借款人发放无抵押贷款比对未投保的借款人更有兴趣。在方程（3.38）中，如果$C=0$，贷款的预期收益增加值大约相当于贷款本息乘以π_H（雹灾损失发生的概率）。因此，保险和抵押物一样，可以提高贷款人的预期收益。

但是，保险只能对抵押物进行部分替代。这是因为：①抵押物在任何风险下都可以变现，而保险只能在特定风险（如雹灾）发生时才提供保障，所以保险对贷款人预期收益的增加要比抵押物小；②保险对故意违约的借款人不能产生任何还款激励机制。在保险充当抵押物时，故意违约的借款人可能会选择保留保险赔偿金而对贷款违约。保险不能改变故意违约借款人的违约条件，不能产生抵押物所能带来的那种还款激励机制。

尽管如此，保险的确可以在一定程度上产生与抵押物相同的有利功效：降低贷款人的风险预期，提高贷款人的预期收益，把潜在的借款人转化为实际借款人或提高现有借款人的贷款规模。

Pomareda（1986年）对巴拿马农业保险机构（Instituto de Seguro Agropecuario，简称ISA）和农业发展银行（the Banco de Desarrollo Agropecuario，简称BDA）进行实证分析后，认为农业信用保险可以提高贷款人的经营业绩。

通过理论与实证分析，可以看出农业保险具有提高贷款人的预期收益和经营业绩、促进农业信贷资金的投放的功效。因此，农业保险可以通过部分替代农业信贷抵押品→提高农民的预期收益和经营业绩→农业信贷增加→农业经济增长的路径来发挥积极作用。

（二）农业保险对农业生产的影响

1. 从农业的生产与再生产环节看

在农业生产过程中，一旦农业风险事故造成实际或预期损失，就必然影响农业生产过程中正常的资金周转，严重时会出现正常资金运动链条的断裂；如果没有足够数量的后续资金注入，农业再生产要么在短时间内中断，要么其规模减小，质量下降。当农民严重遭灾受损后，比如粮食绝收或牲畜大批死亡时，如果缺乏其他有效的资金来源，在严重时可能出现为维持生计将种粮暂时作为口粮，或将半大的仔猪宰杀以供食用，从而造成农业再生产环节的中断；如果灾后农户资金不足，可能会出于无奈无法去购买优质且成本较高的种粮，或缺乏本钱在市场上重新买来可以快速出肥的半大仔猪，而只能去买投入本钱少却出肥时间相当漫长的奶猪崽，这样可能在下一季无法收获最佳产量的粮食，或使得通过养猪获取生产生活收入来源的生产周期变长。上述各种情况都会使得农业生产过程出现中断、停滞或生产效益下降与周期延长。

而当发生大面积与大范围的严重农业灾害后，政府虽然会启动紧急救灾机制，但面对严重的灾害局面，政府下拨的大量的救灾款项“撒胡椒面”式地摊到每个农民手上时也只能解一时之需，而且救济本来就是以保障灾民的基本生活为主。而农业保险则可以补偿大部分的灾害损失，其补偿数额远比救济款充足。所以农业保险起到了保证农业可持续发展的作用。

2. 从农业再生产的分配环节看

保险实际上是一种财务收支的制度安排，农业保险在国民收入中的再分配功效主要表现在以下三个方面：第一，农民交给保险机构的保费将在受灾农民与非受灾农民、受灾地区与非受灾地区之间进行再分配；第二，由于保险经营的持续性和长期性，农民会将历年缴纳的保费（包括政府的保费补贴）在灾年和非受灾年之间进行重新分配，从而使得农民收入变动的标准差变小；第三，政府支持和补贴下的农业保险事实上也是将其他非农产业的产出转移到农业产业方面。

3. 从农业再生产的交换与消费环节看

农业保险有稳定农业产销市场、促进流通和稳定农产品市场物价的作用。大灾之后，如果没有农业保险的较足额赔付，如前一节所述，可能由于农业生产资金链的断裂，种粮农民可能减少下一季化肥、农药的使用量，大多数养猪农民可能只能购买小猪崽。这样可能就会影响化肥农药生产商的正常生产与销售，而在养猪业方面，一方面短时间内受灾农民大量购买小猪崽会造成猪崽价格的较大上涨，而当这些猪崽育肥后可能在短时间内集中上市，又会造成猪肉市场价格的暴跌。因此，农业保险对农业上、下游市场与交换链条的正常运转显得非常重要。

第四章　农业保险的市场失灵分析

我国农业保险经历了创办—停办—恢复试办的曲折发展道路和制度变迁历程。发展至今，农业保险在全国保险业和财产保险中的比重不断下降，农业保险的险种从最多时的100多种减少到目前的30余种；无论是从保险深度—农业保险保费收入在GDP中的比重来看，还是从保险密度—全国农业保险人均保费支出来看，农业保险都呈现出停滞甚至下滑的态势。农业保险的不断萎缩造成了它对农业生产和农民人身财产保障作用和风险转嫁功能的不断弱化。加入WTO后，我国农业和农民所面临的竞争更加激烈，所面临的风险不断加大。在此背景下，分析我国农业保险发展困境的深层根源，反思和探讨现行农业保险制度模式的缺陷和弊端，构建和完善适合我国国情的农业保险制度和农业风险转嫁保障机制，对保障农业和农村社会经济健康、稳定发展就显得尤为重要。

一、农业保险商业化经营会导致市场失灵

（一）市场失灵的界定

市场失灵是经济学家所关注的焦点之一，也是政府进行政策干预的理论基础。西方经济学认为，在完全竞争条件下，市场经济能够在自发运行的过程中，仅仅依靠自身力量的调节，使社会上现有的各种资源得到充分合理的利用，从而达到社会资源的有效配置状态。但是，市场经济并不是万能的。自由放任基础之上的市场竞争机制，并非在任何领域、任何状态下都能够充分展开。而在另外一些领域或场合，市场机制即使能够充分发挥，也无法达到符合整个

社会要求的正确的资源配置结果。这些问题是市场经济自身所无法克服的固有的缺陷或不足，西方经济理论将它们统称为“市场失灵”（Market Failure）。但 Samuels Bowles 认为，应该从更广泛的角度来认识和界定市场失灵。Samuels Bowles 认为，“市场不仅配置资源和分配收入，而且还形成我们的文化，促进或阻挠人文发展，支持一个令人满意的权利机构。市场同样是政治的、文化的制度，其程度跟市场是经济的制度一样”。“我们对市场的评价以及由此引出的市场失灵的概念，必须加以扩大，包括市场对权利结构和人文发展进程这两方面的影响”。所以，应从更广泛的角度来认识和界定市场失灵。“所谓‘市场失灵’，其意是指，维护‘合乎需要的’活动或停止‘不合需要的’活动（活动包含消费和生产）的价格—市场制度理想化系统的失灵。”

（二）农业保险的商业化经营

农业保险，具有分散农业风险、稳定农民收入、为农业信贷提供“担保”、促进农业产业化、均衡收入再分配、为整个经济带来有益的乘数效应等功效，这些功效的发挥要么增加国民收入，要么促进国民收入的合理分配，无论从哪一个角度上来讲，它都会提高社会的经济福利。因此，农业保险自然属于“合乎需要”的活动。但如果用商业化的价格—市场制度来维护农业保险经营，则往往以失败而告终，导致出现市场失灵。

Hazell 把商业性保险公司持续发展的条件界定为$(A+I)/P<1$。其中，A 为平均管理费用，I 为平均赔款支出，P 为平均保费收入。该条件的含义为保费收入必须大于赔款支出和管理费用之和，保险人才能盈利，否则就会亏损。Guiggin 认为，“没有一个国家能连续使农业保险保费收入足以弥补赔款支出和管理成本”。Hazell 对巴西、哥斯达黎加、日本、墨西哥、菲律宾和美国的（A+I）/P 比率进行计算，结果分别为 4.57、2.80、4.56、3.65、5.74

和 2.42，这说明这些国家的农业保险都不符合商业化经营的条件。我国农业保险的经营，同样也不符合商业化经营条件。1984～2002 年，我国农业保险的 I/P 比率即赔付率，最高为 136%，最低为 64%，平均为 92.2%，如果再加上大约 20%～30%左右的管理费用，农业保险商业化经营的亏损很大。因此，国内经营农险的两家保险公司逐渐缩减农险规模，减少亏损险种，甚至可能因改制而淡出农险市场，这使我国农业保险呈现出强烈的“供给不足”态势。同时，由于农险供给不足、农民收入有限和保险意识薄弱等因素的共同作用，农险需求也非常不足。2000 年世界平均保险深度为 7.84%，我国保险深度为 1.8%，排在世界第 61 位，而农险的保险深度仅有 0.01%，2000 年世界平均保险密度为 385.4 美元，我国只有 15.2 美元，排在世界第 73 位，而农险的保险密度仅有 2.35 美元！可见，我国农业保险已经陷入了“供给不足，需求有限”的市场失灵境地。

（三）我国农业保险市场失灵的表现

我国农业保险市场失灵，主要表现为农业保险“需求不足”和“供给短缺”并存的现象。

1. 农业保险需求不足

农业保险需求是指一定时期内农村种植业和养殖业需要购买的保险服务总量。它主要分为两个部分，一部分是自然需求，是指纯粹由农业风险损失决定的对农业风险保障客观自然的需求；另一部分是有效需求，是指消费者愿意购买，并且有货币支付能力的购买需求。在市场经济条件下，对保险人有意义的是有支付能力的农业保险需求。从这个意义上说，我国农村虽然客观上存在对农业保险的迫切需要，但这种需要却很难转化为有效的市场需求。这种状况从各种金融机构已经推出的农业保险产品在销售过程中所遭受到的冷遇可以得到证明。

对于农业保险需求，一些学者利用农业保险的参与率来对其进行分析，如 Serra（2003 年）。由于受数据收集的局限，我们用农业保险保费收入占财产保险保费收入的比例来说明我国农业保险需求不足的情况。在图 4-1 中，我们可以看出，1982～2006 年，农业保险保费收入占财产保险保费收入的比例最高为 4.36%，最低为 0.03%，其中，2006 年为 0.51%，而且从趋势上看，自 1997 年以来农业保险保费收入占财产保险保费收入的比例大体上呈递减趋势。2006 年我国农业占国内生产总值的比例为 11.7%，相对于农业在国民经济中的贡献，农业保险呈现出严重的需求不足现象。

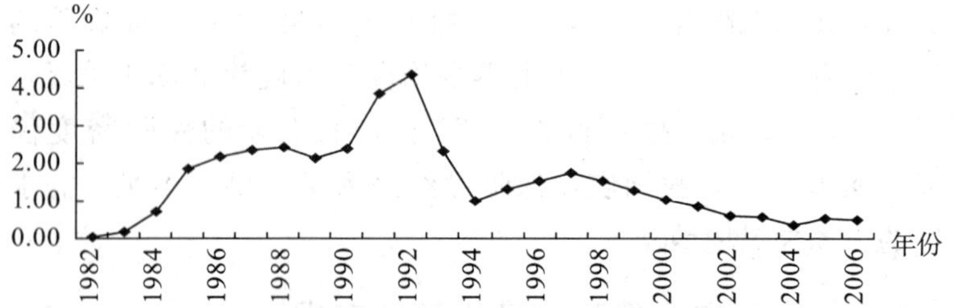

图 4-1 1982～2006 年全国农业保险保费收入占财险保费收入的比例

资料来源：根据《中国保险年鉴》计算整理而得。

另外，也可以利用保险密度、保险深度来说明农业保险需求不足的情况。保险密度是指按一国人口计算的人均保费额，它反映了一国国民参加保险的程度；保险深度是指保险费占 GDP 的比重，它反映保险业在整个国民经济中的地位。我国农业保险的保险密度用农业保险费收入除以我国农村人口数计算，保险深度则用农业保险费收入除以农业国内总产值计算。如表 4-1 所示，2006 年我国保险密度为 429.1 元，保险深度为 2.67%，而同期我国农业保险的保险密度仅为 1.085 元，保险深度仅为 0.03%。我国农业保险需求不足的窘状可窥一斑。

表 4-1　农业保险发展基本情况数据表　（单位：亿元，%，元/人）

年份	GDP	农业产值	农业保险	财产保险	农险/财险	农业保险密度	农业保险深度
1982	5323.4	1777.4	0.002	7.5	0.03	0.0003	0.0001
1983	5962.7	1978.4	0.017	10.1	0.17	0.0028	0.0009
1984	7208.1	2316.1	0.1	14.3	0.70	0.010	0.0043
1985	9016.0	2564.4	0.4	21.6	1.85	0.050	0.02
1986	10275.2	2788.7	0.8	37.0	2.16	0.099	0.03
1987	12058.6	3233.0	1.1	46.9	2.35	0.135	0.03
1988	15042.8	3865.4	1.4	57.3	2.44	0.170	0.04
1989	16992.3	4265.9	1.6	74.4	2.15	0.192	0.04
1990	18667.8	5062.0	2.3	96.0	2.40	0.273	0.05
1991	21781.5	5342.2	5.0	130.1	3.84	0.591	0.09
1992	26923.5	5866.6	8.7	199.5	4.36	1.024	0.15
1993	35333.9	6963.8	6.2	267.4	2.32	0.726	0.09
1994	48197.9	9572.7	3.4	336.0	1.01	0.397	0.04
1995	60793.7	12135.8	5.6	421.1	1.33	0.652	0.05
1996	71176.6	14015.4	6.8	443.2	1.53	0.799	0.05
1997	78973.0	14441.9	8.4	480.7	1.75	0.998	0.06
1998	84402.3	14817.6	7.6	499.6	1.52	0.914	0.05
1999	89677.1	14770.0	6.7	521.1	1.29	0.817	0.05
2000	99214.6	14944.7	6.2	598.4	1.04	0.767	0.04
2001	109655.2	15781.3	5.8	685.4	0.85	0.729	0.04
2002	120332.7	16537.0	4.7	778.3	0.60	0.601	0.03
2003	135822.8	17381.7	5.0	869.0	0.58	0.651	0.03
2004	159878.3	21412.7	4.0	1125.0	0.36	0.528	0.02
2005	183867.9	23070.4	7.0	1283.0	0.55	0.939	0.03
2006	210871.0	24737.0	8.0	1579.0	0.51	1.085	0.03

资料来源：根据 1982～2007 年各年统计年鉴整理计算而得。

2. 农业保险供给短缺

农业保险供给是指保险机构能够并且愿意提供的农业保险服务总量。农业保险供给水平取决于保险人的承保能力和农业保险的经济效益等因素。

从图 4-2 中我们可以看出，农业保险的赔付率很高，再加上农业保险较高的经营管理费用，商业性保险公司经营农业保险亏损严重，因而对农业保险望而生畏、不敢涉足，甚至谈“农”色变。与农业保险的高赔付率相比，我国财产保险的赔付率长期比较低，同期我国财产保险的赔付率一般在 40%～60%之间。目前，我国只有中国人民财产保险股份有限公司和中华联合财产保险公司在全国范围内经营农险业务，而且这两家公司均可能因为股份制改革而淡出农险市场，所以，我国农业保险供给短缺突出表现为经营农业保险的机构短缺，以及由此引发的农险险种短缺和农险保费收入极低等现象。

表 4-2　1985～2006 年全国农业保险、财产保险收入和赔付情况

（单位：万元，%）

年份	农险收入	财险收入	农险赔付	财险赔付	农险赔付率	财险赔付率
1985	4332	257291	5266	125371	121.6	48.7
1986	7802	423476	10637	188847	136.3	44.6
1987	10028	671375	12604	276590	125.7	41.2
1988	11569	947623	9236	369880	79.8	39.0
1989	12966	1229086	10748	485119	82.9	39.5
1990	19248	1557614	16722	683047	86.9	43.9
1991	45504	2097054	54194	1142860	119.1	54.5
1992	81690	3351526	81462	1591268	99.7	47.5
1993	56130	4568712	64691	2457619	115.3	53.8
1994	50404	3764154	53858	2302602	106.9	61.2
1995	49620	4533179	36450	2363861	73.5	52.1

续表

年份	农险收入	财险收入	农险赔付	财险赔付	农险赔付率	财险赔付率
1996	57436	5383333	39481	3054194	68.7	56.7
1997	57589	3822307	41871	2146900	72.7	56.2
1998	71472	5057403	56304	2895106	78.8	57.2
1999	63228	5272181	48556	2796987	76.8	53.1
2000	40400	6080000	30000	3080000	74.3	50.7
2001	30700	6850000	30000	3330000	97.7	48.6
2002	50000	7800000	40000	4030000	80.0	51.7
2003	50000	8930000	30000	4760000	60.0	53.3
2004	40000	11250000	30000	5790000	75.0	51.5
2005	70000	12830000	60000	6910000	85.7	53.9
2006	80000	15790000	60000	8250000	75.0	52.2

资料来源：根据 1982～2007 年各年统计年鉴整理计算而得。

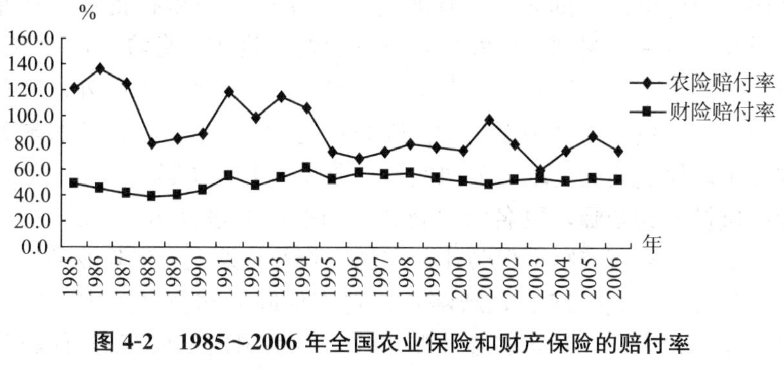

图 4-2　1985～2006 年全国农业保险和财产保险的赔付率

资料来源：根据表 4-2 整理而得。

早在 1982 年，中国人民保险公司就对农险进行了“低保额＋低保费”的商业化经营试点。其业务曾一度从养殖业的个别险种迅速扩展到农、林、牧、渔各业的 100 多个险种，但随着中国人民保险公司向商业性保险公司的转轨，由于农险缺乏明确的业务定位和足够的政策支持，其业务迅速萎缩，目前只有30多个农险险种，其仅限于少量的种植业和零星的养殖业，许多分公司早就停办了农业保险。

另外，中国人民保险公司于2003年7月19日完成了股份制改革重组，原中国人民保险公司一分为三：即中国人保控股公司、中国人民财产保险股份有限公司和中国人保资产管理有限公司，其主业划归中国人民财产保险股份有限公司，并于2003年11月6日在香港上市。上市后的中国人民财产保险股份有限公司可能会为了提高经营效益，停止一些长期亏损的险种或逐渐减少其业务量，农业保险就属于这一类。

中华联合财产保险公司的前身，最早可追溯到1986年7月15日由财政部、农业部专项拨款1.1亿元在新疆注册成立的“新疆生产建设兵团农牧业生产保险公司”。成立之初，其主要经营新疆生产建设兵团范围内的种、养两业保险业务，是财政部、农业部最早开展农业保险试点的企业。1990年，经中国人民银行批准，其业务及险种范围扩展到兵团农牧场以下的财产险和人身险。1992年，再次将业务范围扩展到兵团范围内除涉外保险和法定保险外的所有保险业务，更名为“新疆兵团保险公司”。2000年7月，按照国务院和中国保监会的要求，公司实行分业经营机构体制改革，业务经营区域扩大到全疆，更名为“新疆兵团财产保险公司”，在全自治区范围内开展所有财产保险业务和健康险及短期人身保险业务。

2002年10月18日，新疆兵团财产保险公司更名为中华联合财产保险公司，并开始实施改制工作，吸引国内外股东进行投资。面对外资保险公司对中华联合财产保险公司经营农业保险损失严重，可能会损害股东利益的质疑，公司领导人表示，农险业务作为历史产物，在整个公司业务中的比例将会逐步缩小。2001年，农业保险、财产保险和人身保险三大险种的比例，已经从1999年的43∶39∶18调整到2001年的39∶44∶17。农业保险，不会成为公司未来发展、利润增长的累赘。

可见，农业保险目前已经成为商业性保险公司避之不及的“包袱”，险种和经营分支机构不断缩减，所以农业保险供给短缺。再加上农业保险需求不足的合力，我国农业保险保费收入及农险保费收入占财险保费收入的比重呈逐年下降趋势，这和其他财险保费收入逐年大幅度上升的状况形成了极大的反差。

二、农业保险市场失灵的原因分析

（一）农业保险市场失灵的一般成因

研究表明系统性风险、信息不对称与正外部性是各国农业保险市场失灵所主要表现的一般成因。

1. 农业系统性风险分析

系统性风险是指所有标的之间的风险发生具有相关性。即某种风险发生会使得所有标的都会遭受不同程度或同样的损失，这样，一旦发生风险，损失将是大面积的、巨大的。在农业中，系统性风险主要表现为区域性的气象灾害如干旱等，部分自然灾害如地震、以及传染性畜禽疾病和植物病虫害如蝗灾等。

假设用拆分的农作物产量的方法来表示系统性产量风险：

$$y_i = \mu_i + \beta_i(y - \mu) + \varepsilon_i \tag{4.1}$$

其中 y_i 是单个投保人产量，μ_i 是单个投保人产量的平均值，表示第 i 个投保人可获得的无风险产量，y 是该区域的实际产量，μ 为该区域的平均产量，y 与 μ 的差表示该地区的系统性风险产量，β_i 是单个产量对系统性风险产量的敏感系数，ε_i 是影响单个产量的非系统性风险。

上述方程表示系统性风险会使单个产量之间产生相关性，而这种高度相关性一方面会使利用产量之间的组合来降低风险变得无效；另一方面使得利用农业保险来分散非系统性风险的目的难以达到。

假定某农业风险区域有n个风险产量ξ_i，$E\xi_i=\mu_i$、$D\xi_i=\sigma_{i2}$；$0<\mathrm{Corr}(\xi_i,\xi_j)\leqslant 1$，$Corr$为相关系数。为研究简化起见，假定每个标的的风险度相同，即变异系数σ_i/μ_i相同，不妨令它们都为t，那么整个区域的农业产量ξ的变异系数为：

$$\delta=\frac{\sqrt{D\xi}}{E\xi}=\frac{\sqrt{D(\xi_1+\xi_2+\Lambda+\xi_n)}}{E(\xi_1+\xi_2+\Lambda+\xi_n)}$$

$$=\frac{\sqrt{\sum D\xi_1+2\sum\limits_{i}\sum\limits_{j(j\neq 1)}\mathrm{cov}(\xi_i,\xi_j)}}{\sum\xi_i}$$

$$=\frac{\sqrt{{\sigma_1}^2+{\sigma_2}^2+\Lambda+{\sigma_n}^2+2\sum\limits_{i}\sum\limits_{j(j\neq 1)}\mathrm{corr}(\xi_i,\xi_j)\sigma_i\sigma_j}}{\mu_1+\mu_2+\Lambda+\mu_n} \tag{4.2}$$

有单个产量之间风险不相关时，$\mathrm{Corr}(\xi_i,\xi_j)=0$，$\delta$最小，相关度越高，风险变异系数就越大；而所有产量风险完全正相关时，即$\mathrm{Corr}(\xi_i,\xi_j)=1$. 整个区域的农业产量$\xi$的变异系数达到最大，此时有

$$\delta=\frac{\sqrt{{\sigma_1}^2+{\sigma_2}^2+\Lambda+{\sigma_n}^2+2\sum\limits_{i}\sum\limits_{j(j\neq 1)}\mathrm{corr}(\xi_i,\xi_j)\sigma_i\sigma_j}}{\mu_1+\mu_2+\Lambda+\mu_n}$$

$$=\frac{\sigma_1+\sigma_2+\Lambda+\sigma_n}{\mu_1+\mu_2+\Lambda+\mu_n}=\frac{t\mu_1+t\mu_2+\Lambda+t\mu_n}{\mu_1+\mu_2+\Lambda+\mu_n}=t=\delta_i \tag{4.3}$$

因此，如果区域内的农业风险高度正相关，那么利用产量组合降低风险将变为无效；如果完全线性正相关，那么区域性的风险度将与单个产量没有什么两样。但由于区域产量远高于单个产量，那么一旦发生风险损失，区域的风险损失也将远远高于风险不相关时的风险损失。[1]

根据对美国最大的10家农业保险人的玉米、小麦和大豆的保

[1] 黎已铭．我国农业保险发展问题研究［D］．西南大学博士论文，2006：79.

险赔款支出的变异系数计算发现：当农业风险损失赔付是相关的时候，10 家保险人的赔付支出的变异系数为 67%～130%；而当赔付是相互独立的时候，保险人赔款支出的变异系数百分比只有 1%～4%，前者的系统性风险比率是后者的 22～49 倍。如果一个保险人同时持有全部玉米、大豆和小麦的农业保险合同，该组合的变异系数为 81%，大约比赔付独立的保险人的变异系数大 126 倍。Miranda 和 Glauber 也计算出一般保险人的赔付支出的百分比分别为：火灾保险为 6%，机动车辆险为 5%，农业雹灾险为 15%，这些险种的加权变异系数百分比为 8.6%，而农业保险人的这一比率为 84%，因此，农业保险的风险是一般保险人风险的 10 倍左右。

由于农业的系统性风险破坏了农业保险人在投保人之间、农作物之间以及地区之间分散风险的能力，因而一旦发生了风险，其风险损失的变异系数相当高，发生全区域高风险损失的可能性也相当高，因此，保险公司必须保持相当充足的巨灾准备金以应付巨额赔付。这就使得保险公司一方面可能面临巨额风险赔付，另一方面资金成本较高，最终可能使保险公司望而却步而退出农业保险市场。

2. 农业保险经营的信息不对称性

信息不对称是指经济主体之间对对方信息掌握程度的数量和质量的不一致，即信息在相对应主体之间处于不均匀、不对称的分布状态。根据信息不对称发生的时间，在交易双方签约前发生的信息不对称可能会导致逆选择，而签约后的信息不对称则可能会导致道德风险。

保险经营是典型的信息不对称条件下的经营，许多信息不对称的经济理论都是以保险作为研究例子的。虽然许多经济行为的多方主体之间都存在某种程度的信息不对称，但保险经营中投保人和保险人之间的信息不对称程度则是较为明显的。在保险经营中，投保人对保险标的的熟悉和掌控程度远高于保险人，投保人对于真实情况的了解程度总是大大高于保险人，所以在农业保险经营中信息不对称状况相对而言则更为严重。

（1）农业保险的逆选择问题

在自愿保险的情况下，农民往往选择那些风险程度较大的标的投保，而对于低风险标的则不投保，这就会产生逆选择的后果。同时，自愿投保或积极投保的人往往都是风险意识强的人，都是最懂得转嫁风险的人，也是面临更大风险的人。他们比保险人更确切地知道什么水平的保险费率是公平的，因此费率过高他不买，费率低了他就买，标的风险高他就投保，风险低他就不投保，这样保险人手中往往更多地集中了高风险标的。而农业保险的费率厘订是根据多年平均损失率加以确定的，虽然也考虑到了逆选择因素，但仍不足以抵消更多的逆选择行为；鉴于高风险标的比重加大，保险人相应的对策就是进一步提高费率水平。而这不仅会进一步缩减农业保险的有效需求，使得那些风险较低或中等的农户进一步不愿投保，也使得只有风险更高的标的才能促使农民投保，这样保险人又将集中更多的高风险标的。虽然保险人的一个可行和必要的做法就是尽可能准确划分风险单位，细分费率，但其承保成本无疑将十分高昂。

农业保险中产生的逆选择会使得投保人组合的风险比一般农户要大，因此，保险人及投保人都无法全部获得分散化组合带来的风险降低的好处，如果信息在双方是对称的，设计的保单对作为潜在投保人的风险各异的全体农户都有吸引力。根据现代信息经济学和博弈论的分析，理论上保险人有可能设计出针对低风险和高风险投保人都适用的具有分离均衡特性或汇合均衡特性的保险单，使得只有低风险的投保人会购买保险，而高风险的投保人会主动拒绝投保，但由于实际风险因素相当复杂，会使得设计出这样的保单几乎不可能，而逆选择无法避免。

根据国外和我国农业保险经营的实际来看，农业保险的投保人主要存在以下三种逆选择：一是当合同规定投保人产量低于全县平均产量时方给予赔付时，那些过去产量通常低于全县平均产量的农场主就愿意投保，而产量通常高于全县产量者则不愿投保；二是如果投保截止日期规定得较迟，农场主就会对是否发生自然灾害加以预测，估计会发生就投保，反之就不投保；三是农场主可能会利用熟悉土壤肥力的有利地位，投保那些具有较高产量风险的土地。

（2）农业保险的道德风险问题

道德风险在保险经营中是普遍发生、难以有效避免的大风险，而在农业保险中这种情况更加严重。农业保险的保险标的大多是活的生物。风险事故出现后的实际损失与投保人的施救措施密切相关。但购买了农业保险后，投保农户往往不重视或放弃有效的风险管理措施，而期待农业保险人那并不足额的保险赔偿。农业保险中的养殖业保险骗赔情况往往更严重，而且农业保险中的风险控制难度大，监督成本高，比如养鸡大户投保了家禽保险，一旦发生鸡瘟，未投保的农户都把死鸡丢到该投保户鸡舍中一起索赔，而保险公司很难查清这些死鸡是不是都是保过险的。农业保险中的逆选择和道德风险的普遍存在，使得保险公司经营农险进一步感到费力不讨好，因此就不做或减少该业务的经营。

农业保险的参与率提高，即增加保险费在总生产成本中的份额，会对农业设备及中间投入品产生不太显著的负面影响。这种负面影响说明，农业保险保障程度的增加，投保人对自己的农产品生产和经营中的投入量将会有所减少。诸如农药、化肥等的减少将会导致一定的道德风险。

道德风险和逆选择使得农业保险人面临高监督成本和高损失赔付的两难选择，无论是哪一种都提高了保险人的经营成本，如果这一成本过高，保险人就会减少农险产品的供应，甚至于可能根本不供应农业保险产品。

3. 农业保险经营的外部性

外部性是指个人的效用函数或企业的成本函数不仅依存于自身所能控制的变量，而且取决于其他人所能控制的变量，而这种依存关系又不受市场交易关系的影响。农业保险的私人边际成本大于边际社会成本，而边际私人收益却小于边际社会收益，出现了双重的正外部效应，即农业保险具有“消费”和“供给”的双重正外部性，❶ 由此导致了农业保险的市场失灵。下面分别加以说明：

（1）农业保险具有消费的正外部性并由此导致有效需求不足

农业是我国的基础产业，农业稳定，受益者不仅是农民，而且是整个社会；农业歉收，也会波及包括农民在内的整个社会。农民投保后，农业保险所提供的一部分利益由投保农民直接享有，比如保证农民收入稳定等；但另一部分利益则由农民以外的全体社会成员享有，比如农业保险使农业生产的风险成本降低、生产规模扩大、农产品价格低廉等。这样农民进行农业保险消费的利益外溢使得边际私人收益小于边际社会收益，从而导致正外部性的产生。其产生机理见图 4-3。

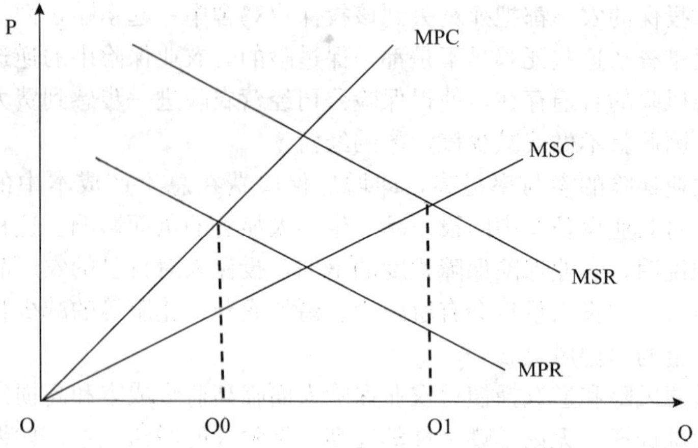

图 4-3　农业保险“消费”的正外部性与“有效需求不足”

如图 4-3 所示，农民对农业保险“消费”后得到的边际收益曲线为 MPR，整个社会从农业保险消费中得到的边际收益为 MSR，

❶ 冯文丽．中国农业保险制度变迁研究［M］．北京：中国金融出版社，2004：105.

如果政府不对农民的投保行为加以补贴，农民将承担农业保险的全部成本，边际私人成本 MPC 大于边际社会成本 MSC。农民和社会分别按照边际成本等于边际收益的原则确定农业保险的最佳均衡量，如果农业保险保费全部由农民自己负担，农民的最佳生产量为 Q_0。但是如果政府能够给予一定的保费补贴，就可以分别使农民的边际私人成本曲线 MPC 和边际个人收益曲线 MPR 分别向下向外移动至边际社会成本曲线 MSC 和边际社会收益曲线 MSR，从而使得最佳社会生产量增加为 Q_1。因此，由于农业保险的消费正外部性，使得农业保险费单独由农民负担时农险消费量小于最佳消费量，从而产生农业保险的需求不足。如果农民的收入水平或者农业的收益率很低，农业保险的有效需求不足会更严重。

（2）农业保险具有“生产”的正外部性与有效供给不足

农业保险生产的正外部性体现于农业保险赔付率和经营成本过高，导致保险公司经营农险亏损较为严重，如果非要保险公司开展此项业务，实际上是让商业保险公司承担了一部分政策性保险义务，从而导致保险公司经营的边际私人成本大于边际社会成本。农业保险的承保对象是有生命的动植物，面临的风险尤其是自然灾害风险繁多，而且面临其他险种少见的风险即共变风险，即所有投保农户可能在同一时间遭受风险。农业风险一旦发生，覆盖面大，损失远高于一般财产损失。同时由于农户居住分散，农业保险的展业、承保、理赔的难度很大，这使得农业保险的经营成本很高。

如果政府对商业性保险公司的农业保险的“生产”不加以补贴，那么由于保险公司的私人边际成本远高于边际社会成本，而边际私人收益却小于边际社会收益，于是追求利润最大化的保险公司会按照边际收益等于边际成本的原则确定农业保险的生产量，结果必然使保险公司的最佳“生产量”小于社会最佳规模，这就造成农业保险的有效供给不足，其具体的图表分析与图 4-3 农业保险的“消费”类似。

（二）我国农业保险市场失灵的特殊性分析

我国的农业保险是农业和保险业这两个弱质产业的“弱弱结合”。[1] 农业和保险业是我国加入 WTO 谈判时的焦点问题，也是我国最不肯让步的问题。农业是我国基础最薄弱、比较效益最差、最不具国际竞争力的产业，但由于农业人口众多，农业又是我国最重要的基础产业。相对于农业来说，我国保险业的历史则更短，真正意义上的现代保险业始于 1982 年，同发达国家具有几百年历史且规模巨大的保险业相比，劣势不言而喻。两个弱质产业的结合，使中国农业保险市场失灵具有显著的特殊性。

1. 过大的人口规模放大了我国农业保险的正外部性

我国是一个发展中的人口大国，财力有限，农产品供给不可能主要靠进口。农业是我国国民经济的基础，粮食是基础的基础，关系着社会稳定，维系着国家安全。如果农民愿意购买并且保险公司也愿意供给农业保险，农产品供给就会增加，农民和农产品消费者都将受益。但由于农产品的需求缺乏弹性，农民的实际收入可能会下降，这样农产品消费者将获得农业保险的全部收益。若农民不愿意购买或者保险公司不愿意供给农业保险，农产品供给将会减少，农民和农产品消费者都将受损。同样的，由于农产品的需求缺乏弹性，农民的实际收入可能不降反升，但国家的粮食安全将受到威胁，社会的稳定可能会遭到破坏，经济将出现倒退。“无农不稳”，各国的农业都很重要，农业保险也都具有正外部性，所不同的是我国的人口规模太大。

2. 过低的农产品价格和商品化程度降低了农业风险的“可保性”

消费者在购买保险商品时，将考虑保险标的的出险率和出险损

[1] 吴祥佑．我国农业保险市场失灵的特殊性及对策［J］．重庆工商大学学报（西部经济论坛），2005，（1）：67-69．

失这两个方面的因素。只有当保险标的在他的财产结构或收入来源中占的比重较大，同时出险率也较高时，消费者才会为它投保。近几年来，我国农产品价格持续下跌，城乡收入差距不断扩大；同时，农业收入在农民收入中所占的比重越来越小，快速的工业化和城镇化诱使大量的青壮年农民远离土地，农业有成为农民“副业”的趋势，为其投保的必要性也越来越小。

3. 过于追求GDP增速的旧发展观使农业保险处于被忽视的地位

农业的边际成本高，边际收益低，对GDP增长的贡献较小，对地方官员的边际政绩贡献率更小。因而对有些地区来说，实现粮食自给还不如直接进口或从外地购进粮食，发展农业还不如发展工业。但农业事关国家安全，进一步加强、巩固其基础地位符合我国的“集体理性”，这就要求发展农业保险，以实现农业稳定。

4. 农民收入过低，农险费率过高抑制了农业保险的需求

作为消费者，农民是最大效用的追求者，在收入微薄的情况下，总是力图使效用最大。当农业保险的边际效用小于其他商品的边际效用时，收入过低的农民会不断地用其他商品去替代农业保险，直到其他商品的边际效用递减到与农业保险相等时为止。刚刚解决温饱问题的农民，还有很多迫切的需要没有得到满足，将有限的收入用来满足那些更为迫切的需要将比用来购买农业保险更能提高其效用水平。对他们来说，保险商品还属于奢侈品。在农民脱贫致富、购买力显著增强之后，保险商品将逐渐进入他们的消费领域。这时候农民将优先购买具有最大边际效用的保险商品，即将优先对自己面临的最大风险进行投保。刘茂山教授认为，与企业生产和人们生活最密切的险种的需求程度总大于那些与企业生产和人们生活关系不太密切的险种的需求程度。农民在收入既定的情况下，会优先为风险最大、最重要的财产、经济利益或人身危险购买保险，农业风险位置靠后。同时，在收入有限的制约下，农险费率过高加重了需求不足的程度。

5. 过小的经营规模加剧了农业保险信息不对称的程度

农业生产主要在户外进行，受系统性、灾害性天气及疫情影响较大，这些中外并没有本质区别。中外农民的侥幸心理、逆选择和道德风险的程度应该也没有显著性区别。所不同的是，我国实行家庭联产承包责任制，农业生产主要以家庭为单位进行，每个家庭拥有的田地较少，规模上根本无法同外国的大农场相比。这样，虽然非系统性风险得到了充分的分散，但信息不对称却更加严重。单个农户的隐蔽信息和隐蔽行为几乎不可能被外界发现，这加大了保险公司的展业、承保、定损、理赔的难度，提高了经营成本，于是费率也就没有下降的可能。同时，由于我国农产品的商品率很低，农民种地的主要目的是保证自给，不是创收，事实上也不能创收。农民不打算靠农业脱贫致富，当然就更不需要农业保险了。

6. 边际收益过低使农业保险供给不足

边际收益过低是农业保险供给不足的一个重要原因，高利润险种的存在加速了农险资金的转移。根据生产者行为理论，在承保能力既定的前提下，保险人最大化其收益的条件是使投入到各种险种上的最后一单位承保能力所带来的边际收益相等。如果同一单位承保能力投入到农业保险上所带来的边际收益小于投入到其他险种上的边际收益，追求利润最大化的保险人就会不断地减少投入到农业保险上的承保能力而转向其他险种，直到农业保险与其他险种的边际承保利润相等时为止。1993 年以来，我国保险业持续高速增长，而农业保险却日渐萎缩，这正是各保险人理性行为选择的结果。我国的保险业尚处于初级发展阶段，还有很多利润丰厚的险种、险别有待保险人去开发，在利润的吸引下，农险资金加速向这些能赢利的险种转移。在“大蛋糕”没有分完之前，保险人不会去吃“小蛋糕”，农业保险的供给主体也就出现不足。

7. 农业保险法迟迟不能出台

美国的农业保险建立于大危机过后，是灾难促成的结果；日本是人口大国、农业小国，强烈的危机感驱使他们建立起农业保险；法国是农业大国，农业产值在GDP中的比重较大，所以农业保险也得以建立。而我国则不同，虽然农民占总人口的80%，但农业在GDP中的比重却很小，农业对经济发展贡献较大的时代也已经结束。现阶段，农业的主要作用是吸附劳动力、保持社会稳定和粮食安全及为工业化创造条件。当粮食安全受到威胁，中央下决心抓农业时，各级政府就会“权宜性、补救性”地重视一下，丰收后就又转向“口头或文件”重视，因为农业的边际政绩贡献率太低。多年来“人大”中农民代表的数量虽然很多，但他们理论水平有限、说服能力不强、“声音”不大。关心农业的专家学者虽然很多，但由于分区选举的原因又很难当上人大代表，所以我国的农业保险法就一直未能出台。

8. 政策性农业保险启动资金筹措困难

政策性农业保险的启动经费巨大，短期内难以筹措。启动政策性农业保险需要占用大量的建设资金，短期内也不会有很大的成效，这与各级地方政府快速发展经济、迅速提高政绩的愿望相悖。理性的地方政府总是将有限的资金投向能产生最大边际效益的产业或部门，不会投向回报率低下的农业，更不愿启动政策性农业保险。政府在农业问题上更愿意采取是补救性而不是预防性的措施。因此，必须考虑政府理性经济人的特征，在筹措政策性农业保险的启动资金时，应通过发行长期国债的方式融资，不应侵占有限的短期财政资金。

9. 农业保险的供求曲线特殊

我国政府为了加强对保险业的监管，保护投保人的利益，对保险商品的价格实行严格的核准制，即官定费率，一经确定不允许随意变动。保险商品的价格即保险毛费率，由纯费率和附加费率构成。其中纯费率在农险的价格构成中起决定作用。通常，纯费率等于农业生产的损失概率，是精算师依据农业风险发生的概率测算出来的相对稳定的指标，这就决定了农业保险价格的升降空间很小，具有一定的刚性。保险商品也要遵循等价交换的市场原则，对特定的农业保险，农民支付的纯保费应等于该项农业收入的期望损失，即：

$$h=p\cdot l+(1-p)\cdot 0=pl \tag{4.4}$$

其中 h 是农民支付的纯保费；p 是农业风险发生的概率；l 是在农业风险发生的条件下，农民财产的损失额；$1-p$ 是不发生农业风险的概率；pl 为农民财产的期望损失。从金融学角度看，保单是一种有价证券，是保险公司发行的一种特殊融资工具。保险费率是保险标的的损失概率，也是保险公司未来的赔偿概率，可以理解为保险公司发行保单的筹资成本。当农业保险的费率很高时，它的风险很大，保单筹资的成本很高，保险供给量很小（见图 4-4）。

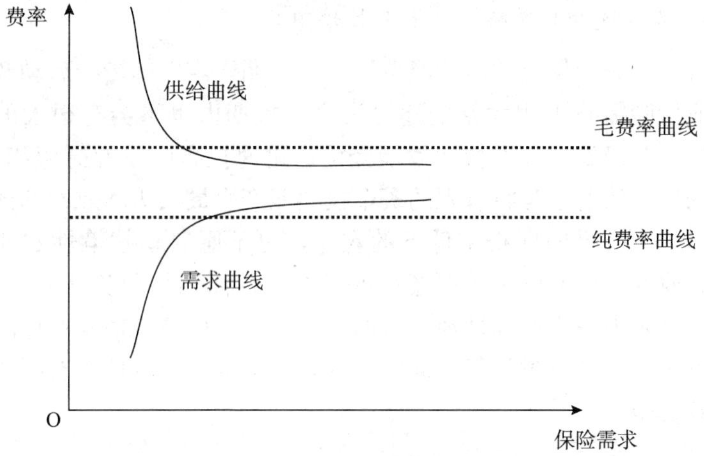

图 4-4　农业保险供需曲线图

当农业保险的费率下降时，供给量会随之增加。由于我国的保险费率是官定的，保险公司不能根据市场供求随意调整农业保险的毛费率，即使降价，也只能略低于毛费率，不能降到纯费率以下，否则保险公司将会亏损。反之，当农业保险的费率较低，保险公司发行保单需支付的成本较少，投保人的收益较少时，农业保险的需求量较小。随着费率的上升，保险公司用保单筹资的成本上升，投保人的收益增加，农险的需求量就会增加。但等价交换的原则要求，农民支付的费率只能等于或略高于纯费率。保险公司只愿以略低于毛费率的价格销售保单，农民只愿以略高于纯费率的价格购买保单，如图 4-4 所示，供给曲线与需求曲线就会不相交。庹国柱教授指出，在农业保险中会出现保险公司的供给曲线和农民的需求曲线不相交的现象，从而农险市场必然失灵。

三、纠正农业保险市场失灵的对策

（一）纠正农业保险系统性风险的对策

对于农业保险系统性风险，理论界提出了如下三种解决方案：即建立国内或国际农业再保险计划、利用区域产量再保险合同和利用区域产量期权合同。

1. 建立农业再保险计划

（1）再保险规避农业系统性风险的实质

再保险也称分保（Reinsurance），是保险人在原保险合同的基础上，通过签订合同，将自己承担的风险和责任向其他保险人进行投保的行为。

再保险是各国为了规避农业系统性风险的最普遍做法，其实质在于：系统性风险使投保人的风险组合失效，但通过保险人的投保行为，寻求投保人之外的组合就可以分散系统性风险。因此，利用投保人之外的风险组合抵消系统性风险是再保险机制的实质。

（2）农业保险再保险方式及利弊分析

再保险一般分为，比例再保险（Proportional Reinsurance）和非比例再保险（Non-proportional Reinsurance）两大类。

比例再保险是以保险金额为基础来确定分出公司自留额和接受公司责任额的再保险方式，故有金额再保险之称。在比例再保险中，分出公司的自留额和接受公司的责任额都表示为保险金额的一定比例，该比例也是双方分配保费和分担赔款的依据，这充分显示了原保险人和再保险人利益的一致性。比例再保险有成数再保险和溢额再保险之分。

1）成数再保险。成数再保险是最简便的分保方式，指原保险人将每一保险单位的保险金额，按照约定的比例分给再保险人的再保险方式。按照成数再保险方式，不论分出公司承保的每一保险单位的保额大小，只要是在合同规定的限额之内，都按照双方约定的比率进行分配和分摊。

农业保险采用成数再保险具有以下优势：①合同双方的利益一致，可以有效避免再保险中的逆选择。成数分保中，不论业务良莠大小，对每一保险单位的责任均由保险人和再保险人按照保险金额的一定比例承担，合同双方存在真正的共同利益，不论经营的结果是盈是亏，双方利害关系一致。因此，对于再保险人而言，可以降低保险人挑选业务而产生的逆选择；②手续简化，节省人力和费用。成数分保中，保险人和再保险人之间的责任、保费和赔款分配都按约定比例进行计算，因此业务操作程序简化，节省了人力、物力和管理费用；③适合农业保险最初开办阶段采用。在农业保险发展初期，保险人缺乏统计资料和实际操作经验，利用成数再保险比较简单易行，而且可以得到再保险人在风险分析、承保审定、赔款处理等技术方面更多的帮助。

但是，对于保险人而言，成数再保险也存在以下两个弊端：①过于僵化，缺乏弹性。成数再保险中，保险人按照固定比率自留业务，优良的业务不能多留，较差的业务不能少留，相当于放弃了自留额的决定权。因此，成数再保险往往不能使保险人获得准确的再保险保障；②各保险单位的保险责任不能均衡化。在成数分保中，金额不论高低，一律按固定比例划分责任，对于危险度的高低、损失的大小，并不加以区别安排，因而它不能使风险责任均衡化。换句话说，原保险合同保险金额高低不齐的问题，在成数分保后依然存在。因此，成数再保险还必须借助其他形式再保险来分散风险。

2）溢额再保险。溢额再保险是指由分出公司对每一风险单位的保额确定一个自留额，只将保额超过自留额的部分（也称为溢额）分给再保险人承担，并分别按照自留额和溢额占保额的比例来分配保费和分摊赔款的再保险方式。溢额再保险和成数再保险的共同之处是：都以保额为基础来确定分保关系，自留额与分出额都表示为保额的一定比例关系。其区别在于：溢额再保险的自留额是一个确定的数额，不随保额的大小而变动，也就是说，它对保额的比例因保额不同而变动；而成数再保险的自留额表现为保险金额的固定百分比，随保额的大小而变动。

在溢额再保险中，自留额是确定是否分保以及分保限额的基本单位。如果某一业务的保险金额在自留额之内，就无须办理分保，只有在保险金额超过自留额时，才将超过的部分分保。溢额再保险的吸收承受并非无限制，而是以自留额的一定倍数为限度。这种自留额的一定倍数，称为线数（lines）。

由于承保业务的保额增加，或是由于业务的发展，有时需要设置不同层次的溢额，依次称为第一溢额、第二溢额等。当第一溢额的分保限额不能满足保险人的业务需要时，则可组织第二溢额甚至第三溢额、第四溢额等，作为第一溢额的补充，以适应业务的需要。

农业保险采用溢额再保险的优势在于：①可以使保险人的风险责任均衡化。通过设定自留额，可以明确界定保险人的风险责任容纳量，充分分散和转嫁风险责任，使保险人的风险责任趋于均衡。这是溢额再保险的主要目的。②可以灵活确定自留额。保险人可以根据不同业务的种类、质量和性质确定不同的自留额，具有灵活性。无论是在业务的选择上，还是在节省分保费的支出上，它具有成数再保险所不具备的优越性。如果溢额分保自留额制定得适当，保险人自留的业务数量多，质量又好，保险金额又较均匀，业务经营的稳定性自然就好。③适用范围较广。对于危险性较小、利益优厚的业务，保险人采用溢额再保险方式，可以保留充足的保费收入；对于业务质量不齐、保险金额不均匀的业务，保险人采用溢额再保险可以均衡保险责任。

但是，农业保险采用溢额再保险方式也存在以下问题：①容易造成再保险交易中的逆选择，不利于农业保险再保险人的财务稳定；保险人对于质量较好的业务，却设置较高的自留额，以赚取较高的保费收入，节省分保费用；但对于质量较差的业务，却设置较低的自留额，以降低自身的风险责任。保险人这种业务选择行为，容易造成再保险人业务的逆选择。②比较繁琐费时。在办理溢额再保险时，对于不同的业务要确定不同的自留额，根据自留额和溢额计算各自的分保比例，并按这一比例逐笔计算分保费和摊回赔款，而且在账务处理和统计分析方面也比较麻烦。因此，办理溢额再保险需要严格的管理和必要的人力来进行，因而可能会增加管理费用。

非比例再保险是以损失为基础来确定再保险当事人双方责任的再保险方式，对于分出公司的赔款超过一定额度或标准时，其超过部分由接受公司负责，直至某一额度或标准为止。由于这一特征，一般它又称为超过损失再保险。从概念可知，非比例再保险有两个限额：一是分出公司根据自身财力确定的自负责任额即起赔点，二是分入公司承担的最高限额。非比例再保险有多种方式，其中超额赔款再保险和赔付率超赔再保险运用得最多。

1）超额赔款再保险。超额赔款再保险简称超赔分保，由分出人和分入人签订协议，对每一保险单位的损失或者一次巨灾事故的累积责任损失，规定一个自赔额，自赔额以上至一定限度由分入人负责。前者叫做险位超赔再保险，后者叫做事故超赔再保险。

险位超赔再保险，以每一保险单位的赔款金额为基础确定分出人的自负责任和分入人的再保险责任。假如总赔款金额不超过自赔额，全部损失由分出人赔付；假如总赔款金额超过自赔额，超过部分由分入人赔付。

事故超赔再保险，以一次巨灾事故所发生赔款的总和来计算自负责任额和再保险责任额，是险位超赔在空间上的扩展。这种再保险方式，以一次事故、群体风险所导致的总赔款为基础，不管列入摊赔的保单数目有多少，保额有多大，其目的是保障一次事故造成的累积责任，常用于巨额和巨灾风险的再保险，故又称为异常灾害再保险。

在超额赔款再保险方式中，有一种分“层”（layering）的安排方法，即将整个超赔保障数额分割为几层，便于不同的再保险人接受。例如，某保险人对他承保的500万元的业务，分为四层安排超额再保险：第一层为超过10万元以后的40万元；第二层为超过50万元以后的50万元；第三层为超过100万元以后的100万元；第四层为超过200万元以后的300万元。超额赔款再保险，在农业保险中应用得非常广泛，其优点在于：①可将保险人由于系统性风险造成的损失锁定在一定范围内；无论一次巨灾事故所造成的损失有多大，保险人的风险责任仅以自负责任为限，这有效地降低了保险人因系统性风险造成的巨额损失；②与成数再保险相比，超额赔款再保险可以减少保险人不必要的分保。当没有灾害事故发生或灾害事故造成的损失较小时，在超额赔款再保险下，保险人就不会发生任何分保费支出，因而对于保险人较为有利；③超额赔款再保险中的分层制度，对保险人和再保险人双方都有利。将整个超赔保障数额分为若干层，每一层的再保险额度虽然不高，但各层次额度累积就会达到很高的金额，且各层的接受公司责任额不至于过分沉重，保费也相对低廉，因而对分保双方都有利。

2）赔付率超赔再保险。赔付率超赔再保险，也称损失中止再保险，是按某一业务在特定时期内的赔付率（赔款支出与保费收入的比例）为基础来确定自负责任和再保险责任的一种再保险方式。

在约定的某一年度内，对于赔付率超过一定标准时，由再保险人就超过部分负责至某一赔付率或金额，两者以先到者为限。由于这种再保险可以将分出公司某一年度的赔付率控制在一定范围内，所以对分出公司而言，又有停止损失再保险或损失中止再保险之称。

赔付率超赔再保险在农业保险中应用得也比较广泛，美国《标准再保险协议》中有明确的规定。它的优点在于：①有利于进一步保证保险人的财务稳定。赔付率超赔再保险的功能在于，当分出公司的承保业绩在某年突然变化而遭受严重打击时，将亏损控制在分出公司的财力等各方面条件所能承受的范围之内，它是保险人在安排成数再保险、溢额再保险和超额赔款再保险后，为进一步稳定业务经营而安排的再保险。②适合农业保险小额损失集中、发生损失频率高的业务。因为小额损失多，如果采用一般的超赔再保险，起赔点将定得非常低，但这势必使保险人支付大量的再保险费，不符合经济原则。采用赔付率超赔再保险，既可以节省保险人的再保险费支出，又可以使保险人免受严重亏损。

通过以上农业保险再保险方式的优劣比较，我们可以看出，任何一种再保险方式都有各自的优点和适用范围，所以，单纯靠一种再保险方式来构建农业保险的再保险制度是不可行的。我们必须对不同的再保险方式根据各自的优势进行合理组合，以构建符合我国国情的农业保险再保险制度。

（3）农业保险的国际再保险

对于农业保险的系统性风险是否需要在国际间通过再保险计划方式进行分散，学术界有如下不同的看法。

1）主张建立农业保险国际再保险计划的观点。

从理论上讲，建立农业保险的国际再保险计划，有利于降低农业保险经营中的系统性风险。首先，国际再保险比仅在一个国家内的再保险，无论在分散风险的空间上还是时间上，都具有更大的能力和范围；其次，根据大数法则的原理，保险合同的数目越多，整体而言，平均赔付率的年度变化就越小，因此，总的不确定性就越小。

从这个理论基础出发，英国的雷（1989 年）认为，应该克服种种困难，在国际间建立农业保险再保险计划。他对实施国际农业再保险计划的条件、实际困难和操作建议都提出了自己的见解。他认为，实施农业国际再保险的条件是：①各国农业保险所承担的风险因种类不同、发生时间不同和出险地点不同，即风险种类、出险时间和出险空间应更为分散；②各国所承保的灾害性质和范围也不应该差别太大，否则会对加入共同经营和平衡风险产生困难。如一个雨量充足而且很少发生灾害的国家是不愿意和另一个雨量变化无常、要么发生干旱要么发生洪水的国家共同经营农业保险的，这是毫无疑问的。

雷也列举了经营农业国际再保险可能存在的一些问题和困难：①至少要有几个国家建立了国家农作物保险计划，才有可能实行国际再保险；②国际再保险可以在有关国家之间分散风险，同时，他又要求在开始的几年中，成员国要承担少数国家遭受农作物损失的一部分；③即使各国愿意加入农业保险的国际再保险计划，但是他们对保险的性质和形式都有自己不同的见解，例如对是实行强制保险还是实行自愿保险，是保障成本还是扩展到最低利润等，这些都很难取得统一的认识；④各国农业保险的发展程度不相同，合作缺乏一定的信任。

雷对实施国际农业再保险计划提出了如下自己的设想：①建立一个农业再保险的国际特别机构，暂称为国际农业再保险局（或公司），它应是一个技术实体，由各国派一名政府代表、一名农业保险公司代表和一名保险专家组成，在这些成员中选举产生公司的总经理；②国际农业再保险局和各国农业保险公司签订正式协议，以明确具体的保险责任。具体地来说，国际农业再保险可以采用三种形式的再保险：成数分保、超额风险再保险和超额赔付再保险。相比之下，超额赔付再保险比较适宜，因为在这种形式下，只有在实际损失超过各国农业保险公司所能承担的数量时，国际再保险机构才承担保险责任，较少牵扯再保险机构，或许比较省力；③国际再保险公司和各国农业保险公司之间的协议还应进一步地规定双方的责任和义务。如国际再保险公司应向各国农业保险公司支付赔款、在不同的国家寻求保险期限和条件的最低限度的统一性及向各国提供专家顾问援助；同时，各国农业保险公司也应向国际农业再保险公司支付保险费、同意国际保险公司了解自己的业务情况及接受国际再保险公司的指导意见等。

2）认为国际农业再保险计划不可行的观点。

Miranda 和 Glauber（1997 年）认为，通过在商业性国际再保险市场来规避农业保险人所面临的系统性风险是不可行的。因为根据历史记录，还没有大型再保险公司单独为私营农业保险提供风险管理服务（即再保险）的情况。这有两种可能：一是农业保险的再保险已由政府提供或由政府补贴的巨灾保险或再保险合约替代；二是因为再保险人和所有保险人一样，主要是想处理多样化的风险，而非系统性风险。除了规模和多样性的区别外，大型再保险公司最终面临和小保险公司一样的结构性局限：为诸如大面积干旱之类的巨灾损失持有巨额的准备金，这使农业保险再保险的成本奇高、难以承受。

另外，他认为有充分证据表明，国际保险业和再保险业都不愿或者没有能力承担在单个保单持有人之间具有系统性相关的损失风险。如几乎所有的财产责任保险合同中都被排除战争险；银行和储蓄存款保险及失业保险等均由政府提供；洪水保险虽由私营保险公司提供，但私营保险公司仅仅是政府的市场代理人而已，最终的所有承保损失都由政府承担；飓风保险历史上虽然也有私营保险公司提供过，但在安德鲁飓风等造成巨额损失后也逐渐退出。

对于上述两种截然相反的观点，本书更加倾向于支持后者。如果没有政府支持，私营保险公司不会提供农业保险及其再保险，国际再保险难度则更大。虽然从理论上来讲，通过国际再保险市场可以增加农业保险的风险多样性，可以在时间和空间上降低系统性风险。但在具体实施过程中会遇到下列许多问题，如实施国家支持的农业保险计划的国家数量有限；各国农业保险发展程度不均衡，管理水平迥异，缺乏合作基础；各国对农业保险开办的性质和形式等难以达成统一意见等。

2. 利用区域产量再保险合同

Miranda 和 Glauber（1997 年）不同意利用政府再保险计划来规避农业系统性风险的观点，而提出应发展区域产量再保险合同市场，以替代政府的再保险计划。

区域产量再保险合同，是根据区域产量的下降进行赔付，对农业保险人因范围较广的自然灾害所致的巨灾损失进行赔偿的再保险合同。在美国，再保险合同针对一定区域的具体农作物签发，保险产量根据美国农业部的最终预期产量确定。其具体操作为：如一份爱荷华州 10000 美元玉米再保险合同，保险产量是每英亩 120 蒲式耳。如果美国农业部对玉米的最终预期产量是 90 蒲式耳，那么就有 25％的产量损失。再保险合同下的赔付支出将是合同金额和产量损失比率的乘积，即 10000 美元×25％＝2500 美元。如果爱荷华州玉米产量超过了保险产量，根据区域产量再保险合同，将不支付任何赔款。

Miranda 和 Glauber（1997 年）对区域产量再保险合同克服系统性风险的效果也进行了研究。结果表明，政府再保险协议把保险公司组合的变异系数降低到了 26％～35％，这虽然很显著，但还没有达到一般保险人的变异系数水平（5％～15％）；按照全国产量确定的区域再保险合同，降低农业系统性风险的效果超过了政府再保险协议，但仍然没有达到一般保险人的水平；而按照州产量确定的区域再保险合同，则可以使农业保险人的组合风险降到一般保险人的水平。可见，根据 Miranda 和 Glauber 的实证分析，以州产量确定的区域再保险合同规避农业系统性风险的效果最好。区域产量再保险合同的优点在于：①合同赔付计算的关键数据是区域最终预期产量，需要用重要农作物的区域产量历史数据进行预测，数据要求不高；②保险人无法操纵区域产量再保险合同的赔付，这可以降低农业保险再保险中的道德风险和逆选择。

3. 利用区域产量期权合同

Miranda 和 Glauber（1997 年）提出，期权全同和期货市场可为农业再保险提供一种市场式的选择方案。这实际是一种农业巨灾风险证券化的做法，即设计一种期权合同，类似于农作物产量的看跌期权，当一定区域内的实际产量低于合同约定产量时，由期权的卖方向期权的买方进行支付。

区域产量期权合同和区域产量再保险合同基本相同，即期权的卖方类似于再保险合同的承保人，为合同持有人支付区域产量下降的价值。区域产量期权合同和区域产量再保险合同的区别仅在于合同出售方和费率（或期权费）确定方法不同，即区域产量期权合同由赢利性的交易所出售，由市场确定期权费；而区域产量再保险合同由政府出售，根据精算确定费率。

区域产量期权与政府再保险计划相比，它有以下许多优点：①区域产量期权可以在竞争性市场上有效定价，提供公开的、公众发现的预期产量。期权费最终可以反映天气状况如何影响预期区域产量的全部私人信息；相反，政府再保险合同的精算公平受政府所获得信息、费率厘定错误的限制，无论其行为属于故意还是属于偶然，都可能会导致逆选择。②任何收入随农业生产变动的个人都可以购买区域产量期权，但政府农作物保险计划一般只局限于农民。

（二）纠正农业保险信息不对称的对策

农业保险信息不对称问题可以通过两条途径在一定程度上有效地避免：一是选择理想的经营机构，利用其内部的利益制衡机制降低信息不对称程度；二是合理设计保险合同，利用合同的多样性降低逆选择，利用共保条款、免赔额条款和无赔款优待条款改变投保人和被保险人实施道德风险的成本收益，从而起到约束或激励作用。

1. 选择理想的经营机构

农业保险经营机构按其所有制性质可以分为国家农业保险机构、股份制保险公司和相互性保险机构等三种机构。

（1）国家农业保险机构

由国家设立政府所有的农业保险机构直接经营农业保险业务是许多国家农业保险的经营模式，如1938～1996年美国联邦农业保险公司就直接经营农业保险业务。这种模式主要针对农业保险的外部性和商业性公司不愿意经营农业保险而设计的。但在实施过程中，由于所有权问题会引发如下许多对农业保险经营不利的问题。

1）国家农业保险机构的所有权和经营权相分离，经营者缺乏防范信息不对称的激励机制。这是一个典型的委托—代理问题。国家农业保险机构的所有者是以国家为代表的全体纳税人，国家拥有剩余索取权，享有利润并承担损失；农业保险机构的各层管理人员和工作人员，作为国家的代理人经营农业保险，他们一般没有剩余索取权，也不直接承担经营后果。因此，经营成果的好坏、风险控制成功与否都与经营者没有太大关系，经营者缺乏提高经济绩效的激励机制，所以也就没有积极防范信息不对称的动力。

2）投保人和保险人是不同的经济主体，容易引发投保人“集体吃保险”的道德风险现象。在国家农业保险计划中，投保人和保险机构是不同的经济主体，两者存在利益冲突。投保人缴纳保费后，都希望能从保险中获得最大的利益，因而可能会出现一些舞弊行为。其他投保人则认为，投保人的舞弊行为与自己的利益没有关系，因而对舞弊行为采取漠视态度，甚至出于邻里、亲友等关系还帮助舞弊或集体舞弊。如我们国家有些村子中，一些养鸡户投保，一些则没有投保，可一旦出现鸡瘟，村里人就把所有的死鸡都混在投保户的鸡棚中进行索赔，从而侵犯了保险人的利益。

3）容易形成农业保险工作人员和投保人损害国家利益的“共谋”行为。在国家农业保险计划中，经营者和所有者（即国家）是不同的主体，经营者作为代理人缺乏提高经济绩效的动力，更为严重的是，其行为目标可能与国家目标相违背，如充分利用其代理人的地位和权力设法为个人谋求好处，以使个人效用最大化而损害国家利益。其中最突出的表现就是“以保谋私”。国家农业保险机构的工作人员可能为了私利接受投保人的贿赂，与投保人共谋，对索赔进行超额理赔或对不符合索赔条件的合同理赔，成功后双方瓜分保险金。在这种情况下，代理人不但没有控制道德风险的行为，甚至会有鼓励、教唆道德风险的行为。根据 Hazell 的报告，墨西哥在关闭国有农业保险机构之前，农民用保险赔款的 30%贿赂保险核损员是非常普遍的现象。

（2）股份制保险公司

由于股份制保险公司的经营目标是追逐利润最大化，因此，对逆选择和道德风险的控制动力可能会比国有保险机构要大。但是，股份制保险公司也是所有者和经营者相分离，也面临国有农业保险机构中存在的缺乏监督激励、投保户“集体吃保险”以及保险工作人员和被保险人“共谋”损害所有者利益等问题，只是程度可能稍轻。

另外，股份制保险公司的综合费率一般要比相互性保险机构的费率高，这是由于：①股份制保险公司受逐利性经营目标的驱使，在保险定价时费率中要考虑目标利润因素，用以支付股东的红利，所以导致费率水平较高；②股份制保险公司的管理费用也较相互性保险机构的费用高。这两方面共同决定股份制保险公司的综合费率一般较高。在高费率下，只有那些风险较大的投保人才觉得保险合算，这样就加剧逆选择程度，陷入费率高→形成高风险投保人组合→赔付率高→费率更高的恶性循环之中。

反过来，从股份制保险公司的立场上看，除极少数情况外，他们也不愿意大规模地经营农业保险，因为经营农业保险得不到丰厚的利润，这与他们的逐利性经营目标背道而驰。因此，在许多国家，特别是一些中小农场主就采取主动措施，建立互助和合作公会来为自己提供保险保障，费用往往比较低。在 1979 年的联邦德国，农作物雹灾保险的全部保额中各类公司所占的比例为：互助公司占61%，国家保险机构占22%，股份制保险公司只占17%。

（3）相互性保险机构

相互性保险机构主要包括相互保险社、交互保险社、相互保险公司及保险合作社。其中，在农业保险经营中，常见的形式主要有相互保险社、相互保险公司和保险合作社。

1）相互保险社（Mutual）。

相互保险社的组织和经营比较简单，其保单持有人就是该社的成员，每个成员不论保单金额大小都拥有相等的投票权，来选举理事及高级职员。通常设一个专任或兼任的秘书，领取薪金，作为相互保险社的实际负责人。对承保业务的保险费计算，并没有数理基础，采用赋课方式，即先缴纳一小部分保险费，待保险事故发生后，如果实际赔偿费用超过预缴的保险费，则在各社员之间进行分担。

2）相互保险公司（Mutual Insurance Company）。

相互保险公司是保险业特有的公司组织形态，在德国被称作大相互保险社，以区别于上述小相互保险社。投保人一经建立保险关系就自动成为公司社员，保险合同终止、保险关系结束时，社员资格也随即消失。社员缴纳一定的资金用以支付创立费用和作为业务费用。这类资金与股份公司的资本并不相同，它实际是相互保险公司的一种债务，但又不是一般的债务，这因为：其利息支付必须在公司对承保业务进行赔偿后方可进行，其本金偿还必须在全部创立费用和业务费用摊销后、扣除了损失赔偿准备金后若有剩余的情况下方可进行。起初，相互保险公司的保费缴纳采取赋课制，但后来为避免再次收费的麻烦，也采用了确定保费制。

相互制保险公司没有股东，所以经营盈余不进行分配，而由社员共享，要么摊还，要么转作公积金或准备金，与股份公司的盈余分配则完全不同。如果遇到不足以支付保险赔偿金，则按照盈余、公积金和准备金的依次顺序进行填补。如果仍然不足以支付，则采取减额赔偿，即削减保险金的一部分，这是因为相互保险公司已经实行了确定保费制，免除了社员的追缴义务。

相互保险公司的相互性原指投保人参与公司管理，实行所谓的公司自理。但在大规模的相互保险公司中，由于组织复杂、业务繁多而无法实行公司自理，传统意义上的社员与公司的密切关系因此已不复存在；相反，其经营管理逐渐与股份制保险公司越来越相近。

3）保险合作社（Co-operative Insurance Society）。

保险合作社是相互保险中的一种特殊形态，有的学者认为合作保险就是相互保险，两者并没有本质区别；袁宗蔚（2000 年）认为，合作保险和相互保险虽然不是截然不同，但也有以下区别，①相互保险社和相互保险公司都没有股本；保险合作社则在社员加入时，要求缴纳一定的股本。②相互保险社和相互保险公司与社员间的关系，是为了达到一时的目的而进行的短暂结合，即仅在保险期间与组织保持关系，保险契约终止，组织与社员之间的关系自动解除；而保险合作社与社员之间的关系比较永久，社员认缴股本后，即使不利用合作社的服务，仍与合作社保持关系。③相互保险社社员缴纳的保险费，因实际损失或需要而进行分担，事先并不确定；保险合作社和相互保险公司均采用确定保费制度，事后不再补缴。

一般而言，相互保险社是相互保险组织的最初形态，后来，依照相互公司的组织规定成立的，则成为相互保险公司；依照合作社章程成立的，则成为保险合作社。目前，在西方国家，有的相互保险社转化为保险合作社，也有的股份制保险公司转化为相互保险公司，其间关系错综复杂。而相互保险公司和保险合作社，在许多方面都比较相近，如都拥有较多的准备金，都采用确定保费制等。

在上述三种相互性保险组织中，保险合作社是农业保险基层经营组织的理想取向，这是因为：

第一，相互保险社，是相互保险组织的早期形态，保费收取程序繁琐，投保人缴纳保费的义务不确定，聚集保费有限，这些特征均不利于相互保险社拓展和持续经营农业保险业务。

第二，相互保险公司，与股份制保险公司相比，除了资金来源不同以外，相互性的特征已经逐渐消失，两者经营上的区别已经逐渐模糊，股份制保险公司在农业保险经营中存在的信息不对称、委托代理等问题在相互性保险公司中会依然存在。

第三，在农业保险合作社中，社员既是投保人又是保险人，社员之间具有典型的相互关系，缴费制度也采用确定保费制，这些特征使保险合作社经营农业保险具有其他两种相互性保险组织无法比拟的优势。

4）农业保险合作社的经营优势。

与国有农业保险机构和股份制公司相比，保险合作社经营农业保险也具有以下得天独厚的优势：

①农业保险合作社有助于降低道德风险。在农业保险合作社中，成员既是投保人又是保险人，经营盈余以续期保费的形式返还给投保人，成员间的共同利益关系有利于形成相互监督机制，避免“联合一起吃保险”的局面，在一定程度上可以防止道德风险的发生。现实中，投保人宁可欺骗与自己关系不大的保险公司（政府机构或商业性保险公司），也不大可能欺骗自己的近邻和同事。正如世界各国相互性保险组织的工作经验所表明的，在道德风险比较严重的地方，人们尤其要采用这种形式的组织来处理风险。市场经济发达的各国，如日本、法国，农业保险体系均以相互性保险组织作为基础结构。在美国，农业保险虽然由联邦农业保险公司经营，但各个地区都有各种相互性保险组织。

②农业保险合作社有助于降低逆选择。农业保险合作社中的成员是精通农业技术的农户，是投保人和保险人的统一体，他们对保险组织面临的风险以及其他投保人自身的风险具有更清楚的认识和评价，有利于进行风险管理和承保管理，可以有效地避免逆选择。例如，在英国，人们发现由合作性奶牛和猪保险俱乐部承保的家畜

死亡率比股份制保险公司承保的死亡率低得多。第一次世界大战之前做的一项调查表明，由奶牛俱乐部承保的奶牛和小牛的平均死亡率大概是2.5%，而大公司承保的奶牛和小牛的死亡率则是6%，猪的死亡率大致也是这个差别。

③农业保险合作社的费率较低。首先，与股份制保险公司相比，农业保险合作社是非营利机构，保险产品定价中不必考虑目标利润因素，而且盈余以续期保费的形式返还给投保人，这就可以大大降低保险费率。其次，在被保险风险较小而分散的情况下，保险合作社的管理费用和核损费用也比股份制公司低。一般来说，一家大公司必须从保费收入中拿出大约40%，用以支付手续费、代理费、兽医费用、职工和专家的工资、资本的利息和股票持有人的利息。在上述英国的调查中，由奶牛俱乐部和猪俱乐部经营的保险，其成员每年的全部费用不足3先令，而同样的风险，对于其他保险公司来说，费用不可能少于8先令。

因此，与股份制保险公司相比，农业保险合作社的综合费率较低。这就可以吸引一些风险程度较小的农户参与保险，在一定程度上能降低逆选择程度。然而，保险合作社也面临规模较小、财力有限、不能承担较大风险和大量较小风险的问题，但是，这个问题可通过将保险合作社附属于一个较大组织或再保险方式，在一定程度上得以避免。

2. 合理设计保险合同

合理设计保险合同是指增加保险合同的多样性，并且在合同中规定免赔额条款、共保条款和无赔款优待条款，通过增加投保人的合同选择集合、改变被保险人实施道德风险行为的成本收益，在一定程度上降低道德风险和逆选择程度。

（1）设计多样性的保险合同

从绝对公平交易的角度看，所有的投保人都应该支付完全不同的保费，因为他们不可能有完全相同的潜在损失。但是由于技术限制，保险人一般都对不同的投保人使用同一种合同，因而容易导致逆选择。如果针对不同投保人的风险偏好和索赔经历，设计不同的保险合同，以便投保人进行选择，就可以在一定程度上降低逆选择。例如美国农业保险中的收入保险，就有许多保障水平可供投保人选择。风险较大的农场主选择保障水平较高的合同，从而多交保费，风险较低的农场主选择保障水平较低的合同，从而少交保费。再如毛里求斯糖业保险基金，为了防止逆选择，将费率体系设为100个档次，激励投保人努力工作，精心管理，以期改善自己的费率档次，达到少交保费的目的。多样性的合同不仅有助于对投保人进行量体裁衣，提高农业保险需求，而且有利于农业保险双方当事人的公平交易，降低投保人的逆选择行为。

（2）设计免赔额条款和共保条款

对付农业保险道德风险，其根本出路在于设计一种机制使投保人从自身利益出发，积极配合保险人，约束其行为，以降低灾害事故发生的概率。这就是对付道德风险的风险分担（Risk Sharing）方案。

这种风险分担方案的核心是保险人对保险标的提供非全额保险，保险金额与保险标的实际价值之间的差额由投保人自己承担。其具体表现为保险合同中的免赔额条款（Deductible）与共保条款（Coinsurance Clause）的规定。免赔额条款是指在合同中规定保险人可以从损失中扣除预订的固定金额（即免赔额），其余作为保险赔款，即只有在损失超过免赔额时，保险人才承担超过部分的赔偿责任；共保条款是指事故发生后，对损失超过免赔额的部分，保险人只承担一部分赔偿责任，其余则由投保人自己承担。

免赔额和共保对降低道德风险和逆选择的效应在于：

①有了免赔额和共保的规定后，如果损失真正发生，被保险人自己也要承担部分损失，因此，免赔额和共保提高了被保险人疏于管理和实施道德风险行为的成本。出于对自己利益的考虑，他们必然会加强风险防范，避免损失发生，由此可以降低道德风险程度。

②免赔额要求被保险人承担一些小额损失，这可以避免投保人

频繁索赔和保险人频繁理赔，因而会减少保险人的经营费用，从而可以降低保险费率。如前所述，低费率可以吸引风险水平较低的农民参与农业保险，从而在一定程度上可以降低逆选择程度。

（3）设计无赔款优待条款

一般来说，农业保险的保费是固定的，但为了降低被保险人的道德风险行为，可以在保险合同中设计无赔款优待条款。

例如，假如被保险人 1 年或连续多年没有发生赔款的，就可以得到以下几种保费待遇：1 年以上减少 10％，3 年以上减少 15％，5 年以上减少 25％，6 年以上减少 30％，7 年或更多年以上减少 50％。已经获得 4 年以上的无赔款优待的投保人，在发生一次性损失时，仍享受上述保费优惠，但如果得到两次赔款，其无赔款的连续年数要减去 3 年。

通过设计无赔款优待条款，一方面可提高风险较小的诚实被保险人参加农业保险的收益，降低他们参加农业保险的实际费率，从而吸引风险较小的被保险人加入农业保险，达到降低逆选择程度的目的；另一方面，通过这种激励机制．鼓励被保险人加强风险管理，减少索赔，从而降低道德风险。

（三）纠正农业保险正外部性的对策

根据前述分析得知，农业保险的生产和消费行为都存在着正外部性。根据庇古的福利经济学思想，对具有正外部性的消费和产品应进行补贴以使外部性内部化。以下对农业保险正外部性纠正的理论基础、不同观点和政策主张分别进行阐述。

1．庇古关于外部性纠正的主张

庇古（1920 年）认为，既然边际私人收益与边际社会收益、边际私人成本和边际社会成本存在背离，依靠自由竞争是不可能达到社会福利最大化的。因此，提出应由政府采取适当的经济政策，通过“特别鼓励”（即补贴）或“特别限制”（即收税）来消除这种背离。这种经济政策通常被称为庇古税或庇古补贴。

所谓庇古税，是指对产生负外部性的企业或消费者征收相当于最佳社会产量时的外部成本的税收，使私人成本加上税收后等于社会成本，从而使外部成本内化为私人成本，使私人最佳产量等于社会最佳产量。如许多国家对产生负外部性的烟、酒、石油产品征收较多的消费税，以提高消费负担，从而抑制过度消费。

所谓庇古补贴，是指对受到负外部性影响的受害者进行补贴以及对产生正外部性的生产者或消费者进行补贴，使私人收益加上补贴后等于社会最佳产量时的社会收益，从而使该领域产量提高至社会最佳产量。还有一种情况是对产生负外部性的生产者或者消费者进行补贴，以贿赂他们减少产量。一般来说，只有前两种符合道义，后者既不符合道义，也很难贿赂成功。对正外部性的纠正，具体如图 4-5 所示。

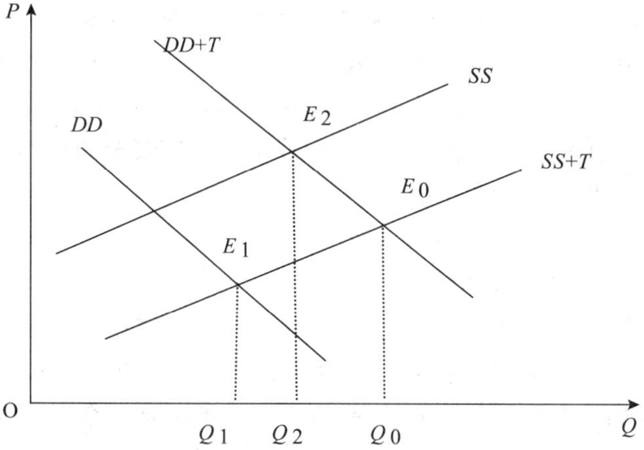

图 4-5　正外部性纠正措施

$DD+T$ 和 $SS+T$ 的交点 E_0。所决定的产量 Q_0，是社会最优产量。Q_1 和 Q_2 分别表示具有正外部性特征的产品需求不足和供给不足时的产量。政府对厂商每生产一个单位的该产品补贴 T 个单位，T 为最优产量下的边际外部收益，这样，厂商的供给曲线 SS 下移至 $SS+T$，市场均衡产量将达到社会最优产量 Q_0。当然，向购买该商品的消费者补贴 T 个单位，T 也为最优产量下的边际外部收益，使原来的需求曲线 DD 向上平移到 $DD+T$，这样也可以收到同样的效果。

2. 政府补贴农业保险的两种主张

在农业保险的理论研究中，对政府该不该补贴农业保险的问题有不同的看法。

（1）反对农业保险补贴的主张

Siamwalla 和 Valdes（1986 年）利用消费者盈余和生产者盈余的概念进行成本—收益分析后，得出对农业保险不该补贴的结论。

1）没有农业保险的情况。

他们首先考察没有农业保险的商品市场。在图 4-6 中，商品的供给曲线用 S_0 表示，因为生产风险不能转嫁，在这个供给曲线里包含了风险管理费用，这部分风险管理费用必须由农场主支付。如果农场主采用多元化策略，支付一定成本耕作较安全的作物，这部分成本也应计入风险管理费。

2）引入无补贴农业保险的情况。

现假定引入农业保险制度，农场主支付所有的保险费。保险降低了农场主的风险费用，于是产生了新的供给曲线 S_1，S_1 在 S_0 的下方。为简化分析，假定 S_0 和 S_1 都是正常年份的供给，以剔除随机因素影响产量造成的 S_0 向 S_1 移动。当需求不是完全弹性时，供给曲线下移将使价格将从 P_0 下降到 P_1，消费者获得超额盈余 P_0ADP_1。农场主原来生产 Q_0 产量的成本下降了 AC，费用净节约为 OAC。这种费用的节约是一个诱因，足以使农场主没有补贴也购买农业保险。一旦农业保险被普遍采用，产品价格将会下降。这样，生产者的净福利所得是 P_1DO 减去 P_0AO，差可能为正也可能为负。消费者得到了 P_0ADP_1 的净福利。对整个社会来说，净福利

收益用面积 *OAD* 表示。社会净福利的大小取决于 S_0 向 S_1 移动的幅度，这由保险的采用程度和产品的供求弹性决定的。因为所支付的保险费包含在 S_1 中，面积 *OAD* 所显示的净福利就是引进无补贴保险的社会价值。

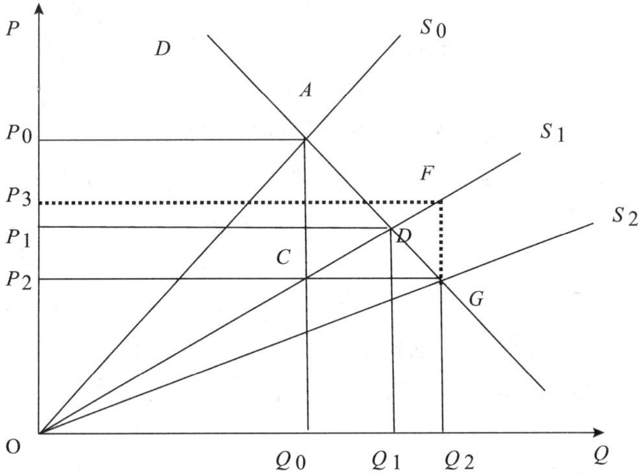

图 4-6　消费者和农户从农业保险中获得的福利收益

3）引入有补贴农业保险的情况。

Siamwalla 和 Valdes（1986 年）认为补贴使供给曲线进一步下移到 S_2，均衡产量由 Q_1 进一步增加到 Q_2，价格也由 P_1 下降到 P_2。对农业保险补贴后，生产者和消费者增加的剩余是 *ODG*，它总是小于补贴成本 P_2P_3FG。虽然补贴成本可以随时调整，但无论提供的补贴有多少，总有一个净损失。因此，对流失到消费者手里的剩余，不应通过补贴保险人和农场主的方式进行。另外，SiAmwalla 和 Valdes 认为保险公司通过向农场主出售保单收回成本，农业保险本身并不是公共产品，不该对其补贴，而应对农业保险的研究活动进行补偿。

（2）支持农业保险补贴的主张

Mishra（1996年）不同意Siamwalla和Valdes反对农业保险补贴的观点，认为他们的分析有许多缺陷。

首先，Siamwalla和Valdes的分析只有在保险费等于或小于农场主风险管理费用时成立，但一般情况下，农业保险由于管理费用、道德风险和逆选择等原因，经营成本比较高，保险费大于农民的风险管理费用。例如，Pamareda对美国、以色列、巴拿马、巴西以及哥斯达黎加的农作物保险计划进行调查发现，补偿灾害损失所需的纯费率平均为15%左右，最低为2%，最高为26%。另外，再加上管理费用，如巴拿马为5%（Hazell，1986年），向农场主收取的未补贴的毛费率将为20%左右，在某些国家还会更高。如果没有政府补贴，在这么高的费率下，保险公司不可能卖出保单，供给曲线S_0向S_1的移动也就不可能发生。即使能卖出保单，也只有那些风险极高的农场主才会投保，低风险农场主都退出了，逆选择现象出现。另外，使供给曲线S_0向S_1发生位移的补贴数在各个国家都有所不同，因此并不是在所有的国家都会发生福利损失。

其次，Siamwalla和Valdes假设需求曲线不发生变化，供给曲线下移会使被保险商品价格较低，这种假设在现实中也过于简单。因为农业保险会使农业部门和非农业部门的收入和就业增加，这使需求曲线也向上移动，因而价格下降不会像图4-6中那么大。

再次，Mishra认为，在特定地区中，农场主的风险管理费用可能与保险费不一致，例如一个州甚至一个地区的精算保险费可能会高于低风险作物区的风险管理成本，如果不能因地制宜地制定差别费率，政府不提供保费补贴，农场主投保可能就不划算。虽然风险汇聚（即保险）是件“好事”，但由于以上原因有可能无法实现。

最后，Mishra认为该分析只考虑消费者获得的外部利益也是不妥的。例如，分析中指出，需求如果是完全弹性的，农场主将获得保险的所有利益，因而就不应该对农场主进行补贴。Mishra认为即使在这种情况下，所有的福利也不全归农场主，因为农业和非农业部门之间存在紧密联系，非农业部门也会获得福利收益，因而需要对农场主进行补贴。

3. 纠正农业保险正外部性的政策主张

在上述关于政府是否应对农业保险进行补贴的两种观点中，Mishra 的分析更为实际。Siamwalla 和 Valdes 认为对农业保险不应进行补贴，除上述不太完善的成本收益分析外，还有一个重要的理论依据——农业保险不是公共物品。的确，农业保险不是纯公共物品，它不具有非排他性，即投保农户只有缴纳保险费才可享受保险保障。

但由前述分析可知，农业保险在供给方面和需求方面都存在正外部性，根据庇古的福利经济学思想，对于存在正外部性的产品的生产和消费，政府应该提供补贴，以使该产品的产量提高至社会最佳规模。因此，政府应对农业保险的消费者和生产者应同时进行补贴，以纠正农业保险需求和供给的双重正外部性。

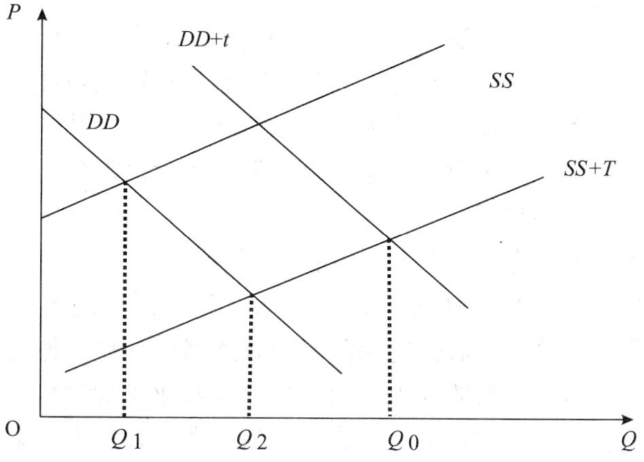

图 4-7　对农业保险经营者和投保人同时补贴以纠正外部性

如图 4-7 所示，政府对保险人和农户不进行补贴时，市场均衡

量为 Q_1。当政府对保险人（生产者）每单位保险产品提供补贴 T 时（T 为最优产量下的边际外部收益），保险人的私人边际成本将下降 T 个单位。这样，供给曲线下移至 $SS+T$，新的市场均衡 Q_2 产生。另外，如果政府同时对投保农户（消费者）每单位保险消费提供补贴 t 时（t 为最优消费量下的边际外部收益），农户对保险的需求将提高 t 个单位，为 $DD+t$，市场均衡量进一步变为 Q_0。从图中可以看出，对农民和保险公司同时进行补贴的均衡量 Q_0 远大于不补贴时的 Q_1。由此可见，对农民和保险公司同时进行补贴，是改变农业保险“需求不足、供给短缺”的重要措施。

庹国柱教授（2002 年）也持对农民和保险人应同时补贴的观点。他认为，在农业保险中，如果不对农民和保险人进行补贴，会出现保险人的供给曲线和农民的需求曲线不相交的现象。因而，只有对农民提供保费补贴，使其需求曲线上移，对保险人提供费用补贴、减免赋税，使其供给曲线下移，供给曲线和需求曲线才会相交。

Hazell（1981 年）认为：“由农业保险所导致的供给增加使消费者受益，同样也使生产者受益。但如果需求是缺乏弹性的，农民的收入可能会实际下降，消费者将获取全部收益。这种分配效应要求政府，而非私营公司建立农业保险计划，私营保险公司只负责从农民手中收取保险费。代表社会利益的政府应对农业保险进行补贴，以从消费者这为农民获得成本补偿。”

熊存开（1994 年）认为，农作物保险和其他保险不同，具有很强的政策性，政府对农作物保险应予以适当的补贴。他提出了政府应进行补贴的三点具体理由：第一，存在农业风险对自然界的特别依赖性和农业保险的特别高损失率现象；第二，作为基础产业的农业社会效益巨大，自身效益低下，这使得农业部门的比较利益和农民的收入水平都低于其他产业，因而承受风险的能力较差，特别需要政府予以扶持；第三，农作物保险对农业生产所起到的稳定器作用不仅有利于农民，也会通过增加产量而有益于整个社会的溢出效应，因而应由社会以补贴形式来分摊一部分农业保险的成本。

另外，根据其他国家的实践经验，也可以得出必须对农业保险进行补贴的结论。Luz Maria Bassoco 等人 1986 年对墨西哥农业保险补贴问题进行研究时发现，农作物保险保费补贴低于保费的 2/3 时，对生产者就缺乏足够的吸引力。在 20 世纪 90 年代以前，美国政府给农作物保险的保费补贴占保费总额的 1/3，而且对保险公司支付全部管理费，但自愿投保的农场不过一半。1994 年以后政府采取其他强制性措施，并增加了保费补贴，参加保险的农民人数才有了明显增加。加拿大中央政府和地方政府给农作物保险补贴全部管理费和 50%的保费，农民的自愿参与率才达到 54%。

我国政府也支持对农业保险进行补贴的做法，在 2004 年的中央一号文件《中共中央国务院关于促进农民增加收入若干政策意见》中提到："加快建立政策性农业保险制度，选择部分产品和部分地区率先试点，有条件的地方可对参加种养业保险的农户给予一定的保费补贴。"

（四）纠正农业保险特殊性市场失灵的对策

1. 制定农业保险法

为了农业稳定与粮食安全，国家必须先行动，由其立法机关制定一部农业保险法，以此规范政府在实施农业保险中的行为。在农业保险法尚未出台之前，中央政府先颁布一部农业保险条例，以约束地方政府，避免其支持农业保险的随意性，使农业保险摆脱人治，走向法治。

2. 农业保险应实行政策性保险商业化经营

农业保险市场失灵，需要政府发挥职能作用进行调节和弥补，政策性保险商业化经营是国外调节农业保险市场的成功做法。在我国政策性农业保险的启动资金应通过发行国债，而不应用财政支出的方式来解决，以保护政府启动农业保险的积极性。政府应利用利益诱导机制来推动农业保险的发展，对农民直接进行保费补贴，对保险公司进行税赋减免和财政补贴。直接对农民进行保费补贴，把农民推向保险公司，将使需求曲线上移；对保险公司进行税赋减免和补贴，使其获得必要的利润，将保险公司引向农业，供给曲线将下移，供求曲线就会相交。“以险养险”，特许农业保险人经营一定范围的农村险，以其赢利弥补农业险的亏损。这样，虽然形成了垄断，损失了市场效率，但在财政困难的情况下也不失为一种过渡性的好办法。

3. 构建合理的农业保险经营体系

政府直接开办农业保险公司往往垄断严重、效率低下。应充分利用中国人民保险公司和中华联合财产保险公司的经验和现有资源，借鉴国外的经验，将农业保险交给商业保险公司运作，实现政府、保险公司、农民三赢。政府为农业保险人提供分保，以化解巨灾风险，确保农业保险经营的稳定性。互助性农业保险合作社虽有克服信息不对称的优点，但它不利于风险在全国范围内分散，保险的专业性也非普通农民能够理解。在我国，合作社模式成功的例子并不多，反而往往容易产生一些臃肿、低效的机构。

4. 增加农业风险的“可保性”

提高农产品价格，提高农业在农民收入中的比重，以增加农业风险的“可保性”。现阶段，我国开展农业保险的主要目的是保护农民生产的积极性，保障农业稳定与粮食安全，并不是促进农民增收和缩小城乡收入差距。对关系国计民生的农作物应采取强制保险，对经济作物则应实行自愿保险。可以先在重点地区的重点品种上进行试点，如湖北的大米、新疆的棉花等。政府应将种粮补贴转为农险保费补贴，转易变性的支持为永久性的义务；也可暂缓取消农业税，直接用这笔资金替农民投保农业险。

5. 加大宣传力度，培养农民的投保意识

农民的投保意识不强是影响农业保险健康发展的关键性制约因

素。很多农民目光短浅，只看到保险需要缴钱，没有看到保险给他们带来的利益。这就需要现有各级保险经营机构大力宣传保险的必要性，如详细分析、讲解保险对农民的利弊得失，使农民尽早树立风险意识和保险观念。这还需要各级政府机构的大力支持，在舆论导向、日常的政策指导中去影响农民的思想，进而影响他们的保险选择。

此外，保险公司可聘用部分懂农事、善活动、诚实守信的农民充当代理人和公估人，其佣金由业务的质和量共同决定，以克服信息不对称。保险公司还可邀请地方政府参股当地分公司的农险经营，并共享利润和共担风险，以克服信息不对称和地方保护主义。

第五章　农业保险发展模式分析

我国是一个灾情频发的农业大国，每年农作物受灾面积占播种面积约三分之一左右；同时我国也是一个农业保险深度和密度严重不足的国家，基本处于“农户保不起、保险赔不起”的尴尬局面，这极大地制约了农业生产的稳定和持续发展。为此，学习借鉴国内外农业保险的成功经验，探索适合我国国情的农业保险的总体发展思路和政策支撑体系，这对为农业生产保驾护航、加快社会主义新农村建设等具有重大的现实意义。

一、国外农业保险发展模式简述

目前，世界上有多个国家开办了各种形式的农业保险，这些国家开办农业保险有着不同的背景和目的，也形成了不同的发展模式，根据其特点和法律制度，其主要可分为以下五种模式：

（一）美国、加拿大模式——政府主导参与型

政府主导参与型模式就是，以国家专业保险机构为主导，对政策性农业保险进行宏观管理和直接或间接经营，重点以农作物为主，并逐渐向养殖业方向扩展，实行这种模式的国家以美国和加拿大为代表。这种模式以健全的、不断完善的农作物保险的法律、法规为依托，建立了政府主办下的农业保险公司来提供农作物的直接保险和再保险。这种经营是政策性的，农民是自愿投保，对投保的农作物仅支付纯保费的一部分，其余部分由政府补贴。政府认购农业保险公司一定数额的资本股份，并负担一切经营管理费用，对资本存款收入和财产免征一切赋税。除政府的农业保险公司以外，其

他私营、联合股份公司、保险互助会等也都可以在政府农业保险的框架下经营农业保险。

1. 美国现行农业保险模式的主要特点

在这种模式下，由中央政府统一组建政策性的全国农业再保险公司，其职能主要有两个：一是通过再保险机制，使农业风险在全国的范围内得以最大限度的分散，维持国家农业生产的稳定；二是补贴各州农业保险的亏损。这种补贴不同于一般的民政救济，它是一种差额补贴。专业性的农业保险公司、一般的保险互助合作社或愿意经营农业保险的其他商业性保险机构等都可以按低于农业风险的实际费率来承保，当赔付率超过一般赔付率时，由国家再保险公司来补足。所以，这是一种差额杠杆撬动机制，既可以保证农民以可以接受的费率参加保险，又可以撬动一般的保险机构以不少于社会市场利润率的水平来承保农业风险。由于它发生作用的范围是参加了保险的人，因而也就调动了被保险人、保险人双方的积极性。在这里，国家是通过差额调节来保证农业保险发展的。

2. 美国现行农业保险的主要做法

美国现行农作物保险的主要做法是：

1）完善法律体系。从1938年颁布的《联邦农作物保险法》到1994年通过的《联邦农作物保险改革法令》，都对开展农作物保险的目的、农作物联邦保险的性质、开展办法、经办机构等做了规定，为联邦政府农作物保险业务的开展提供了法律依据。在此之后，美国政府又多次对该法律进行了完善，其总的发展方向是减少国家对于农业保险市场的直接干预，通过市场化的手段提高农业保险的效率。

2）进行财政支持。1980～1999年，联邦政府给农作物保险的财政补贴总额累计约为150亿美元（含费用补贴等），仅1999年就达到22.4亿美元。目前美国政府对农作物保险的经济支持大致包括以下几个方面：①保费补贴，各险种的补贴比例不同，2000年补贴额平均约为纯保费的53%（保费补贴额平均每公顷16.31美元）。其中，巨灾保险补贴全部保费，多种风险农作物保险、收入保险等保费补贴率约为40%；②业务费用补贴，向承办政府农作物保险的私营保险公司提供20%～25%业务费用（包括定损费）补贴；③政府还承担农业部联邦农作物保险公司的各种费用以及农作物保险推广和教育费用。

3）政府通过FCIC（Federal Crop Insurance Corporation，联邦农作物保险公司）提供再保险支持。政府通过联邦农作物保险公司，向私营保险公司提供一定比例的再保险和超额损失再保险保障。依据1980年修订的《农作物保险法》，私人保险公司既可以参与联邦农作物保险公司（FCIC）的农作物保险和再保险并独立承担风险损失责任，也可以只做享受FCIC佣金的农业保险代理人而不直接承担农业保险的风险责任。此后，为提高农业保险的效率，增强农业保险业务的竞争性，联邦政府采用财政税收优惠政策，鼓励私人保险公司直接承保农作物保险。时至2001年，FCIC就基本退出直接的农业保险业务，而只行使政府职能专注于经营再保险，再保险公司又可从政府获取费用补贴及税收与金融等优惠条件。

4）广义的农业保险模式。与其他国家将农业保险对象确定为自然风险不同的是，美国将一些非自然风险也纳入到农业保险的范围。如美国在《1996年农场法》中就推出了既承保农作物产量风险又承保农产品价格风险的收入保险，如团体收益保险、作物收益保险、农场总收入保险、收益保证保险和收入保护保险等。

5）对农业保险的税收减免。联邦农作物保险法明确地规定联邦政府、州政府及其他地方政府对农作物保险免征一切税赋。

3. 美国现行农业保险的运作模式

经过长期的发展和改革，美国联邦农作物保险从政策研究、立法、机构设置、产品的设计开发，到产品的销售（代理人）、定损（专职人员）、统计、精算、资料收集加工以及保险的宣传、推广和教育等，形成了一个完整的体系。各个环节均有不同的公司（法人)、政府机构以及行业协会参与，它们各自分工不同，都行使着自己的职责。联邦农作物保险的运作主要分以下三个层面：

第一层为联邦农作物保险公司（FCIC)，归农业部领导，也称为风险管理局，负责全国农作物保险的经营和管理。

第二层为有经营农险资格的私营保险公司，它们与农业风险管理局签有协议，并承诺执行风险管理局的各项规定。私营公司承担了全部农业保险的直接业务，通过开展农业保险的经营活动（销售、签单及其他服务)，具体实施政府农作物保险的计划。

第三层为农险代理人和农险查勘核损人。美国农作物保险主要是通过代理人进行销售的，目前全国参与农作物保险销售的代理人约有 18000 个。其中，大部分为独立代理人，可为多家保险公司代理业务；其余为私营保险公司自设代理人，只为一家代理业务。农险查勘核损工作由农险专业核损人来进行。查勘核损人需经过农业风险管理局两年的培训，通过考核取得资格后才能从业。这些人员可以是某一私营保险公司的职员，也可以是独立的查勘核损人。

1996 年之后，随着美国经济实力的不断增强，为了向农民提供更多更实惠的保障选择，在政府的激励下，私营保险公司逐步推出了系列收入保险等险种，因此提高了私营公司农作物保险的吸引力。FCIC 经过 1998～1999 两年多的调整，尽管在全国有 12 个业务办公室，但已经完全退出了农业保险原保险业务的经营。农作物原保险业务全部由私营公司经营或代理，政府对其经营活动提供费用补贴、再保险支持和税赋优惠，即开始了“私营＋政府扶持式”制度。2000 年，美国可以参加保险的农作物已达 100 多种，承保面积超过了 8094 万公顷，占可保面积的 76%；200 万农户中有 131 万农户投保了农作物保险，占总农户数的 65%，总保险金额达 341 亿美元。

（二）日本模式——政府支持下的相互会社模式

实行这种模式的国家主要有日本。其特点主要是：首先，国家通过对关系国计民生的和对农民收入影响较大的主要农作物水稻、小麦等和饲养动物实行法定强制保险，其他实行自愿保险；其次，农业保险结构层次主要分为三级，最基层的为村一级的农业共济组织，由参与农业共济组织的农民组成，其主要负责经营本地的农业保险，同时依法向上一级的农业共济组织联合会分保；府县一级的农业共济组织联合会则接受下级共济组织的分保，并提供防灾防损的指导工作；同时再在中央政府级设立农业共济组织再保险特别会计处，接受下一级的再保险，并接受政府的紧急援助资金、保费补贴和管理补贴。政府的主要职责不是经营保险而是对保险进行监督和指导。

1. 日本农业保险模式的主要特征

1）日本农业保险经营体系组织层次分明、功能明确。日本的农业保险体系最基层的是由同一地区耕种土地超过最低规定数（稻田为 0.3 公顷）的农户组成的民间保险相互会社，即市、町、村农业共济组合。整个日本有 2000 多个这样的组合。直接经营农业保险的不是政府机构，也不是商业保险公司，而是这种不以赢利为目标的农业共济组合；而在都、道、府、县则由农业共济组织联合会通过对基层的农业互助组合提供分保的方式，经营农业保险业务；最高层次的是中央政府通过农业再保险特别会计账户和国家保险协会等渠道为各地提供再保险。通过这三重机制，增强了农业保障能力，同时为国家管理农业保险提供了有效的工具。

2）实行强制保险和自愿保险相结合。1947 年《农业灾害补偿法》规定凡对国计民生有重要意义的粮食作物、牲畜等列为法定保险范围，进行强制保险。实行强制保险的有水稻、旱稻、麦类、桑蚕；牛、马、种猪、肉猪及牛仔等家畜类；桔子、苹果、葡萄、柿子、栗子、樱桃等果树类，还有大豆、小豆、甜菜、甘蔗、荞麦、日本茶、园艺设施及设施内的蔬菜等。对果树、园艺作物、旱田作物、家禽等实行自愿保险。自愿保险不是全国性的，而是一种区域保险。除此之外，出于防范农业金融风险的目的，日本还将农业保险和农业信贷结合起来，凡有农业生产借贷的农业保险标的，即使是自愿保险项目也应依法强制投保。

3）农业保险的经营受到国家的大力支持。无论是强制保险还是自愿保险，都享受政府的补贴，对农业保险实行分保，对投保人实行保险费率补贴，除此之外政府还承担各分保机构的部分办公费用。以日本政府对投保人提供保费补贴为例，平均的补贴比例水稻为费率的58%、小麦为费率的68%、春蚕茧为费率的57%、牛和马为费率的50%、猪为费率的40%；补贴依费率的高低有所不同，费率越高补贴比例越高。以水稻为例，当费率为1%以下时，政府补贴其保费的50%；当费率为1%～2%时，补贴其保费的55%；当费率为2%～3%时，补贴其保费的60%；当费率为3%～4%时，补贴65%；当费率为4%以上时，补贴其保费的70%。办公费用补贴，县以上农业联合会的全部经费和基层农业共济组合部分费用由政府负担。

4）除农民家财险（属于任意共济）外，政府接受该机构内外的全部分保业务。

2. 日本农业保险运行程序

日本的农业保险制度由三级机构具体运营。最基层的农业保险协会直接面对农户，承担着保险制度中最重要的从农户收取保费、向农户支付保险金等业务。该协会的业务工作接受都、道、府、县级政府的指导和监督。2001年，日本全国共有350个左右的农业保险协会，几乎涵盖了日本所有的农业地区这一级组织负责办理农户的投保业务，评价灾害造成的损失的程度，并开展统一打药、开设畜禽诊所等预防灾害的各种活动。同时，农户加入农业保险协会并不叫投保，而是叫加入共济，而强调的是农户之间的相互帮助。由于农业保险协会自身规模小，为了减少风险和平衡区域之间的风险，农业保险协会将自己承担的保险责任向农业保险协会联合会投保。

中层的农业保险协会联合会接受自己辖区内的农业保险协会的

保险业务，并将其中一定比例向中央政府的农业保险再保险专项财政进行再保险，其业务接受农林水产省的指导和监督。

中央政府的农业保险再保险转向财政最终承担农业保险的风险并向农业保险协会及其联合会提供补偿，具体业务由农林水产省的相关部门承担。

政府作为农业保险的后盾，接受农业共济组合联合会的再保险。灾害发生后承担保险责任的比例为：共济组合的比例为10%～20%，联合会的比例为20%～30%，政府的比例为50%～70%；遇有特大灾害，政府将承担80%～100%的保险赔款。

日本农业保险进一步细分为农作物共济、家禽共济、果树共济、旱地作物共济、温室共济等，其涵盖范围非常广泛，日本国内生产的主要农作物均在共济对象之内。

（三）前苏联的模式——政府垄断经营模式

这种模式以前苏联为代表。政府设立专门经营农业保险的机构，并提供部分基金及大量的管理费用，所以它也可称为政府垄断模式。其主要特点有：

其一，保险组织形式主要是由国有保险公司经办，以集中统一的国家农业保险机构（在前苏联是国家保险局）对全国农业保险实行垄断性经营；

其二，保险实施方式主要是实行强制保险与自愿保险相结合的方式，但以强制保险为主；

其三，以险养险。考虑到经营中的高风险，他们把农业保险和农村保险的其他业务放在一起核算，以便险种间的盈亏互补。保费收入全部免税也不上缴财政，支付赔款和防灾费用及少部分管理费后全部留存作为准备金积累，以应付巨灾赔款。

尽管这种政府垄断模式在苏联解体之后几近消失，但讨论该模式并非没有现实意义。前苏联自1922年就开始发展农作物一切险，在近60年的实践中，创造出一种比较独特的农业保险制度模式。

无论是国有农业企业、集体农业企业，还是个体农民，他们的主要财产——农作物、饲养动物、建筑物、设备机械、运输工具、产品以及原料等，统统都被实施强制保险。但也开办自愿保险项目，以弥补强制保险承保范围和保额的不足。采用这种模式的国家除前苏联外还有一些东欧国家，如罗马尼亚、波兰、东德等，但在发生苏联解体和东欧巨变之后，这种模式已渐近消失。

（四）西欧模式——政府资助的商业保险模式

这种模式是一些西欧发达国家，如德国、法国、西班牙、荷兰等所采用的模式。其主要特点是：全国没有统一的农业保险制度和体系，政府一般不经营农业保险。农业保险主要由私营保险公司、保险相互会社或保险合作社经营。投保是自愿的，农民自己支付保费，有的国家也支持私营保险公司举办农业保险，为了减轻参加农业保险的农民的负担，还给予一定的保费补贴。

法国是一个农业比较发达的国家。为了补偿农民因自然灾害造成的经济损失，1840 年成立了第一家地区性互助保险公司，1986 年该公司被正式确定为法国农业互助保险集团公司，至今已有 150 多年的历史。法国农业保险的主要做法表现在以下几个方面：

1. 农业保险实行低费率高补贴政策

法国为了确保农业的快速发展，政府对农业保险实行了大费率和高补贴的政策，对农民所交保险费的补贴比例在 50%～80%，也就是说，农民只需交保费的 20%～50%，其余的部分由政府承担。政府通过农业保险制度的建立，保障了农业生产的稳定发展，农民在政府那里得到了高额的保费补贴，分散了风险，减轻了灾害损失，如此，调动和保护了农民进行农业生产的积极性。

2. 建立政策性的农业保险机构

农业保险不同于纯粹性的商业保险，其原因在于农业保险不以赢利为目的，所以法国的农业保险已经从商业保险中分离出来，在政府的支持下建立了专门的政策性农业保险机构。农业保险作为一种政府行为，其行政经费、农险基金赤字等都由政府实行直接的财政补贴。国家每年要做一次保险预算，总额不少于保费的20%，不超过保费的50%。这部分基金用于满足国营保险公司入不敷出时的急需，从而有力地保障了农业保险机构业务的开展。

3. 建立政府和社会共同联办的农作物保险集团

法国的农业互助保险集团是以政府控股为主体、社会参股的形式建立起来的股份有限公司。公司按三级（出资者、董事会、经理制）控制群体结构运行。法国农业互助保险集团下设4个保险公司，即农业互助保险公司、非农业财产保险公司、农民寿险公司和农业再保险公司。农业互助保险公司承保全国农民的所有财产、疾病和意外伤害的保险；非农业财产保险公司主要承保农村的屠宰商、面包商、手工业商、小商业者的财产、疾病和意外伤害保险；农民寿险公司承保农民和非农民的人寿保险和死亡保险；农业再保险公司负责对内对外的分保业务。集团公司在开展农业保险险种前，首先进行可行性分析，然后通过试点，再逐步扩大。其中，养殖业保险主要承担牲畜因火灾、暴风雨、雪灾等自然灾害所造成的死亡保险；而且部分险种只承保规模经营的养殖场，分散养殖户则不予承保。集团公司在制定业务规划和公司发展战略上，重点考虑内外部环境，掌握保户的需求，不断完善保单要素。在发展策略上不断加强风险管理，提高管理水平和降低成本，并进一步保持和发展优势业务。

4. 建立农业合作保险组织

法国的农业合作保险是农民以互助共济为原则，在自愿的基础上将防险与保险相结合而组织起来的民间性的农业保险合作基金组织。法国的互保会具有互助救济、金融和生活福利三种功能。保险的险种有多种。农业保险是非赢利性质的，农协通过其他保险筹集资金，以非农保险资金来养农业保险，农民既是保险人，又是被保险人，从而达到了互助、共济的目的。同时，合作基金组织还可以向官方（中央政府农业再保险特别会计）和非官方（国家保险协会）机构进行农业再保险，以分散风险，获得补贴。

5. 国家立法保护农业保险

法国的农业保险不管形式如何，由于它是非赢利性的，所以政府对所有农业保险部门都实行了对其资本、存款、收入和财产免征一切赋税的政策，还通过法律的形式给予保障，并制定了《农业保险法》。其中规定，农业保险的项目由国家法律规定，保险责任、再保险、保险费率、理赔计算及许多做法也用法律或法规确定；并对一些关系到国计民生的大宗产品实行强制保险，对主要农作物（水稻、小麦、大麦、果树等）和主要饲养动物（牛、羊、马、猪、蚕等）实行强制保险。

（五）亚洲发展中国家模式——政府重点选择性扶持模式

政府重点选择性扶持模式以一些亚洲的发展中国家，如泰国、菲律宾、孟加拉国等为代表。这种农业保险发展模式的特点主要表现在大多数国家的农业保险主要由农业保险专门机构或国家保险公司所提供。农业保险多处试办阶段，主要承保的是农作物而很少承保饲养动物。农作物也一般选择本国的主要粮食作物，其目的是保证农业经济的稳定，保险的形式大多数是强制保险，并且这些强制保险一般都与农业生产贷款相联系。

在这些发展中国家中，菲律宾的做法则比较有特色。其具体表现如下：

1. 立法支持农业保险的发展

1978 年 6 月菲律宾颁布了《农作物保险法》；同年 9 月，菲律宾总统马科斯签发了《关于成立菲律宾农作物保险公司的总统令（1467 号）》，农作物保险公司届时宣布成立，并对农作物的保险费作了具体规定，将其分割为三个部分：由政府、银行和农民共同承担。其具体做法是：水稻、玉米的保险费率为8%，其中农民只承担2%。如果农民是银行的贷款者，银行承担1.5%的费率，政府则承担4.5%的费率；如果农民是非贷款者，政府则承担6%的费率。

2. 根据国情，确定农业保险的经营模式

菲律宾是个农业国，有40%的土地用来耕种农作物。其主要农作物有大米、椰子、甘蔗、玉米、热带水果以及蔬菜等。有70%的菲律宾人民住在农村，农业占菲律宾国民生产总值的25%，其出口额的60%来自于农产品，全国大约50%的劳动力投入到农业生产上。然而，该国的自然灾害频繁，每年大约有22次热带风暴席卷全国，这给农业生产带来极大的威胁，农民收入极不稳定，而灾后国家的救济措施对农民来说只是杯水车薪。于是，1975年在政府的支持下，制定和实施了农作物保险计划，鼓励农民投保。贷款农民强制参加农业保险，非贷款农民自愿参加农业保险。

3. 通过多种途径对农业保险进行补贴

农民参加农业保险不仅可以得到政府的直接补贴，还可以得到银行的支持，这就减轻了农民负担，确保了农民利益。所以，时至今日菲律宾的农业保险业务一直呈上升趋势。

4. 设立政策性农业保险的管理机构

农作物保险公司董事会由主席（由总统任命）、副主席（农险公司总经理兼任）、农业部长、劳动部长、土改部长、国防部长、预算管理部长、土地银行行长和私营保险机构代表组成。农险公司在全国12个省级单位都设有地区机构，地区公司设展业处、理赔处、财务处和办公室四个职能部门。农险公司设有三种准备金：应收保费准备金（从所收保费中提取）、赔款准备金和总准备金。

以上是国外农业保险的主要模式，国外农业保险模式及各自的特点我们可以用表5-1总结如下：

表 5-1　国外五种农业保险模式比较

模式 特点	政府主导模式（一）	政府支持下的相互会社模式（二）	政府垄断经营模式（三）	政府资助的商业保险模式（四）	政府重点选择型扶持模式（五）
性质	政策性	政策性	政策性	商业性	政策性
代表性国家	美国、加拿大	日本	前苏联和原东欧部分国家	德国、法国、荷兰	泰国、印度、菲律宾、
保险供给者	国家专门保险机构主导经营，支持非国有保险机构参与。	保险互助会社。具有保险供给者和需求者双重身份。	集中统一的国家农业保险机构垄断经营	私有化主导（私营公司、部分保险相互会社或保险合作社）	政府专门农业保险公司或国家保险公司
保险方式	自愿投保	强制保险＋自愿保险	强制保险	自愿	强制保险
保费补贴	政府补贴保费，支付经营管理费用，免税。有再保险支持	政府补贴＋农民互助金。有再保险支持。	政府提供一笔基金，补贴大部分管理费用。保费免税。无再保险，但积累准备金以应付巨灾赔款。	一定保费补贴，以及其他政策优惠，如允许经营其他财产或人身保险。无再保险	政府负责保费补贴和保险公司的业务费用补贴，补贴与贷款挂钩。
保险标的	农作物，并逐渐向畜牧饲养业扩展	农作物、饲养动物、蔬菜、水果等。	农作物、饲养动物、建筑、设备机械、运输工具、产品、原料等。	雹灾、旱灾和其他特定灾害保险	确保粮棉生产稳定。
制度支持	健全的农作物保险法律、法规。	健全的农业保险法律。	有制度规定。	有全国统一的农业保险制度。	法律制度完备

资料来源：根据前文论述整理。

纵观以上农业保险的制度模式，各国政府都对经办农业保险给予了法律上的支持、经济上的优惠以及行政上的保护，就不同国家而言，它们开办农业保险又各具特色。但我们依然不难总结出世界农业保险模式的如下的一些基本的共性特征：

1. 具有强有力的立法保障

农业保险的发展是以法律法规的完善为基础的。农业保险作为一种农业发展和保护制度，它对相关法律的依赖程度是相当强的。从国外农业保险立法的背景和农业保险制度变迁乃至农业经济发展的历史视角考察，其立法的意义远超出一般的商业规范性法律制度。

2. 建立政策性的农业保险机构

国外农业保险一般是从商业保险中分离出来，并在政府的支持下建立专门的政策性农业保险机构。在加拿大，联邦政府对农业保险的支持则实行分级负责制，即设立农业部和省两级农作物保险局；法国设立的农业相互保险集团、日本设立的农民共济会、美国设立的联邦农作物保险公司等都是政策性的农业保险机构。它们或者指导农业保险经营、或者参与经营、或者为农业保险提供再保险服务。

3. 农业保险的发展具有一定程度的强制性，立法都相对健全

美国的农业保险原则上实行自愿保险，但由于1994年美国《农业保险修正案》明确规定：不参加政府农作物保险计划的农民不能得到政府其他福利计划，如农产品贷款计划、农产品价格补贴和保护计划等；必须购买巨灾保险，然后才能追加购买其他的保险。这就在一定程度上造成了事实上的强制保险。日本通过法律明确规定，对具有一定经营规模的农民实行强制保险；对达不到规模的农户则实行自愿保险。

4. 农业保险实行低费率、高补贴的政策

美国保费补贴比例因险种不同而有所差异，2000年平均补贴

额为纯保费的53%（保费补贴额平均每英亩为6.6美元）。其中巨灾保险补贴全部保费，多种风险农作物保险、收入保险等保费补贴率为40%。美国政府承担联邦农作物保险公司的各项费用以及农作物保险推广和教育费用，向承办政府农作物保险的私营保险公司提供20%至25%的业务费用（包括定损费）补贴。日本保费补贴比例依费率不同而高低有别，费率越高则补贴越高。水稻补贴70%（费率超过4%），旱稻最高补贴80%（费率为15%以上），小麦最高补贴80%。政府对农业保险的经营者提供业务费用补贴。日本政府承担共济组合联合会的全部费用和农业共济组合的部分费用。

5. 基本上都有行政保护

农业是一个准公共部门，农业保险的发展具有极强的公共性和外部性，因此，建立对农业的支持保护体系需要探索建立政策性农业保险制度，并实施对农业保险进行一定程度的行政保护。从世界范围看，建立有政府支持的政策性农业保险制度是农业保险发展的必要。但是这并不意味着必须实行由政府直接经营和管理的模式。当然，在发展农业保险的过程中，同样需要重视效率和效用，简单地强调行政保护只能挫伤其他相关部门的积极性，最终制约和阻碍农业保险功能的发挥。

6. 政府对农业保险提供再保险支持

农业保险的保险人把千千万万家农户转嫁来的农业风险责任集合于一身，按照大数法则原理和保险经营规律，必须通过再保险方式，在更大范围内分散风险、分摊损失，在农业风险频繁发生的情况下，农业再保险就显得更为重要。国外农业保险都以各种再保险组织进行分保。美国通过联邦农作物保险公司对参与农业保险的各种私营保险公司、联营保险公司和再保险公司提供再保险支持。日本则由都、道、府、县的共济组合联合会和中央政府为市、町、村的农业共济组合提供两级再保险。

7. 各国农业保险主要以收支平衡为主要经营目标

世界各国发展农业保险的主要目的都是为了保护弱势群体——农户的合法权益，在农户收入具有一定局限性的情况下农业保险不可能以赢利为主要目的，而是从社会效益的角度来考虑，重点目标在于维护社会的稳定，经济效益则退居次要地位。当然，不能仅仅考虑社会效益而完全忽略了经济效益，否则，农业保险将会背负更多的包袱而无以为继。因而，农业保险只能以平衡收支为主要经营目标，如此既保障了农户的合法权益，又使得农业保险得以健康、持续地发展。

8. 根据国情选择模式

由于世界各国的发展历史、经济制度、社会制度、立法结构等方面都不尽相同，农业保险发展方面也自然存在很大的差异。国外农业保险组织形式有政府组织、合作组织、私营公司、公私合营股份公司等，但农业保险的特殊性决定了农业保险市场存在垄断性或低竞争性。纵观世界各国农业保险发展模式，农业保险经营主体应实行多元化的组织形式，即便是同一种模式，在每一个国家也各有侧重，不会雷同。

二、我国各地对农业保险发展模式的有益探索

（一）上海安信模式——政府扶持推动、市场化运作

作为我国第一家专业性的股份制农业保险公司，上海安信是国内农业保险运作较成功的试验基地之一。2004 年 9 月，在原人保上海分公司农险业务班底的基础上，上海市各区（县）财政或农委所属 11 家国有资产经营公司，共出资 2.2 亿元，募集发起筹建了我国第一家专业性的农业保险公司——安信农业保险公司，它实行“政府扶持推动、市场化运作”的经营模式。2005 年和 2006 年安

信分别实现保费收入1.32亿元和1.63亿元。目前，保险覆盖面已达到16%，家禽保险基本上达到100%，奶牛、水稻等的承保覆盖率达到90%，这些为上海的农业发展提供了重要的保障。

总体来看，上海安信农业保险发展具有以下几个特色之处：

1. 政府推动

政府对农业保险工作的支持主要体现在四个层面：首先，在组织形式上，组织相关部门人员成立了市、区（县）二级推进农业保险委员会，负责研究农业保险的发展规划，协调农业保险部门与各方的关系；其次，在政策导向上，制定出台了一系列扶持农业保险工作的制度和办法。2005年12月市政府出台《关于进一步推进上海农业保险工作的意见》，在政府层面上保证了上海农业保险的发展；2006年市政府办公厅针对农业保险可能面临的重大灾害导致农业保险公司的偿付危机，专门制定了巨灾保险政策，并计划将安信公司的资本金增加到5亿元。同时为保证农业保险工作顺利推进，上海还将农业保险的发展列入区（县）政府考核范围之内；再次，在工作措施上，各农口职能部门配合保险部门落实每年各项农业保险工作任务，联合召开有关险种的工作会议，进行宣传动员和具体部署，市农委领导亲自召集各部门协调农业保险中所遇到的困难和矛盾；最后，在经济层面上，实行财政补贴、给予税收优惠等。市、区（县）两级财政对投保符合上海农业产业发展导向的种、养两业保险的农户实行保费补贴，2006年上海市、区（县）两级财政补贴总额达到3200万元。此外，上海还对农业保险范围内的各类业务给予免征各种税收的优惠政策，并同时建立了特大灾害补偿机制，规定当全年累计赔付金额超出公司当年全部赔付能力时，政府将启动补偿机制，对公司无力补偿的部分由政府财力给予补偿。

2. 实行共保、统保和“以险养险”的经营方式

①共保。即农业保险公司与农业科技推广部门（包括兽医、植

保、水产技术推广站、奶牛生产技术服务站等）联合承办农业保险，实行责任共负、风险共担、利益共享等。②统保。即一个县（区）或一个乡（镇）所有同类单位共同参加保险。③“以险养险”。除传统的种植业和养殖业保险外，公司还经营财产保险、责任保险、短期人身意外伤害保险和健康保险等。公司经营财产保险、责任保险等按商业化运作，通过这些险种的收益来弥补种、养业保险可能产生的亏损，从而实行“以险养险”。

3. 通过再保险分散风险

一是由中国再保险集团提供 5%的成数再保；二是由 AONRE 作为再保险经纪人和国际再保人签订种植业的赔付率超赔合同。2005 年，安信公司通过 AONRE 支付 200 多万元购买超赔再保，摊回 2000 多万元。

4. 依托农村经济合作社的平台

在上海，安信最主要的合作方是当地合作社。通过合作社将分散的农户集中起来，这既方便了为农业提供产前、产中、产后的全程服务，又方便了农业保险业务集中承保、集中理赔的开展，节约了公司的综合经营成本。2005 年全市 200 多家农业专业合作社中，安信承保 80 多家，承保率接近 45%，保费收入 675 万元。借助合作社这个有效载体，安信农保还得以逐步推广农民的人身、家财、农机具和农村合作医疗等保险。

（二）黑龙江阳光模式——相互制农业保险

从 2005 年 1 月 11 日阳光农业相互保险公司成立至 2007 年，我国第一家推行相互制模式的保险公司已运行了 2 年多。作为一种新思路的试点，阳光相互保险在改变农业保险两难境地、探索相互制保险运行模式、发挥农业保险的积极作用等方面都做出了许多有益的尝试。

阳光农业保险公司在黑龙江垦区范围内经营种养两业险、财产保险、责任保险等十几个险种。其中政策性的种养两业险按照“独立经营、独立核算、独立补贴、独立政策优惠”的原则、以互助模式运作。2 年来，阳光农业相互保险公司的农险保费累计收入 4.5 亿元，约占全国农险保费收入的 0.3%；粮食作物承保面积达 317.1 万公顷，约占全国粮食作物承保面积的一半；共为 12 万受灾农户赔款 3.4 亿元。目前，阳光公司已向市场推出农业保险产品 35 个，涉及小麦、水稻、大豆、玉米、大麦、甜菜、亚麻、马铃薯、杂豆等多种作物，以及奶牛保险等养殖业产品，另有农村住房险、农机具险等其他涉农产品 105 个，有效防范了农户在生产经营中遇到的各类自然风险、经济风险，从而保护了农民利益。总体看，其经营特色有以下几个方面：

1. “三方共担”保费

为了减轻农民高额保费的负担，阳光农险实行了“农户缴一块、农垦总局筹一块、国家补一块”的办法，即农户承担 65%，黑龙江农垦总局和农场分别代表国家财政与地方财政承担 15%和 20%。保险社自留保费 50%，向公司分保 50%。赔付由公司和保险社按分保比例承担。

2. 实行“三到户”、“三公开”、“四定损”制度

“三到户”即承保到户、定损到户、理赔到户；“三公开”即承保内容公开、损失测定公开、赔款兑现公开；“四定损”即由定损员、保险分社、保险社与公司共同核定损失，确保准确率在 95% 以上。

3. 建立“防、保、救、赔”体系

公司将灾后补偿延伸至灾前预防，建立了人工防灾减灾体系，公司拥有 278 门高炮、95 部火箭和 8 部雷达，购置了卫星云图接收机等先进设备，建立了客户服务中心，向农户提供信息服务。1996～2004 年，每年人工增雨、防雹作业 500 至 1200 场次，累计保护 720 万公顷耕地，实现经济效益达 16 亿元。

实行大灾准备制度，用于平抑大灾风险。即按保费收入的10%提取大灾准备金，以农场保险协会为单位，当综合赔付率超过120%时，超过部分动用大灾准备金来弥补。2005年，公司共提取大灾准备金2155万元，支付大灾赔款614万元，当年积累大灾准备金1541万元。另外，为了防范巨灾风险，公司还与国际国内再保险公司签约，有效地转移了经营风险，保证了公司的稳健经营。

4. 不设保险代理人，实行会员制

公司不设保险代理人，而是按照垦区现有的“总局—分局—农场—管理区”4个组织层面组建了1个分公司、9个中心支公司、94个保险社和2000个保险分社，拥有会员14.5万人，形成了覆盖垦区的保险服务体系，并实行以公司统一经营为主导、保险社互助经营为基础的双层治理结构和双层经营管理体制。

（三）新疆建设兵团模式——兵团与保险公司联办共保

从新疆生产建设兵团农牧业生产保险公司到中华联合财产保险公司，20多年来在没有多少政府补贴、全国农业保险业务逐年萎缩的大背景下，中华联合能将农业保险业务维持下来，与兵团这种特殊的建制关系密切。中华联合财产保险公司经营农业保险20多年来，形成了较为成熟的经营模式，成为兵团农业生产不可或缺的保障之一。其经营特点有以下几个方面：

第一，在业务经营上，兵团内实行“行政要求、宣传展业”的方法运作，通过作农牧兵团党委和主要领导的工作，要求农户统一投保。

第二，在政策支持上，国家实行优惠政策，如对全兵团的种植业、养殖业以及边境农场营运所得免征所得税，兵团以各生产单位盈亏相抵后的余额交纳所得税。

第三，在风险防范上，在兵团内部建立农业保险风险基金，由师、团两级按照当年经营结余3∶7的比例提留，各团基金实行单独运作，不许互相调剂。如果发生大灾，基金不足以抵付时，由师、团按比例从其他渠道筹措资金弥补风险基金。至 2004 年，中华联合累计实现种植业保险保费收入 18.22 亿元，赔款支出 13.44 亿元，赔付率为 73.73%；其中，每公顷棉花保费平均水平为 270 元，保额灾为 3000～3750 元，平均风险保障水平为 50%。养殖业保费收入为 1.12 亿元，赔款为 0.73 亿元，赔付率为 65.39%。农业风险基金余额累计已达 1.5 亿元。

（四）吉林安华模式——以险养险，网络运作

2004 年 12 月 28 日，中国保监会正式批准吉林安华农业保险公司开业，安华农业保险公司的定位是：一是服务农业产业化建设，覆盖龙头企业产业链条的各个环节，为产业链带动的广大农户提供全方位的风险保障；二是开发适合我国农村市场的“一揽子”保险产品，为农民提供种养两业保险、财产保险、健康保险和责任保险，提供全方位、多险种的风险保障；三是通过多渠道、采取多形式，为政府代办政策性农业保险业务。

安华公司在农业保险的探索中，积极尝试了围绕和依托农业产业化龙头企业开展农业保险的方式，较好地解决了农业保险中存在的农民生产组织化程度低、农户投保能力低、保险服务水平低等问题，并客观上发挥了引导农业向产业化和集约化的发展，支持了龙头企业稳步发展的作用。其业务模式可概括为以下几个方面：

1. 依托农业产业化组织提高农户参保的组织化程度

农业生产经营的分散性和组织化程度低是影响农业发展的重要因素，而农业产业化的发展为解决这一问题提供了很好的载体和突破口。安华公司 2005 年开展的 7 项农业保险品种主要都是依托产业化组织开展的。在每一项农业保险试点的开展上，安华公司首先与农业产业化企业充分协商，由产业化组织做为投保人，产业化组织带动的参保农户为被保险人，并明确产业化组织作为投保人在组织和发动农户参保中的责任和任务，共同协商参加保险农户的标准、条款以及参保农户所应达到的覆盖面，还明确保险责任、保险

金额、费率等事项，特别是对现场勘查、定损理赔、组织领导等都作出详细规定，并签署共同开展保险合作的协议。仅 2005 年一年，安华公司先后与 10 个产业化龙头企业签订了合作协议，其中包括 4 个国家级农业产业化龙头企业，其覆盖农户达到 10 万户。通过这种依托产业化组织开展农业保险的模式，一方面有效地解决了保险公司面对千家万户开展业务所带来的高成本问题；另一方面能有效地组织农户参保，有效地扩大了农业保险覆盖面。

2. 依托农业产业化龙头企业提高农户的投保能力

广大农民对农业保险有着强烈的需求，但对高费率的保险费难以承受。为做好农业保险试点，吉林省政府对农户参加农业保险给予相应的保费补贴。2005 年吉林省各级财政补贴保费达 1207 万元，占保费的 44％，龙头企业补贴保费达 452 万元，占保费的 16.5％，农民平均承担了保费的 39.5％。而且投保时，农民只需交纳扣除各项补贴后实际应承担的部分。部分龙头企业为鼓励基地农户参加保险，先行为基地农户垫付保险费，并在产品回收时给予扣除。这种做法减轻了参保农户的保费压力，解决了农民投保能力低的问题，激发了其投保的积极性，从而将农业保险的潜在需求变为有效需求。

为加强对农业保险资金的管理，管好用好财政补贴资金，安华公司对农业保险在财务管理方面的具体做法是：①对农业保险设立单独的资金账户，封闭运行；②对农业保险的保费收入不提取准备金，支出只用于理赔和经办费用；③农业保险的经办费用在25％～35％之间据实列支；④农业保险的当年结余转入农业风险基金，用于大灾之年当年保费收入赔付不足的补充。

3. 依托龙头企业和农村经济合作组织开展农业保险

以往的农业保险所表现出的服务水平低主要体现在如下几个方面：一是现场查勘慢。由于农户的分散经营，保险公司的网点布局有限，出损时查勘人员很难及时赶到现场；二是损失鉴定难。由于保险公司缺乏大量的专业技术人员，往往是赶到现场，对损失缺乏鉴定技术，很难准确地定损；三是理赔不到位。即便是保险公司想及时赔付，分散的农户、较远的路程、较小的赔偿金额等原因也限制了保险公司开展服务的能力；四是道德风险难以控制。前三种情况往往是诱发参保农户产生道德风险的直接原因。这四项因素有一项不解决，农业保险的发展都会受到影响，如果这四种因素再相互作用，就出现了农业保险难开展的局面。安华公司重点依托农业产业化龙头企业，探索了合作解决上述四个方面问题的途径和办法，其具体内容为：

（1）共同开展防灾防损工作

产业化组织对其带动的农户管理相对比较规范，技术指导比较规范，因而农户种植和养殖的出险率比较低。加之保险公司又以产业化组织为载体，提供一些技术指导和服务，从而进一步降低了出险率。在开展白城奶牛保险过程中，技术人员在开展售后跟踪服务时发现，承保地区发生点状分布的奶牛口蹄疫疫情，并及时逐级上报；公司立即启动《养殖业保险突发疫情应急处置预案》，与龙头企业共同将承保奶牛进行有效隔离，并联合派专人密切观测疫情防控情况，因防控措施及时、得力，公司承保的奶牛没有传染上口蹄疫疫情。在梨树富邦、百信两个生猪养殖合作社开展的生猪养殖保险工作中，为了减少保险损失，安华公司在免费提供 8 种疫苗防治 10 种疾病的基础上，还专门派遣两名高级畜牧师长期蹲守在养殖一线，亲自为参保生猪注射疫苗。为加强合作社的自防自治能力，还为合作社培养了两名防疫员。去年，在周边地区大面积爆发口蹄疫的情况下，经安华公司防疫服务的参保农户没有一头生猪被疫情传染。

（2）协同开展现场查勘

农业保险一经出险，遭灾面积较大，现场查勘工作量相对集中，需及时调度和组织大量的人力物力来完成。安华公司在开展农业保险中，充分发挥了产业化组织的作用，利用其技术优势，协助保险公司迅速、准确地完成了查勘定损工作。在查勘德大公司带动的养殖户现场时，都是由德大公司的技术员参与，共同查勘，共同定损，这不仅保证了现场速度，更提高了定损的质量。2005 年全省 10 个烟叶种植基地县同时出险，安华公司在组织调度全省系统查勘力量的同时，与省烟叶公司合作，发挥县烟叶公司和各乡烟叶站的人员和技术优势，共同查勘定损，每一个现场查勘组既有保险公司的人员，又有烟叶公司的技术员。这种当场查勘、当场定损的做法深受烟农的信任。

（3）创新赔款发放方式

领取保险赔款是以往参加农业保险农户最为头疼的一件事，常常是金额不大的赔款不知要跑多少趟才能领到。安华公司在解决这一问题上，充分发挥了产业化组织作为投保人的作用。对龙头企业带动的农户的赔款，由公司将赔款拨付给产业化组织，由产业化组织通过经常与基地农户联系的便利，能在最短时间内将赔款送到农户手中；对合作社社员的赔款，由公司将赔款发放到合作社，合作社通知受灾户领取。在梨树开展的生猪养殖保险，所有得到赔偿的农户均是在合作社领取赔款，没有一户受灾农户直接到保险公司领取赔款。

2005 年，针对全省近 4100 户烟农赔款的发放，安华公司与省烟叶公司于 9 月 24 日，即保险责任期结束的第 9 天召开全省烟叶理赔现场兑现会，一次性将赔款发放给各受灾县的烟叶公司，县烟叶公司利用其各乡镇烟叶站的网络和人员在一周内将赔款全部发放到 4000 多户受灾烟农手中，这真正让农户在接受理赔服务上不仅放心，而且省心。

（4）规避道德风险和逆向选择

道德风险和逆向选择是农业保险难以解决的世界性难题。安华公司在解决这一问题上，充分利用产业化组织内部信息的透明度和对称性，促成成员之间形成相互制约和监督的机制。如，在德大肉食鸡保险上，安华公司根据德大公司向养殖户发放的雏鸡为准计算承保数量，避免了单户承保难以准确计算饲养数量的问题。玉米保险、草莓保险等都是根据产业化组织与农户签订的准确订单数量计算承保面积，这有效地避免了农户在参保时的逆选择问题。在生猪保险的现场查勘、定损和赔偿上，都有合作社内部人员的参与，这就使得查勘工作和定损金额透明公开，便于社员之间了解和相互监督。在提高效率、增强信誉的同时，也有效地避免了农户在理赔方面的道德风险问题。

从实践看，依托龙头企业和农村经济合作组织开展农业保险的优势主要体现在：保险公司不需要直接面对千家万户的农民，而利用龙头企业、农民合作社把分散的农户组织起来，统一参加保险，从而解决了农民组织化程度低带来的高运作成本；产业化组织对其带动的农户管理相对比较规范，技术指导比较到位，因此可降低道德风险和逆向选择现象。

（五）浙江共保体模式——市场运作，政府兜底

浙江省经过两年多的试点，没有设立专门的农业保险公司，而是成立了“政策性农业保险共保体”。政策性农业保险共保体是指两家及两家以上商业保险公司根据政府授权来经营运作辖区内政策性农业保险项目，按照章程约定的比例，分摊保费、承担风险、享受政策，共同提供服务的保险组织形式。共保体成员由“首席承保人”和“共保人”组成，以商业保险运作模式，实施对农业保险的承保、理赔、结算、风险准备金提存等。中国人民财产保险股份有限公司浙江省分公司为首席承保人，中华联合财产保险公司、中国太平洋财产保险公司、中国平安财产保险公司、天安保险公司、永安财产保险公司、华安财产保险公司、安邦财产保险公司、太平保险公司、中国大地财产保险公司等 9 家商业保险公司浙江分公司为共保人参与，双方共同组建了“浙江省政策性农业保险共保体”，并于 2006 年 3 月 1 日正式成立，这标志着浙江省在 2005 年 11 月运作的政策性农业保险试点正式启动。其主要特点是“市场运作，

政府兜底”。该模式确定在11个县率先进行试点，共保体经营期限为三年，从2006年1月1日开始，到2008年12月31日终止。如果取得成功经验将在全省推广。

1. 运作方式和试点选择

（1）共保经营方式

受共保体委托，首席承保的商业保险公司承担具体业务经营。共保体经营范围为农险、以险养险、涉农险三类，实行“单独建账、独立核算、赢利共享、风险共担”。按省统一公布的政策性农业保险产品目录，对进入目录的农产品参保实行保费财政补贴，原则上多保多补、不保不补。共保体与当地政府保持稳定的合作关系，保持经营的连续性。共保体章程和农险条例、费率的制定和修改须按程序批准，上报省政策性农业保险试点工作协调小组确定。

在各地上报的基础上，浙江省确定在每个市确定一个县（市、区）开展共保经营试点，试点县（市、区）包括杭州市萧山区、慈溪市、瑞安市、桐乡市、德清市、上虞市、温岭市、永康市、舟山市定海区、龙游县、缙云县。平湖市为自筹资金开展共保经营试点。

（2）互保合作方式

依托各类农业行业协会、专业合作社和农业龙头企业，按照自愿原则，建立农业生产者互助合作保险组织，实行“会员缴费、财政补助、自我管理、合作共享、专户监管、滚动发展”的方式。浙江省财政对列入试点的农业生产者互助合作保险组织给予一次性补助。试点市、县（市、区）财政给予相应配套支持。

浙江省确定金华市开展奶牛互保合作试点，衢州市开展生猪互保合作试点，三门县开展青蟹互保合作试点，杭州市萧山区为自筹资金开展生猪互保合作试点。

2. 共保经营方式的具体要求

（1）基本原则

①有限风险与责任分层相结合。实行低保障起步，保大户大灾

为主，先易后难，先试点后推广。积极应对和化解巨灾风险，实行全省范围内政策性农业保险封顶方案，合理划分和界定风险责任，确保政策性农业保险试点的可持续发展。

②全省统筹与县级核算相结合。建立省与试点县（市、区）政府政策性农业保险试点筹资分担机制。以试点县（市、区）为单位建立核算账户，强化控制超赔风险的责任。

（2）保险产品目录和保障程度

浙江省已确定的共保试点险种共有 9 个：水稻、生猪、鸡、鸭、大棚蔬菜、西瓜、柑橘、林木、淡水养殖。这并非说 9 个险种都要试点，各试点县（市、区）可根据自身农业发展特色优势和抗风险需要，按“1＋X”模式自行选择，试点品种总数一般不超过 5 个。其中，“1”即水稻为必选统保险种，“X”则是从其余 8 个险种中任选 4 个。互保险种为 3 个，分别是奶牛、生猪、青蟹。

保障程度原则上以补偿承保对象的物化成本为主，以保障农民灾后恢复生产为出发点，以大灾如台风、洪水、疾病等为主要保险责任，实行低保额的初始成本保险。以低保障为基础费率，根据需要对不同风险地区实行区域差别费率；对同一品种设计不同档次的保险费率及相应的保额，由参保者自愿选择。

（3）风险管理

浙江省政策性农险试点实行 5 倍封顶方案，承担在此以内的保险赔付责任。以试点县（区、市）为核算单位，建立共保体政策性农业保险资金专户。原则上所有农险业务和经核定的以险养险业务，均纳入共保体政策性农业保险资金专户管理。试点县（市、区）农险赔款在当年农险保费的 2 倍以内，由共保体承担全部赔付责任；试点县（市、区）农险赔款为当年农险保费 2 至 3 倍的，由共保体与政府按 1∶1 比例承担；试点县（市、区）农险赔款为当年农险保费 3 至 5 倍的，由共保体与政府按 1∶2 比例承担。政府所承担的超赔部分由省与试点县（市、区）财政分担。

条款规定，凡投保水稻种植险，需种植面积在 20 亩（含）以上的正常生长水稻，且需按当年实际种植面积投保。每亩保险金额分 200 元和 400 元两档，投保人可自行选择确定。保险责任从保险水稻秧苗在田间移栽成活返青后开始，或直播稻从播种齐苗后开始，到保险水稻收获离开田间为止。保险期间，凡因台风、龙卷风、洪水或冰雹造成保险水稻绝收损失的，都能得到赔偿。

需要注意的是，有几种情形则不予赔偿，像投保人、被保险人或家庭成员自行毁掉或放弃管理已发生部分损失的保险水稻等故意行为，他人的故意破坏行为，还有战争、敌对行动、军事行为、恐怖活动等都在不赔偿之列。此外，因种子质量造成的损失、水稻收割后的损失也是不赔偿的。每次事故相对免赔额则为每亩实际种植的水稻植株总数的 30%。

至于保险费，则按每亩保险金额（元/亩）×基础保险费率（%）×保险面积（亩）×承保区域系数计算。人保财险浙江分公司目前制定的基础保险费率为 2.5%，而承保区域系数按照一、二、三类风险区域划分分别为 1.3、1.2 和 1。像试点的 12 个县（市、区）中，瑞安、温岭属一类风险区域，定海为二类风险区域，其余均属三类风险区域。

赔偿金额是按每亩保险金额×损失赔偿比例×生长期赔偿比例×实际受损亩数来计算。其中，生长期赔偿比例为苗期 50%，苗期后 100%。损失赔偿比例为：植株死亡比例 0 至 30%（含），赔偿百分比为 0；苗期 30%至 50%（含）或苗期后 30%至 60%（含），按实际死亡比例赔付；苗期 50%以上或苗期后 60%以上的，按 100%赔付。

（4）理赔支付

共保体必须按规定及时向农户支付农险赔款。赔付分两次进行，先由共保体向农户支付核定损失 50%的预付赔款；再在保险年度末统计全省总赔款后，进行个案清算。全省全年总赔款在农险保费的 5 倍以内，则按核定的赔款扣除预付赔款后全额支付；若全年总赔款超过了全省农险保费的 5 倍，则个案赔款额为：核定赔款额乘封顶系数，减扣预付赔款额。在操作中，要实行保单明示，即对“全省全年总赔款在农险保费5倍以内按核定损失全额赔付，超5倍以上按年终核定比例赔付”的理赔责任进行明列，并要求参保农户签字使其具有法律效力。

3. 配套措施

（1）四大准则保障共保体运作

①坚持政府推动、市场运作的原则。把农业保险作为准公共产品，实行政策性指导和支持，由政府予以推动。政府对农险保费给予一定的财政补贴；对共保体实行“以险养险”的支持配套措施，对共保体经营业务实行税收优惠政策。共保体按照市场运作、风险共担的原则具体实施政策性农业保险。

②坚持分散风险、均沾利益的原则。共保方式是目前对损失概率不确定的重大项目和罕见巨灾的理想模式。共保体可以降低独家承保的风险，提高化解巨灾风险的承受能力。共保体各成员按照章程约定，除按比例承担风险责任以外，享有对盈余部分的红利分配权；按照约定的承保份额拥有对政策性农业保险项目经营利益的终极所有权。

③坚持有限责任、差异费率的原则。在试点阶段，根据浙江省巨灾风险状况和商业保险公司的承受能力，共保体通过调整赔付方式实行有限责任赔付。当全省当年农险核定赔款不超过实收保费的5倍时按核定的赔款赔付；当全省当年农险赔款超过所收农险保费5倍时则按比例赔付，由此实现最高承担当年农险保费5倍的赔付责任。共保体与政府按约定比例承担赔付责任，同时，按照不同的风险区域实行差异费率，以体现收费和风险的对价公平。

④坚持单独建账、封闭运行的原则。在试点阶段，所有农险业务、以险养险业务的收入，均建立资金专户。为积累信息和经验数据和应对巨灾风险则实行单独建账、封闭运行。农业保险业务利润逐年滚动、以丰补歉。

（2）四大支持政策力撑共保体

①农险保费财政补贴。省与试点县（市、区）政府财政对农户参加列入政策性农业保险产品目录的投保给予不低于35％的保费补贴，其中对水稻补贴不低于保费的50％。省财政在每年度的4月根据预算财政补贴数额一次性拨付给共保体，在业务年度末按照实收保费进行多退少补。

②“以险养险”配套支持。县及县以下财政拨款机关事业单位的车辆险、综合财产险等由共保体承保。车辆险由省保监局提出具体指导费率。在加强引导和自愿的前提下，支持共保体开展农村建房险等其他涉农险种的发展。各试点县（市、区）要从促进农业保险可持续发展的角度，采取有效措施支持共保体相关业务的开拓和落实。

③税收优惠政策。在试点阶段，农险享受优惠政策，包括免缴营业税。

④政府按约定比例承担赔付责任。共保体是采用自愿原则，所有共保体成员都是自愿加入的。农业保险账户实行封闭运作，农险利润逐年滚存，按章程约定进行利润分配，巨灾时能确保顺畅的资金渠道满足浙江农业保险赔款要求；遵循共保体章程，接受浙江农业保险确定的目录险种、条款、费率等。

（六）重庆农业保险新模式——保险公司＋龙头企业＋农户

目前，农业保险在各地以不同的形式开展试点。从总的情况来看，主要有两种模式做得比较成功，一种是东南沿海地区为主的政府强力补贴模式。如上海2004年9月由上海安信农业保险公司开始运作的“政府财政补贴推动、商业化运作”的经营模式，上海市郊农民可获得政府部门25～45％的保险费补贴；以及浙江省推出的“共保体”模式即一种实行政府和商业保险公司共同分担风险的经营模式；另一种是新疆在实践中摸索出的一条在政府大力推动和主导下，商业保险公司承办政策性农业保险的经营之路和积累的丰富经验，被中国保监会确定为农业保险试点的九个省区五种模式之一。其他地方政府由于财力问题，这两种模式很难复制。针对这些问题，重庆市 2005 年年初另辟蹊径，在农民经营的烟叶产业上试点农业保险新模式，推出“保险公司＋龙头企业＋农户”模式，不仅受到了农民的欢迎，也得到了业内人士的推崇。据悉，2005 年 5 月 25 日，中华联合保险公司重庆分公司与重庆烟叶公司正式签订了《烟叶种植保险协议》，6 月 1 日该协议正式启动，烟叶种植保险进入承保期。重庆市农业保险的主要内容如下：

1. 运行机制

这种农业保险模式与以往让农民一家一户投保最大的不同在于：被保险人是重庆烟叶公司，保费由公司来承担，农民一分钱不用掏，一旦发生灾害后，保险公司向烟叶公司理赔，烟叶公司再对农民进行补偿。这种做法不仅减轻了农民负担，而且农民与保险公司无合同关系，不会有法律争议。

2. 理赔方式

按照协议规定，理赔上主要有三个大的原则：①确定小的自然灾害不赔，每亩损失在 100 元内的不赔；②确定了最高赔付额度，1 亩最高为 400 元，以让农民维持基本生活和再生产为目的；③对赔付额度总量限制，最多在 1200 万元。

3. 风险规避

这种模式避免过去以一区一县范围展开的方式，保险公司为重庆市烟叶生产购销公司办理了重庆辖区内所有烟叶种植地的烟叶种植成本保险，承保总面积为 65 万亩，统一承保在很大程度上规避了风险，这是此种模式运行的前提。

我国从 2004 年开始大规模的农业保险试点工作，目前已取得不小的进展，上海、浙江、江苏等地通过“政府推动，市场运作”模式，农业保险市场已得到极大拓展。但由于这种模式中财政补贴占到很大的份额，需要以强有力的政府财力作后盾，而其他欠发达地区的财力目前还达不到这种程度，因而很难推广开来。而重庆“保险公司＋龙头企业＋农户”模式则具有很强的推广价值，可以被广泛复制。从重庆的实践来看，农业龙头企业直接与保险公司进行对接，农民不用直接支付保费，虽然企业多交了一定数量的保费，但农民利益得到了保护，因而能够吸引更多的农民加入到农产品基地生产中来。保险公司有效地解决了直接面向农民存在的保险标的小、分布广、勘察难、理赔难等一系列问题，降低运作成本，保险公司也很乐意接受。在保护农民利益上，企业的补贴转化为保险理赔，更能保证客观公正。龙头企业、保险公司和农民三方的利益都得到保障。目前，各地都在推进农业产业化经营，“公司＋农户”是主流模式，但当遇到自然灾害时候，由于“公司＋农户”模式中缺少农业保险这个环节，农民利益很难得到保护，而重庆尝试的这种保险模式成功地把保险公司嵌入了产业链中，弥补了这个缺陷，所以能够更有力地推动农业产业化发展。其他县市应积极借鉴这一模式，有条件的情况下还可以在花卉、苗圃、畜牧业等领域进行试点，从而形成一种农业与保险良性互动的长效机制。

（七）四川安盟模式——外资试点

2004 年 10 月安盟成都分公司正式开业，其业务主要涉及由禽类饲养而扩展到农业生产、经营以及农民日常生活中可能遇到的风险等方方面面。作为首家进入我国农险市场的外资保险公司，安盟具有百年积累的丰富经验和强大的网络、资金和管理优势，但几年来的实践证明，盛名之下的安盟在农业保险领域的成效与人们当初的预期相差甚远。2005 年全年营业收入仅为 156 万元，2006 年则为 496.914 万元，不到全国农险份额的 0.59％。纵观来看，安盟的具体做法有以下几点。

1. 价格低廉、保障全面，提供特色综合性保险

安盟产品最大的特征是保障全面。安盟向农民提供的是“一揽

子”产品，不仅对农民家庭财产、牲畜养殖等基本生产生活提供风险保障，也包括对农民工和农村经营第三产业人口的医疗、安全生产以及意外伤害带来的直接和间接损失提供保险保障。另外，安盟还对国内不予承保的风险以及不予承保的对象提供保障；安盟产品的第二个典型特点是价格低廉，农民负担轻。安盟销售的第一批产品中，有一种“农村旅游和娱乐责任保险”，也就是我们通常所说的“农家乐保险”，该项产品每年只需交50元，就可享有48万元的第三者责任保险；安盟公司的第三个特点是非常注重服务，认为服务的好坏直接关系到承保风险的控制和续保业务的发展。

2.“两条线”的特色营销体系

安盟公司非常注重服务，认为服务的好坏直接关系到承保风险的控制和续保业务的发展。采取“两条线”方针，是公司加强保险服务的具体措施。一条线是销售网，一条线是技术支持网。安盟严格培训农村代办员，并要求代办员在销售产品的同时，还要做好本村的售后服务工作，以起到连接公司与农户的桥梁和纽带作用。技术支持网由各乡镇兽医防疫员和其他农业专业技术人员组成。安盟公司目前正与地方政府相关部门及兽医站协作建立为农民提供售前、售中、售后服务的兽医网络。技术人员在协助销售的同时，也为核保和理赔提供技术支持。

三、国内外农业保险发展模式的经验和启示

（一）市场经济发达的国家农业保险运作经验

1.具有健全的经营和组织管理机构

市场经济发达的国家农业保险的成功运作，首先得益于健全的经营管理机构，例如，西班牙有四个农业保险的经营管理机构，并且分工具体、职责明确。其具体内容如下：

①经济与财政部保险司。西班牙农业保险法规定，经济与财政部是农业保险公司的监管机构：一是对私人保险公司进行财务监控，确保各公司有足够的财力用于理赔；二是根据年度保险计划，安排财政补贴资金；三是根据保险公司的要求，合理调节保险费率；四是负责确定各保险公司持有国家农业保险总公司的股份。由经济与财政部按照各保险公司保险业务的市场份额、企业资质、从事农业保险的历史与经验等因素确定；五是审核、监督保单价格。

②农业部农业保险局。西班牙农业部专门成立了农业保险局，行使对农业保险管理的职责：一是负责险种的可行性研究，提出年度出台新险种的建议；二是负责审核制定保险合同条款；三是参与农业保险体系建设，协调政府机构、私人公司和农业工会的关系；四是根据不同地区、不同作物生产技术管理的规定，对投保农产品的产量与价格进行预测，提出保险公司是否理赔的建议；五是宣传农业保险知识，鼓励农民参加农业保险。

③农业再保险公司。农业再保险公司是隶属于经济与财政部的农业保险机构，它有三个职能：一是聘用与管理所有的损失评估技术人员，并按照国家公务人员的待遇支付报酬；二是发挥与私人保险公司类似的作用，即进行损失评估、支付保险金；三是进行再保险业务，受政府委托为私人保险公司提供再保险。

④农业保险总公司。其职能是对农业保险发挥行业监督作用：一是草拟成立农业保险公司的条件；二是负责设计具体险种，报有关部门审核；三是制定保险合同内容，依据法规和具体险种，明确合同的综合条款和特殊条款。法国是一个农业比较发达的国家，为了补偿农民因自然灾害造成的经济损失，从1840年成立了第一家地区性相互保险公司以来，已经形成了以下比较健全的机构体系：一是建立农业合作保险组织。农民以互助共济为原则，在自愿的基础上将防险与保险相结合组织成立了民间性的农业保险合作基金；二是建立政策性的农业保险机构。在政府的支持下，把农业保险从商业保险中分离出来，建立了不以赢利为目的的政策性农业保险机

构；三是建立政府和社会共同联办的农作物保险集团。法国的农业相互保险集团是以政府控股为主体，社会参股的形式建立起来的股份有限公司；四是创立了再保险机构。为了增强承保能力和更好地分担风险，1966 年法国在大区范围内创立了再保险机构，众多的地方互助保险合作社由大区社再保险，大区社又由中央社再保险。

2. 实行强制保险与引导保险相结合的制度

市场经济发达的国家大都通过有关法律法规，或对有关保险项目实行强制保险，或将参加农业保险和享受其他农业优惠政策联系起来，以吸引足够大量的农户参加保险。日本在 1947 年的《农业灾害补偿法》中规定，凡对国计民生有重要意义的粮食作物、牲畜等列为法定保险范围，进行强制性保险。1978 年，西班牙颁布了《农业保险法》，提出由农民自愿参加保险，政府对私人保险公司提供再保险，并对农民的保费给予补贴；不参加农业保险的农民，遭灾后政府不给予任何援助。同时提出农业保险的目标，就是要逐步将所有的农业领域都纳入农业保险的范围。《农业保险法》颁布后，农民的参保意识明显增强。1994 年美国《农业保险修正案》明确规定，不参加政府农作物保险计划的农民不能得到政府其他福利计划，如农产品贷款计划，农产品价格补贴和保护计划等；必须购买巨灾保险，然后才能追加购买其他的保险。法国《农业保险法》规定，对一些关系到国计民生的主要农作物（水稻、小麦、大麦、果树等）和主要饲养动物（牛、羊、马、猪、蚕等）实行强制性保险。

3. 对农业保险实行全方位的支持

①补贴对象全方位。补贴对象可以是农民或是开展农业保险的经营主体。例如，法国政府对农民所交保险费的补贴比例在50%～80%左右，也就是说，农民只需交保费的 20%～50%左右，其余部分由政府承担。从 1995 年起，美国政府为了鼓励部分商业性保险公司开展农业保险业务，为开办农业保险的 19 家保险公司提供

其相当于农险保费的31%的补贴。

②补贴内容全覆盖。既有对费率进行补贴，又有对经营主体管理费用进行补贴，还有对经营主体经营亏损进行补贴。美国政府承担联邦农作物保险公司的各项费用以及农作物保险推广和教育费用，向承办政府农作物保险的私营保险公司提供20%～25%的业务费用补贴。法国每年要做一次保险预算，按总额不少于农业保险保费总额的20%～50%建立专项基金，用于满足国营保险公司入不敷出时的急需。

③补贴方式多样化。可以直接补贴农民，增加农民收入，也可以以政府对农业保险提供再保险的形式支持农业保险。美国通过联邦农作物保险公司对参与农业保险的各种私营保险公司、联营保险公司和再保险公司提供再保险支持。日本则由都、道、府、县的共济组合联合会和中央政府为市、町、村的农业共济组合提供两级再保险。

④补贴比例四成以上。美国保费补贴比例因险种不同而有所差异，2000年平均补贴额为纯保费的53%，其中巨灾保险补贴全部保费，多种风险农作物保险、收入保险等保费补贴率为40%。日本保费补贴比例依费率不同而高低有别，费率越高，补贴越高。水稻补贴70%（费率超过4%），旱稻最高补贴80%（费率为15%以上），小麦最高补贴80%。

⑤实行相应的税收优惠政策。为了调动农业保险经营者的积极性，很多国家采取了税收优惠的措施支持农业保险的发展。如：美国《联邦农作物保险法》规定联邦政府、州政府及其他地方政府对农作物保险免征一切税赋，经营农业保险的私营保险公司除缴纳1～4%的营业税外，免征其他各种税收。

4. 实行相对科学、灵活的补贴政策

①补贴标准有所侧重。一是对不同的投保主体实行不同的保费补助标准。如西班牙（下同）对全职农民的补贴标准要比兼业农民高出5%～14%；对女性农民的补贴标准要高于男性农民；对集体

投保的农民补贴标准要比个人投保高5%等。二是对不同农作物的保费实行不同的补贴标准，稀有珍贵作物的补贴标准比一般农作物要高20%左右。

②对不同的投保标的实行不同的保险费率。大体上分为两个部分：第一部分是可行标的的保险，费率一律为18%，如粮食等谷类作物、柠檬、土豆、畜禽以及工业用农作物（如棉花、油菜、向日葵、烟叶等）；第二部分是试验性标的的保险，平均保险费率为23%，最高达到28%。如对没有灌溉条件的谷类作物、甜菜、酿酒用葡萄等，都实行28%的保险费率。对同一作物，根据保险的具体标的不同，也实行不同的费率。如对橄榄自然灾害保险的费率为18%，而对橄榄稳定产量保险的费率则为28%。

③通过调整保费补贴和保险费率的标准来调整农业种植结构。政府如不想鼓励发展某种产业或产品，就通过减少保费补贴或提高保费费率的办法来进行调整。

（二）国外农业保险发展模式带来的启示

1. 建立高层次的农业保险法规势在必行

目前，我国有关农业保险的法律法规几乎仍是一片空白。我国的《保险法》实质是一部商业保险法，而农业保险中的一大部分也是政策性保险。商业保险与政策性保险的经营目标大相径庭，《农业法》也只是泛泛谈及，没有具体的法律规定。应尽快立法以保障和促进农业保险的发展。以法律的形式对农业保险具体的目的、目标、保障范围、保障水平、费率厘定、赔付标准、实施方式、组织机构及运行方式、初始资本金筹集数额和方式、各级政府的作用与职能、管理费和保险费分担原则、异常灾害条件下超过总准备金积累的赔款和处理方式、税收规定、各有关部门的配合、资金运用等方面进行详细而明确地规范。只有这样才能使农业保险依法实施，才能使保险机构依法经营，才能使农民权益依法得到保障，因地制宜地探索农业保险的组织形式。

2. 发展农业保险不能完全依靠市场手段

农业保险存在一定的逆向选择和道德风险问题，自然条件比较好的地区农民不愿意参保，自然条件恶劣的地区农民投保积极性高，投保后的农户在面临灾害时防灾抗灾的主观努力下降。这些现象是农业险赔付率和保险费率过高的重要原因之一。从性质上看，加上农业保险属于准公共产品。完全依靠市场机制来提供准公共产品，必然会出现供给不足的现象。近年来，农业保险保费收入仍出现连续下滑的情况，究其根本原因，就是在国家政策支持不足的情况下，商业性保险公司不愿意经营亏损的农业保险业务。中央财政税收政策支持不到位导致两个后果：一是从付费能力看，我国农户生产规模小、收入低、保费支付能力弱，如果没有财政补贴，农民保费支付能力低的问题就不能得到有效解决；二是从保障程度看，由于没有财政税收优惠政策的支持，农业保险的保险责任和保障程度得不到扩大和提高。如果按商业化操作的要求制定保险费率，农民买不起；如果按农民可以接受的标准制定保险费率，保险公司赔不起。因此，国家的政策支持对农业保险的发展是必不可少的。

3. 应选择财政补贴下市场化经营的模式

对农业保险的发展而言，政府的政策支持必不可少。2004 年，全球自然灾害和人为事故共造成损失 1230 亿美元，其中保险赔付 490 亿美元，比例接近 40%。与此相比，我国的保险赔付比例不到 1%。但由于我国政府财力有限，农业保险由政府完全包下来，这做不到也不符合国情。在当前起步阶段，可采取政府主导下的、政府与商业保险公司相结合的“混合经营”模式，作为我国农业保险起步阶段的主导形式。我国政策性金融机构的发展经验表明成立政策性的农业保险公司可能会造成低效和浪费。因此，应该通过政策引导和财政补贴，充分发挥商业性保险公司的作用。把能够市场化运作的工作完全交给商业性的保险公司，最大程度地发挥市场机制的作用，提高农业保险的经营效率。商业性保险公司经营农业保险，应该设立专门账户，单独核算。除了支持现有的商业性保险公司经营政策性保险业务，还可以设立专业性农业保险公司，发展农业互助保险组织，通过多种方式来推动农业保险发展。

4. 各地农业保险模式应因地制宜而不搞一刀切

我国地域辽阔，经济发展水平差异较大。在幅员辽阔的农村，既有东部发达地区的特殊需求，也有中西部不发达地区的特殊需求，既有脱离贫困走向小康的新一代农民，也有需要救助的贫困弱势群体，梯度效应十分明显。为此，要采取分类指导的办法发展各地保险业务，不同的地区、不同的农户投保意愿决定了模式的选择不能搞“一刀切”，需要区别对待。如何进行农业保险，各地区可根据自身的风险特点、农业经济发展以及财政能力有所区别。我国的农业保险不能走单一的经营模式，只能先在具备条件的地区和市场开展试点，摸索总结经验，最终建立多层次体系、多渠道支持、多主体经营的政策性农业保险制度。

5. 中央财政应分步将补贴提高到农业增加值的1%

从美国的情况看，政府对农业保险的保费补贴约占农业增加值的1%。在我国，考虑到目前城乡加上“收入”差距迅速扩大的现状，我国政府对农业保险保费的最终补贴目标不应该低于农业增加值的1%，按照2004年的农业生产情况，补贴总额应该在207亿元左右。由于国家财政承受能力以及新的农业保险体系成熟需要一个过程，可以在5年到10年内，逐步把对农业保险的保费补贴提高到农业增加值的1%，每年提高0.1到0.2个百分点。

6. 各级财政应积极落实对农业保险的补贴

发达省份的农业保险补贴可由各省财政负担，落后省份的农业保险补贴可由中央和地方财政共同负担。国家对农业保险的补贴需要解决的3个主要问题包括农民买不起保险的问题、农业保险经营成本过高的问题、农业保险中巨灾风险难以分散的问题等。因此补贴主要分为如下三个部分：一是对保费的补贴。对保费的补贴应该主要针对大宗农产品，即水稻、小麦、玉米、大豆、棉花等，对保费补贴的比率平均应高于50％；二是对承担农业保险的商业性保险公司补贴一部分营业费用，补贴的数额可以根据具体情况确定；三是对农业保险的再保险提供资助，为农业保险建立巨灾补偿基金。

7. 逐步建立农业保险联保机制和再保险机制

我国因缺少农业保险联保机制，面对高风险的农业投资项目，无法合理分散农业投资风险，也无法联合各家保险公司对农业投资项目进行共同联保，使得农业保险自我国恢复保险业以来就处于一筹莫展的境地。中央政府应出台关于农业保险联保机制的相关政策性措施，在财政税收上对开设农业保险险种并开办农业保险业务的商业性保险公司给予更加优惠的政策性支持和财政性补贴。为更好地规避农业投资风险，对关系到国计民生和对社会经济发展有重大影响的农、林、牧、渔等产品的生产应由政府牵头组织各商业性保险公司共同联保，建立农业保险联保机制，全面推行农业保险联保制度。同时，中央政府必须借鉴经济发达国家在农业保险方面的先进经验，强力推行农业保险再保险制度。对关系国民经济发展的农、林、牧、渔等产品的生产应由政府牵头组织国内具有再保险经验的商业性保险公司为农业保险进行分保，设立专项基金，盈余之年基金滚存，大灾之年用滚存基金进行赔付，差额部分由政府补贴。这样可以体现全国不同地区和不同年份之间的互济作用，以进一步分散农业保险风险，降低农业保险的风险责任。

8. 实行法定保险和自愿保险相结合的政策

引导农民和农村合作经营组织建立农业保险合作社，形成以农业保险公司为主导、多元化、多层次、全方位的农业保险组织体系（世界上大多数国家普遍建立了农村保险合作社，即由农民、农村经济组织自愿出资形成的非赢利性的合作保险组织，对管理严格、运作规范的保险合作社，政府也给予财政支持）。根据政府对农业和农村发展的经济和社会目标，对有关国计民生和经济社会发展目标的实现有重要意义的少数几种农林牧渔产品的生产实行法定保险，其他产品的生产实行自愿保险。宜将农业保险和农业信贷结合起来，凡有农业生产借贷的农业保险标的，即使自愿保险项目也应依法强制投保，政府至少对法定保险险种提供保费补贴。此外，农产品加工部门和农产品消费者都应通过一定的渠道分担部分保险费。保费补贴和分担可因保险险别、险种、保障水平的不同和地区经济发展的差异而有所区别，适当推行强制投保。一方面，只有通过强制投保，才能在足够大的领域内分摊风险，避免逆向选择，降低农业保险费率；另一方面，只有通过强制投保，才能大大减少保险公司经营农业保险的经营性支出，这两个方面都有利于减少财政补贴的成本。世界上农业保险运行比较成功的国家，农业保险品种的投保都存在着一定的强制性。在我国，农业保险发展比较成功的新疆和上海，投保也存在着一定的强制因素。但是，在强制投保的制度设计上，应该注意避免强制投保演变成乱摊派的倾向。

（三）国内农业保险发展模式的经验与启示

1. 政府推动和大力支持是前提

国内农业保险发展的经验表明，政府重视农业保险，它就大力发展；反之，它就萎缩，就会大起大落。政府对农业保险的支持主要体现在以下几个方面：①经济支持。通过增加对农业保险的投入，建立农业风险基金，提供再保险等。如上海市不仅建立了市、县（区）农业保险风险基金管理委员会，而且在农村建立了多层次、相互联系的农业专项保险基金，并完善了农村灾害补偿制度；②政策与制度支持。通过制定相应的农业保险法规、条例，使农业保险活动有法可依；③必要的组织与行政支持。通过研究制定适合的农业保险制度，加强领导、组织、宣传、推动，协调农业保险与各方面的关系等。如上海市政府组织相关部门人员相继成立了市、区（县）二级推进农业保险委员会，专门负责研究农业保险的发展规划，协调农业保险部门与各方的关系。此外，对农业保险中遇到的困难和矛盾，市农委领导亲自召集各有关部门进行协调，为农业保险事业顺利发展提供了极大的支持和帮助。如在新疆农业保险发展过程中，兵团曾 7 次发文支持农业保险。

2. 财政政策扶持是重要条件

农业保险是一种对政策性因素依赖较强的特殊险种，非常需要财政政策的扶持，财政政策的扶持为农业保险的发展营造良好的氛围，创造发展条件。具体来说主要是根据地方财政条件，对农业保险实行适当补贴和税收优惠等。上海农业保险的成功在很大程度上与上海各级财政的大力支持是分不开的。正是由于有了财政补贴，上海的保险费率才低于全国平均水平（其中水稻的保险费率在 1.2%左右，奶牛在 1%～3%），水稻和奶牛的承保覆盖率才会高达 90%。再如阳光与黑龙江畜牧局合作开展了奶牛保险试点业务，省财政局补贴 1000 万元，为其在全省开展奶牛养殖保险业务奠定了基础。目前已承保奶牛 500 头，保费收入达 10.8 万元。

3. 统保、共保、再保等是有效的经营方式

①统保。统保制度一方面增加了农业保险的覆盖面，同时也遵循了保险大数法则，有效地防止了逆向选择；另一方面，还可以在减灾、定损、理赔等环节上统一标准和手续，有利于规范化和科学化管理，同时也减轻了工作量。

②共保。共保制度既解决了农业保险业务部门人手少，技术力量弱、定损经验不足等难题，又调动了农业技术人员的积极性，有利于建立“防赔结合，以防为主”的保险机制。

③再保。农业保险再保制度可以解决农业保险地域狭小性和农业灾害广泛性的矛盾，从而分散农业风险。2005 年，安信公司就尝到了再保险的甜头，以 200 多万元的代价获得了 2000 万元的超赔补偿。

4. 农村经济合作社是一个重要平台

合作社已被视为开拓农业保险市场的新载体。农民对保险知识的贫乏，是农业保险发展的障碍之一。如果认识上没突破，政府再怎么补贴，农民的投保积极性也是暂时的。安信保险公司在调查中发现，由于农业生产分散，一家一户，农业保险不易开展；而农民专业合作社的建立，不仅把分散的农户集中起来，为农民提供了产前、产中、产后的全程服务，形成了生产规模，而且方便了农业保险业务集中承保、集中理赔的开展，节约了保险公司的综合经营成本。上海仓桥水晶梨合作社就是这样一个重要载体。2005 年上海遭遇“麦莎”等台风，虽然保险公司给予参保户每公顷补偿费 1.5 万多元，但当时只有不到 50％的社员投了保。可经过合作社的宣传和讲解，2006 年社员们 100％都投了保。

5. 强制投保与自愿投保相结合是正确选择

保险依靠“大数法则”运营，没有相应规模就很难有效益，所以，只有大面积承保才能相应地分散风险。因此，必须借助行政手段，通过必要的强制保险才能扩大保险面，提高农业保险的参与率，保险公司才具有赔付的实力。新疆建设兵团农业保险的实践表明，在保险实施方式的选择上应强化宣传、区别对待，实行强制投保与自愿投保相结合的方式。

第六章　新农村建设中的农业保险模式探讨

“三农问题”一直是我国经济发展的最大障碍，也是社会不和谐的重要因素。中国是一个农业大国，农村人口占大多数，农业和农村发展搞不上去，农民生活得不到显著改善，我们就不能实现全面建设小康社会的目标，不能实现全国的现代化，不能实现国家的长治久安。党的十六届五中全会作出关于“建设社会主义新农村”的决定，是党中央面向新世纪构建和谐社会做出的一项重大战略决策，也是全面建设小康社会的内在要求和必然选择。推进社会主义新农村建设，是我国国民经济和社会发展第十一个五年规划的重要部署，也是一项能够惠及广大农民群众的民心工程，给我国农业和农村发展带来了重大机遇。农业要发展，农民要富裕，农业保险必须做强、做大、做专。

一、社会主义新农村建设的基本内容

“社会主义新农村”这个名词，无论是在我国计划经济时代或者是在社会主义市场经济时代，曾经多次出现在中央的有关文件中。1949 年中国共产党执政后，政府便提出了“新农村”概念。只是由于后来政治运动不断，才使这一概念一直无法落实到行动上。1980 年年底，中央提出了建设“小康社会”的目标，内容里自然包括了新农村。到 20 世纪 90 年代，中国各地围绕小康目标掀起了建设小康示范农村、文明生态村、新家园建设村等高潮，展示了中国新农村的美好前景。1999 年，中共十五届三中全会提出要建设“富裕、民主、文明的社会主义新农村”。2004 年，中国政府在农村工作会议上再次提出“努力建设生产发展、生活富裕、生态良好的社会主义新农村”。2005年党的十六届五中全会通过的《中共中央关于制定国民经济和社会发展第十一个五年规划的建议》(以下简称“建议”)，提出了建设社会主义新农村的重大历史任务。十六届五中全会所提建设“社会主义新农村”，则是在新的历史背景中，在全新理念指导下的一次农村综合变革的新起点。

新中国成立50多年来，我国农村大致经历了以下三个发展阶段：第一阶段是计划经济体制时期。建国以后，一个以户籍制度为核心的城乡二元社会结构逐步建立起来；第二阶段是从计划经济体制向社会主义市场经济体制过渡时期。但在社会转型过程中，由于思想观念和制度建设的相对滞后，使农民逐渐演变为改革成本的主要承担者和利益受损的弱势阶层；第三阶段是统筹城乡发展阶段。党的十六大明确提出了统筹城乡发展的重大战略。一个以人为本，注重公平、统筹发展的执政理念开始得到广泛的认同，新的农村管理体制的改革也呼之欲出，建设社会主义新农村具备了成熟的历史条件。

(一) 社会主义新农村“新”在哪里

1. 关于社会主义新农村建设“新”在哪里的不同观点

新中国成立后，我国的农村经历了以人民公社运动为重要内容的一个新变化；以党的十一届三中全会为标志的改革开放后，又经历了一场以“农村家庭联产承包责任制”为核心内容的新变化。建设社会主义新农村从字面上似乎没有太多的新意，但在全面建设小康社会进入关键时期，改革开放进入攻坚阶段，将此提高到国家战略的高度，则蕴涵了太多新的意义。社会主义新农村建设“新”在哪里？关于这个问题，学术界有几种代表性的观点：

①林毅夫认为，推动社会主义新农村建设，就是要加强农村公共基础设施建设，改善农民生活消费环境，启动农村巨大的存量需求，消化掉过剩生产能力，农村劳动力向非农产业转移，以及增加

农民收入，因此，公共基础设施建设是社会主义新农村建设的着手点，社会主义新农村建设的对象应是自然村，社会主义新农村建设的资金应以公共财政为主。

②温铁军认为，社会主义新农村建设的新就新在农村的发展能够体现科学发展观的要求、体现和谐社会的要求。随着工业化、城市化的发展，通过城市对农村的反哺、工业对农业的反哺，农业得到了可持续发展的基础，这使农村社会能够实现和谐。社会主义新农村建设的“新”主要体现在以下三个方面：第一，城乡之间的良性互动，改变以往简单化地加快城市化的倾向，全社会都来更加关注并致力于农村的综合发展。第二，农村社会制度的完善和农村和谐社会的构建，应逐步建立起比较符合农村实际的社会保障体制，逐渐把在城市中已经相对过剩的社会文化资源引向农村，适当地引入外来志愿者帮助农民把各种社会文化组织发展起来，比如成立老年协会、妇女协会。这些工作做到位了，就能率先在农村达到构建和谐社会的目标。第三，农村人文传统和自然环境的全面恢复，应该重新恢复农村本来就拥有的田园风光，农民应该生活在一种相对比较和缓、比较和谐的社会人文环境之中，让一些精神紧张、不堪污染的城里人被田园诗般的农村所吸引。

③贺雪峰认为，建设社会主义新农村的核心就是要建设一个让农民出得去、回得来的，可以容纳 9 亿农民在其中完成劳动力再生产，在其中过上体面而有尊严生活的社区共同体；新农村建设的战略任务，就是要通过建设社会主义新农村，使农民安居乐业，至少可以温饱有余，有生存得下去的环境，从而使城乡之间良性互动；在城市经济发展、就业机会增多，务工经商收益增加的时候，农民可以进城务工经商；而当城市经济不景气，就业减少时，进城农民可以选择回到农村，有了稳定的农村，中国现代化就有了回旋余地，就可以立于不败之地。

④农业部农村经济研究中心主任柯炳生认为，社会主义新农村应包括新房舍、新设施、新环境、新农民、新风尚等 5 个方面。因

地制宜地建设各具民族特色和地域风情的住房，房屋建设要符合节约型社会要求；完善基础设施，道路、水电、广播、通讯、电信等配套设施要俱全；生态环境良好、生活环境优美，尤其在环境卫生处理能力上要体现出新的时代特征；新农民是指有理想、有文化、有道德、有纪律的“四有农民”；新风尚就是要移风易俗，提倡科学、文明、法治的生活观，加强农村的社会主义精神文明建设。

以上观点对社会主义新农村建设“新”的理解，各有所侧重。林毅夫强调了新农村建设物质领域这一个方面；温铁军强调的是农村和谐发展方面；贺雪峰侧重的是统筹城乡发展方面；柯炳生侧重的是农村物质文明和精神文明建设方面。

2. 社会主义新农村建设“新”的含义

我们认为，社会主义新农村建设是具有深刻社会变迁含义的战略性构想和举措，社会主义新农村建设“新”在它是一个经济、政治、文化和社会建设四位一体的综合概念，是社会综合发展程度的标志。这一新做法突破单兵作战模式，把农村发展放到现代化进程中的大背景中进行谋划与通盘考虑。新农村建设从解决农民最普通、最平常的生产生活基本问题入手，把提升农村经济、提高农民素质、改善农村面貌、建设农村社会有机地统一起来。

社会主义新农村首先“新”在从促进统筹城乡发展，建立工业反哺农业、城市支持农村的机制出发，提出了农村工作的新思路。《建议》提出，要在积极推进城乡统筹发展的前提下建设社会主义新农村。随着我国经济的快速增长和综合国力的明显提高，逐步改变城乡二元经济结构的条件正日渐具备，总体上看我国已经到了“以工促农、以城带乡”的发展阶段。而现阶段统筹城乡发展，就是要坚持“工业反哺农业、城市支持农村”和“多予、少取、放活”的方针，以充分调动广大农民的积极性。为此，要合理调整国民收入分配格局，建立以工促农、以城带乡的长效机制；加快形成有利于农业、农村发展和农民增收的市场机制；加快形成有利于促进农村公共事业发展的机制。

社会主义新农村还“新”在从促进农村经济社会全面发展、加快改善农村的生产生活条件和整体面貌出发，提出了农村工作的新要求。《建议》提出的社会主义新农村 20 字要求，也可以说是新农村的具体体现，其内容丰富、涵义深刻，全面体现了新形势下农村经济、政治、文化和社会发展的要求。“生产发展”是建设新农村的物质条件，“生活宽裕”是建设新农村的具体落实，“乡风文明”是建设新农村的思想基础，“村容整洁”是建设新农村的环境氛围，“管理民主”是建设新农村的体制保障。

社会主义新农村“新”在以建设社会主义现代化全局的眼光，从适应我国经济社会发展新阶段的必然要求出发，把农村工作提到了新高度。“三农”问题一直是制约我国发展的根本性问题。没有农业的稳定，就没有国民经济的稳定；没有农村的发展，就没有国家的真正发展；没有农民的富足，就没有国家的持久繁荣。只有近八亿农民都加入到现代化的进程，才能盘活国民经济全局，实现长期持续的发展；只有广大农村明显改变落后面貌，才能实现更大范围、更高水平的小康。

社会主义新农村建设不是简单的以工促农，以城带乡就能完成的，更不是简单的城镇化，而是深刻的农村社会变革，在保障农民基本权益的前提下，营造一个逐渐打破二元结构的社会环境，营造一个公平竞争的制度环境，使农民有更多更平等的机会参与社会进步和分享改革成果。唯此，新农民才会出现，新农村才会建成。新农村也恰恰应该新在这里。生产发展，是新农村建设的中心环节。

（二）社会主义新农村建设的具体内容

社会主义新农村建设的基本内容，就是十六届五中全会对新农村建设提出了“生产发展、生活宽裕、乡风文明、村容整洁、管理民主”的要求。这二十个字的要求是一个有机整体，既包括发展农村生产力，也包括调整完善农村生产关系和上层建筑；既包括农村的物质文明建设，也包农村的精神文明建设。建设社会主义新农村的目标是一个全面而系统的发展目标，各方面相互联系、相互促进，共同构成一个整体。

1. 生产发展、生活宽裕是物质文明方面的目标和要求

物质文明建设是精神文明和政治文明建设的基础。要建设社会主义新农村，必须要以经济建设为中心，以生产发展为首要任务，以提高农业综合生产能力为建设重点。所谓生产发展，就是要进一步加强农业的基础地位，推进农业和农村经济结构的战略性调整，使农业产业化水平和农业综合生产能力不断提高。发展生产的根本目的是要千方百计增加农民收入，不断提高广大农民的物质文化生活水平。因此，生活宽裕是建设社会主义新农村根本目的在物质方面的具体体现。我们建设社会主义新农村，就是要贯彻以人为本的思想，使农民的收入逐步提高，衣食住行条件不断改善，使农村居民过上更加富足的生活。

2. 乡风文明、村容整洁是精神文明方面的目标和要求

精神文明建设可以为物质文明和政治文明建设提供智力支持、精神动力和稳定的社会环境。建设社会主义新农村，不仅要发展农村经济，提高农民生活水平，而且还要提高农村的文明程度，改善农民的生活环境，建设一个社会秩序良好、生活环境优越、文明祥和的新农村，其具体体现就是乡风文明、村容整洁。

乡风文明主要是指农民群众的思想道德水平和科学文化素质不断提高，农村的教育、科学、文化、卫生、体育等事业更加发展，形成一种健康向上、文明祥和的良好社会氛围。村容整洁是农民生活环境的具体要求和体现。村容整洁主要是指通过对农村环境的治理和建设，使农村的生态环境、人居环境明显改善，村容村貌整洁，实现人与自然和谐相处。

3. 民主管理是政治文明方面的目标和要求

建设社会主义新农村，必须充分调动农民的积极性、主动性和创造性，这就需要在农村党组织的领导下，充分发展村民民主，健

全和完善以民主选举、民主决策、民主管理、民主监督为主要内容的充满活力的村民自治机制，不断提高农民的自我教育、自我管理能力，保障广大农民群众依法管理自己的事情，创造自己的幸福生活，为农村的物质文明和精神文明建设提供政治保证和支持。

总之，社会主义新农村建设的目标，是一个包括了农村物质文明、精神文明、政治文明建设以及构建和谐社会四位一体的综合概念，是全面建设小康社会的目标在农村建设方面的具体体现。

（三）生产发展是新农村建设的首要任务

建设社会主义新农村涉及面广、内容丰富，涵盖农村经济、政治、文化、社会等各个领域，涉及农村、农民、农业问题的方方面面，任务艰巨而繁重。发展经济是建设新农村的中心环节，是重心和根本，是新农村建设的首要任务和主要途径。

在"20字目标"中，头一条就是"生产发展"。没有经济发展，其他一切无从谈起。物质是基础，生产发展是社会主义新农村建设的基础。只有经济发展了，其他的方面才有前提和基础，如果没有生产的发展，没有农村的自我发展的内生机制，没有"造血功能"，单靠补贴来"输血"是不可能建设新农村的。目前我国农业的基础还不稳固，农村基础设施建设和教育、卫生、文化等社会事业建设都有待进一步加强，而解决问题的关键在于农村经济的发展。因为只有经济发展了，农村生产力水平提高了，农村经济繁荣了，农民收入水平提高了，才能不断满足广大农民的物质和精神生活的需要，农村才能有强大的物质基础，人民才能够安居乐业，才能改变农村落后的面貌。只有农民富裕了，才有真正意义的新农村；只有发展富民产业，农民增收致富有了保障，才可以支撑真正意义的新农村。要建设社会主义新农村，必须首先满足农民的衣食住行的需要，满足农村社会再生产以及扩大再生产的需要。生产力是社会历史发展的最终决定力量，这是唯物史观的基本原理。建设社会主义新农村首先指的是生产发展和经济建设，同时，生产的发展不仅带来政治、文化、社会的进步，而且也需要政治、文化、社会的同步发展和有力支持，社会主义新农村建设全面综合反映社会文明进步的程度，必须建立在生产发展提供的物质基础上。

建设社会主义新农村，第一要务是发展经济，着眼点是发展现代农业。农村的落后首先是经济的落后，农民素质不高首先应归根于农民经济收入不高。因此，发展农村经济，增加农民收入，提高农民生活水平和质量，是社会主义新农村建设的第一要务。社会主义新农村建设，要以发展为先，以富民为本。没有新产业，就没有新农村。搞农村建设必须以发展经济为中心，不能脱离生产发展来搞新农村建设，否则，新农村建设就成为无源之水、无本之木。

发展现代农业，是从根本上解决农业发展滞后、难以适应工业化和城镇化需要的重要举措。近年来，我国农业农村工作形势很好，但也面临严峻的挑战。农业基础设施依然薄弱，农民稳定增收依然困难，农村社会事业发展依然滞后，城乡经济社会发展失衡、差距继续拉大等基本状况尚未得到根本改变，农业仍然是国民经济中最薄弱的环节。特别是要看到，在人增、地减、水减的情况下，要继续发挥农业对国民经济的支撑作用，难度越来越大。因此，大力发展现代农业，是社会主义新农村建设的重要着力点，也是统筹城乡和工农业发展的基本前提与物质保障。

发展现代农业，是保障我国粮食安全的根本途径。粮食安全是实现经济增长、社会发展的前提和基础。多年来，我国农业在有限的资源条件下，解决了世界上约 1/5 人口的吃饭问题，这是一个非常了不起的成就。尽管当前我国的粮食生产问题解决得比较好，实现了总量平衡、丰年有余的根本转变，但粮食需求日益增长，耕地逐年减少，保障粮食安全仍面临巨大压力。只有加快建设现代农业，依靠科学技术进步，走“稳定面积、提高单产”的路子，才有助于全面提高粮食综合生产能力，提高农业综合效益，从根本上夯实粮食增收的基础，确保国家粮食安全。

从世界各国的经验来看，工业化、城镇化的加速发展阶段是现代化进程中的关键时期，而现代农业的发展水平则直接关系到工业化、城镇化的发展进程。如果农业现代化搞不上去，不仅会制约农业和农村经济的健康发展，也势必会拖工业化、城镇化和整个国民经济的后腿。因此，加快发展现代农业，既抓住了推进社会主义新农村建设的关键，又适应了整个国民经济的发展要求，从而为加快推进社会主义现代化打开了广阔前景。

二、社会主义新农村建设迫切需要发展农业保险

（一）我国农业保险发展状况

1. 我国农业保险的发展历程

建国后我国农业保险的发展可谓跌宕起伏，大致经历了20世纪50年代的兴起和停办、80年代的恢复试办和90年代的持续萎缩。自20世纪80年代我国农业保险业恢复试办以来，经历了20多年的历程，既有恢复之初的快速发展，也有商业化运作的萎靡滑坡。从总体来看，我国农业保险的发展大体可分为三个阶段：

①恢复和快速发展阶段（1982～1992年）。20世纪80年代保险业务全面恢复后，1982年起由中国人民保险公司的各地分公司开始试办种植业和养殖业保险，1986年以后新疆建设兵团农牧业保险公司（现已改名为“中华联合财产保险公司”）在兵团范围内举办农业保险。此后，民政部的农村救灾保险、农村保险相互组织等纷纷出现，各地掀起了兴办农业保险的热潮。这一时期，农业保险业务在公司财务账上是单独记账、单独核算的，业务状况连年亏损，国家财政通过对国有保险公司减免营业税的方式，对农民的生产经营活动风险进行了一些基本的补偿。因为当时实行的是国家财政兜底的计划经济体制，各公司对农业保险成本和赢利考虑较少，所以还是根据各地需要开办了不少农业险种，这使得保险业务呈上升趋势。我国农业保险自1982年恢复试办以来，曾一度得到较快

发展。1982～1992 年，农业保费收入由 23 万元增加到 8.17 亿元，年均递增超过 120%。

②农业保险萎缩阶段（1993～2003 年）。1992 年以后，随着政府支持性措施的削减，尤其是在 1994 年随着中国人民保险公司向市场化体制的转轨，农业保险的政策性性质与保险公司的商业性经营的矛盾日益尖锐。由于商业性保险公司经营农业保险业务长期亏损，各家保险公司相继取消了农业保险的经营，农业保险业务逐步萎缩。特别是到 2003 年，中国人保在香港上市后，由于经济效益的原因，不再经营大部分的农险业务。

1992 年以后，农业保险业务则迅速萎缩（见表 6-1）。1993 年到 2003 年的 10 年中，农业保费收入从近 6 亿元下降到 4 亿多元。2001 年，农业保险出现了 20 多年来的最大降幅，全国农业保险保费收入只有 3.0 亿元，2003 年我国农业保险保费收入只有 4.32 亿元，仅占全国保险业保费收入总额的 0.11%和财产险保费收入总额的 0.5%，按全国 2.3 亿农户计算，户均投保费用不足 2 元。2004 年我国农业保险保费收入了 3.77 亿元，仍呈下降趋势。在保费收入大幅下降的同时，农业保险的险种数目也在不断减少，由最多时候的 60 多个险种下降到不足 30 个。

表 6-1　我国农业保险发展情况统计资料

年度	保险总收入（亿元）	农业保险费总收入（亿元）	所占比重（%）	保险深度（%）	保险密度（元）
1992	378.0	8.17	2.16	0.14	0.96
1993	525.0	5.61	1.07	0.08	0.66
1994	630.0	5.04	0.80	0.05	0.59
1995	683.0	4.96	0.73	0.04	0.58
1996	776.0	5.74	0.74	0.04	0.67
1997	1080.0	5.76	0.53	0.04	0.68
1998	1247.3	7.15	0.57	0.05	0.86

续表

年度	保险总收入（亿元）	农业保险费总收入（亿元）	所占比重（%）	保险深度（%）	保险密度（元）
1999	1393.2	6.32	0.45	0.04	0.77
2000	1595.9	4.00	0.25	0.03	0.49
2001	2109	3.00	0.14	0.02	0.38
2002	3054	5.00	0.16	0.03	0.64
2003	3880.4	4.32	0.11	0.035	0.65
2004	4318.1	3.77	0.087	0.038	0.66

资料来源：根据《中国统计年鉴》整理而来。

③试点升温阶段（2004 年至今）。由于近年来“三农”问题的不断升温，加之加入 WTO 过渡期终结，农业保险对“三农”的保护伞作用日益突出，农业政策性保险受到了政府和社会的关注。2004 年 3 月中国保监会批准上海安信农业保险股份有限公司筹建，公司在原中国人民保险公司上海分公司农业保险业务的基础上由上海 11 家企业共同投资组建，注册资金 2 亿元。这是我国第一家专业性股份制农业保险公司，是探索建立农业政策性保险制度的试点。安信农业保险公司的成立标志着我国农业保险的发展进入新的阶段。安华农业保险公司是吉林省内 5 家企业共同发起，2004 年 7 月由中国保监会批准成立的又一家政策性农业保险公司，注册资本金 2 亿元。2004 年中国保监会在上海、黑龙江、吉林等 9 个省区市启动了农业保险试点工作。2004 年 11 月，我国第一家相互制保险公司—黑龙江阳光农业相互保险公司获准筹建，并于 2005 年 1 月正式开业。2005 年，按照中央一号文件精神的要求，政府有关部门正在加大农业政策性保险试点工作的力度，扩大试点范围，通过试点探索我国农业保险发展的不同模式，并制定政策鼓励商业性保险公司参与农业保险事业。但总体而言我国农业保险尚处于试点阶段，覆盖面很小，主要集中在上海、浙江、黑龙江垦区、新疆建

设兵团和吉林等少数地区，保障作用很有限。尽管 2005 年我国农业保险扭转了近十年来持续萎缩的局面，保费收入实现了正增长，但 2005 年我国保险业保费总收入达到 4927 亿元，而农业保费收入为 7.3 亿元，仅占总保费收入的 0.148%。

总的来看，自我国恢复开办农业保险业务以来，尽管农业保险在一定时期内取得了成绩，但由于农业保险的高风险、高赔付、低有效需求，其发展形势还不足以支持一个完全商业化的农业保险市场。目前，农村保险业仍处在起步、试点阶段，遇到了一系列困惑和矛盾。

2. 我国农业保险试验的困惑与矛盾

①农业保险的高费用、高费率与农民购买力较低的矛盾。由于农业保险的风险损失率较高，加之农户的分散，展业不便，成本很高，使得农业保险比其他财产保险费用高出许多。而农业保险业务面对的又是收入较低的投保人——农民，由其自愿购买保险几乎是不可能的。

②农业和农业保险的较低预期收入与发展农业保险的政策目标的矛盾。在我国比较发达的东部地区或中西部的城市郊区，农户的收入相对较高，但这些地区在自愿投保的条件下，农户也很少有投保的意愿。在一些经济较发达的地区，当地的保险公司出于支持农业和农村发展的目的，积极开发难能为公司赚钱的农业保险险种，地方政府为了振兴当地农业，也非常支持农业保险，有的地方还补贴部分保费。但是由于对于大多数农民来说，农业的预期收益相对于其从事乡镇企业或外出打工的收入来说，实在是微不足道，一亩水稻就是产 500～700 公斤水稻，毛收入也不过几百元。部分农民甚至将农田无偿地转让给他人种植。而农业保险的补偿水平一般不会超过当地前几年平均产量的 70%，连对农作物收成本身都没有兴趣的农民，更不可能有投保农业保险的热情了。

③农业保险利益的外在性与保险双方长远利益的矛盾。理论分析表明，农业保险的利益从长远来讲是外在的。因为农业保险能为

农业提供风险保障，使农民解除后顾之忧，即使在风险较高的地区，农民会因有农业保险而不回避农业风险，从而增加农业产量。日本在战后通过立法（《农业灾害保障法》）强制土地面积超过一定面积的农户参加农业保险，如此使自然条件较差，农业风险较大的北海道等地区的农民，也种植当时国内极缺的水稻等农作物，加上其他条件，使其用了不到10年时间，就解决了粮食问题，稳定了国内粮食价格。如果用福利经济学进行分析，农产品供给的增加，在其他条件不变的条件下，必然引起价格下跌，使农产品消费者的福利增加，而生产者剩余在一定时期内虽然会因产量的增长而增加，但从长期来看会减少。因此，农民购买保险，保险双方当事人从根本上来说，并没有得到全部收益。换言之农业保险的最终受益者是农产品消费者。这实际上是在商业性农业经营的制度下，农业保险不能成立的经济学方面的原因。

④在较大范围分散农业风险的需要与保险公司在较小范围内经营的矛盾。由于国家扶持力度的有限，我国农业保险业务目前只能进行试点，尚未大面积铺开。而从保险的原理来看，保险经营以大数法则为基础，保险基金是“取之于面，用之于点”，保险业务能够稳定地实现“风险分散和组织经济补偿”职能的首要前提条件就是要求承保的风险必须是“独立的随机事件”。然而，农业保险具有强烈的系统性，并不完全符合传统的“理想可保风险”准则，由于风险单位地域的广阔性和灾害的系统性，农业保险的风险单位比较大，大多数农业灾害，例如水灾、旱灾，一个风险单位有时包括数县以致几省，要在空间上分散风险，就必须在较大地域甚至全国建立这种保险制度。台湾逢甲大学著名保险学教授方明川先生，曾经否定了台湾建立政策性农业保险制度的一个议案。其主要理由就是台湾地域狭小，就一个风险单位，一次台风全岛都会受灾，在这一个风险单位里，承保的农户越多，风险越集中，保险的分散风险的机制完全不能发挥。只有大量风险单位投保，才可能分散风险，要在空间上分散农业生产的风险，就必须在较大地域建立这种保险

制度。而农业保险的试点模式选择，使得在狭小的试点地域范围内，承保的农户越多，风险越集中，保险的风险分散机制就越不容易发挥作用，从而造成一旦出现风险，试点地区赔付率极高。大规模的农业保险赔付，使很多保险公司根本无力承担。目前，我国虽然已有上海安信、安华股份、阳光相互三家专业农业保险公司、法国安盟保险公司及相关省份农业保险试点工作的启动，并且在有的地区还取得一定的成功，但农保公司普遍偏安一隅，在扩张时常遭遇地方财政补贴难题。这些农保公司多由地方政府补贴或给予税收优惠，地方性农保公司难以实现跨省跨区市域运营以分散风险。在上海、浙江等少数经济发达地区，农业占该地区GDP的比重比较小，政府财力雄厚，无论是采用“政府补贴、以险养险”专业化农险模式，还是采用“政策性农业保险共保体”模式，政府补贴都不成问题，这为农业保险的发展创造了良好的外部环境，但这在其他地区很难复制。在经济欠发达地区，农民收入水平较低，农户扣除生活必须开销、子女教育费用、购买化肥农药饲料等必需品外，自己真正可以支配的收入已经是微乎其微了，不可能再分出一部分来购买费率较高的农险险种，商业保险公司也不愿意做农业保险。国内外的农险实践已经证明，如果没有充足的政府补贴，从长远看，无论采用商业农险模式中的哪一种，其保障作用都很有限。我国发展农业保险不可能完全依赖政府补贴，但没有政府统一补贴难以实现跨省区市运营。

⑤在较长时间里分散风险的需要与农业保险实验在一个地区不连续的矛盾。局部地区的农业保险试验由于风险的相对集中造成的高赔付率，使进行试验的商业保险机构不得不在继续亏损经营与放弃试验之间选择后者，从商业性保险公司追求利润的角度来说，放弃非效益险种无可非议。但农业保险在各地断断续续地进行试验，从另一个角度又违背了风险分散的原理。因为农业风险的周期性，要求农业保险实验必须连续地多年进行，以便农业保险风险能在较长一个时期里进行分散，同时完整记录和积累风险损失的经验资

料，可为科学正确厘定费率创造条件。美国的农业保险从1939年起实验到持续进行了41年才正式在全国推行，试验期间尽管也因经营亏损严重，几度被国会要求停止试验，但最终的坚持为其整个农业风险管理的现代化发展积累了丰富和宝贵的经验。

⑥农业保险的政策性质与商业保险公司的经营目标的矛盾。我国的农业保险基本上按照商业保险模式经营，农业保险走商业化的道路是行不通的，这是全世界农业保险界经过多年实践普遍认可的结论，也是我国商业保险公司纷纷退出农业保险经营的主要原因之一。农业保险的准公共产品属性，决定了农业保险具有较强的外部性，单一依靠市场机制的配置会造成市场的失灵，客观要求政府的干预和管理。农业保险的商业化运作，趋利性的目标追求，偏低的边际收益，会导致农业保险经营者以经济利益的回报程度来选择保险险种，从而降低农业险种的投入和经营强度，因为农业保险经营者不会主动为政府或社会承担外部性造成的经济损失。矛盾的结果，必然是农业保险业发展特别是外部性突出的农业险种发展的萎缩乃至消失。从世界上不同国家所建立的农业保险制度来看，都是将农业保险作为政府的经济政策来推行的，尽管这种政策目标有差别。对发达国家来说，农业保险是其社会福利政策的组成部分，通过农业保险及其进一步发展出来的农户收入保险，来减少农户收入的波动；对发展中国家来说，则是要通过农业保险，使农业生产在遭受自然灾害后能迅速恢复再生产，保障农业的持续和稳定增长，为市场提供充足的农产品。我国虽然目前还没有明确农业保险是政策性保险，但政府支持农业保险的试验的目的主要属于上述后者，同时还要促进农村产业结构的调整，繁荣农村经济，加快农村城市化的步伐。在农业保险风险高、费率高，而农业生产和农业保险的预期收益不高，农户的相对低收入，以及农业保险的投保人较少具有现代风险管理观念的条件下，上述政策目标与商业性保险公司的性质的尖锐冲突就不可避免，农业保险的商业性经营自然是不可能成功的。那么，商业保险公司退出农业保险的经营实践也就不难理

解了。

实践表明，目前对于农业保险的多数险种来说，纯商业化经营的路是走不通的。这是我们花了几十年的时间，才得出的与国际农业保险界同行相同的结论。由于农业的高风险性和农户对农业保险的有效需求低，对于多数的农业保险险种来说（当然，也有少数险种，如农作物雹灾保险、火灾保险以及一些某些商品型较高的设施农业项目的保险等），并不存在着一个完全的农业保险市场。它表现在：一方面，农户的有效需求不足以支持一个商业化的农业保险市场；另一方面，农业保险的低收益、甚至负收益无法维持商业保险公司对农业保险的供给。总之，想仅仅通过商业保险来实现支持和保护农业的政策目标，看来是不可能的。因此必须另辟蹊径，重塑符合中国国情的农业保险新制度。这种新制度包含的内容之一，就是政府要量入为出，通过对农业保险的某些险种提供一定的经济支持，同时提供法律支持和行政支持，使农业保险的某些险种成为一个比较完全的市场，将农业保险变成为支持和保护农业的政策工具之一。

（二）制约我国农业保险发展的因素

1．农业保险受有效需求和供给不足的双重制约

农业保险的政策性质与商业化经营的矛盾，导致我国农业保险处于“两难困境”即如果按商业化操作的要求制定保险费率，农民根本保不起；如果按农民可以接受的标准制定保险费率，保险公司则赔不起。其结果引起了农业保险的有效需求和供给不足。一方面，中国农业经济中超小规模的农产分散经营，使农民的收益处于一种不稳定状态，低收入、低积累的农民对保险虽有需求，但难以承担与高风险性相对应的高保费，想保险却买不起，再加上农民的农业保险意识淡薄，许多农民存在较大的侥幸心理，普遍把投保看成是增加负担，很有抵触情绪，因而也不愿付出现实的保险成本，从而导致农民对农业保险的有效需求不足。另一方面，农业保险市

场潜力巨大，保险公司希望加快发展，农民投保能力不足，保险公司又担心风险大、收益低，赔不起，又导致农业保险的供给不足。农业保险的有效需求不足，必然导致农业保险范围过窄，规模狭小，很难满足保险经营所依赖的大数法则理论，农业保险经营者风险集中，赔付率较高，商业性保险公司无法获得直接经济效益，这就很难刺激农业保险的有效供给，在萎缩的供给和低迷的需求状态下，农业保险业务发展缓慢。

2. 承受巨额风险的机制尚未建立

从保险理论上分析，农业生产中的洪水、干旱等巨灾风险属于不可保风险，任何一家保险公司都不能单独承担这样的风险。发达国家的农业巨灾风险大都采用设立农业巨灾风险基金的办法，一旦出现大的自然灾害，由国家农业巨灾风险基金赔付，不足部分由国家财政兜底。在法国，农业巨灾基金由财政部的资金和农业保险保单的一部分税收共同组成。根据灾害发生的面积和受灾程度等因素，政府设计了一套标准，灾害发生时，政府根据这些标准确定是否由这部分基金赔偿农民的损失。由于我国目前还没有设立相关的基金，国内还没有任何一家保险公司能够开办农业巨灾保险，对农业巨灾风险的保险保障还处于空白状况。

3. 政策支持不力

政策支持不力有两方面表现：一是财政补贴制度未健全。尽管中央和一些地方政府加大了对农业保险的补贴，但目前我国农业保险除免除营业税外，其他方面与商业性保险一样，国家尚无配套政策对农业保险进行补贴，一些地方似乎要走“以险养险”的路子，即准许那些被批准经营农业保险的公司在经营政策性农险时，也允许它们经营农村的其他财产险和人身保险业务，以这些商业性保险的赢利补贴政策性农险。现在看来这条路很难在经济欠发达地区成功。由于地方财力与经济环境的差异，各地政府对农业保险的认识与支持存在较大区别，也使得保险公司开展农业保险业务困难重重。从国际上看，凡是农业保险搞得较好的国家，政府对农业保险都给予多方面的支持，如实行免税政策，对保费给予一定比例的补贴，政府出面制定和实施农业保险计划等。20 世纪 80 年代，美国农业部以各种形式对农业灾害的补偿资金约为 250 亿美元，其中用于农作物保险的资金为 60.4 亿美金，占总支出的 24.2%。2004 年，美国从事农业保险的保险企业共收到保费为 41.9 亿美元，承保面积为 2.21 亿英亩，赔偿责任金额为 446.2 亿美元，其中，政府对农业保险的补贴达到了 24.8 亿美元，占美国农业增加值的 1%以上。日本对农险保费补贴比例依费率不同而高低有别，费率越高，补贴越高。其中水稻补贴 70%（费率超过 4%），旱稻最高补贴 80%（费率为 15%以上），小麦最高补贴 80%。二是再保险机制不健全。我国虽然设立了再保险公司，但主要是为商业性保险业务提供再保险服务，而发达国家政府则是通过再保险支持农业保险发展。美国通过联邦农作物保险公司对参与农作物保险计划的各种私营保险公司、联营保险公司和再保险公司提供再保险支持。日本则由都、道、府、县的共济组合联合会和中央政府为市、町、村的农业共济组合提供两级再保险。而我国尚未建立这种再保险机制，加上财政补贴不足，这些是制约我国农业保险发展的关键因素。

4. 农业保险发展缺乏相应的法律依据

当前，我国农业保险救灾未纳入农业总体发展规划，还没有制定专门的农业保险法规。我国的《保险法》实质是一部商业保险法，对农业险尚未涉及。而农业保险中的一大部分是政策性保险，商业保险与政策性保险的经营目标大相径庭，用现行的《保险法》指导农业保险会存在许多问题，因此应该颁布专业的农业保险法。而目前我国《保险法》也没有制定其他有关农业险的条例法规或出台其他配套扶持政策。法律制度的缺失给农业保险实践带来了较多困难，如农业保险的定位、政府在政策性农业保险中的作用和地位、对农险的支持扶持原则、对农险投保人利益的保护、对保险公司的保护等都不能有效地得到落实。

5. 组织结构和经营能力不适宜

目前，我国虽然已有上海安信、安华股份、阳光相互三家专业农业保险公司、法国安盟保险公司及相关省份农业保险试点工作的启动，但组织结构和经营能力还有诸多缺陷如：一是组织架构不适宜。目前各家保险公司的机构一般只设到县（市）一级，对广大农村地区的保险业务需求存在鞭长莫及、难以顾及的情况；二是从事农业保险业务人员数量不足；三是出险评估能力不适应。农业保险风险评估技术要求较高，不仅需要较强的专业人员参与，而且还有很强的时效性，目前各家保险公司的组织架构和业务人员技术水平还难以做到，这也在很大程度上抑制了农业保险的发展。缺乏政策支持，经营风险巨大，是保险公司无力也不愿开展农业保险的主因。

6. 农业保险经营技术落后是制约我国农业保险发展的主要内在因素

经营农业保险存在着以下特殊的技术障碍：

①保险责任的确定与保险费率的厘定都比较困难。首先，农业保险的风险单位与保险单位不一致，而且风险单位往往很大。不同的风险单位一般也不重合，常常会有多种农业风险同时或相继发生。而且各地区农业实践差异较大，这样无论单一风险保险还是一切险保险，其保险责任的确定都不容易。其次，农业灾害损失在年际间差异大，纯费率要以长期平均损失率为基础，但有关农作物和畜禽生产的原始记录和统计资料极不完整或难以搜集，这就给农业保险费率的精确厘定带来特殊困难。

②定损理赔难度大。农业保险的标的都是有生命的动植物，标的价格在不断变化。赔款应根据灾害发生时的价值计算，而这时农作物或畜牧产品往往还未成熟或还在生长中，要正确估测损失程度、预测其未来的产量和产品质量以及未来产品的市场价值都很困难。

③道德风险防范难。农业保险的保险利益是一件难以事先确定的预期利益，其标的大都是活的生物，它们的生长、饲养的好坏在很大程度上取决于人的管理照料的精心与否。因此农业灾害损失中的道德风险因素难以分辨。据统计，近年来在我国的一些地区农业保险经营中的道德风险给保险公司所造成的损失占农业保险赔款的30%以上。

农业风险的特殊性与复杂性客观上对农业保险经营技术提出了更高的要求，其主要包括：农业风险的识别、度量、预警技术；农业保险的定价技术；农业保险的防灾减损技术；农业损失的测定及理赔技术；农业再保险技术等。由于我国开办农业保险的时间不长，经验不足，农业保险经营技术还非常落后。尤其是在定价方面，农业保险定价要以农业风险区划为前提，以长期的平均保额损失率为基础。但是，风险区划是一项科技含量高、成本大的工作，我国目前风险区划几近空白；同时，由于缺乏长期的完备的历史统计数据资料支持，计算出来的平均保额损失率也极不准确。另外，由于农业风险可保性差，年际间差异很大，导致风险附加费率极高而且难以测定。农业保险经营技术落后，是制约我国农业保险发展的主要内在因素。

此外，制约我国农业保险发展的原因还有：定位不清。缺乏总体规划，制度多变且不具有连续性；缺乏有效的保险手段和风险分散机制等。

我国农业保险发展滞后的一个根本原因在于：长期以来，我们没有把农业保险放到解决“三农”的全局中加以考虑，没有找到一条适合我国国情的发展农业保险的路子，走的而是农业保险商业化经营的路子。从世界范围看，农业保险发展已经有 100 多年的历史，但到目前为止，还没有一个国家真正实现农业保险的市场化经营，即使是市场经济最发达的国家，也主要依靠政府直接或间接提供农业保险。我国农业保险出现农民保不起、保险公司赔不起的状况，其原因关键在于缺乏一套合理的制度安排，在于缺乏重灾支持保护体系、缺乏政府强有力的支持及缺乏相应的法律保障。

（三）新农村建设中迫切需要大力发展农业保险

农业问题、农村问题和农民问题简称“三农问题”。三农风险很宽泛，而且很复杂，农业风险只是三农风险的一部分，农业风险仅指“种养两业风险”，但是，农业风险却是三农风险的核心。农业和农村经济的发展，社会主义新农村建设迫切需要农业保险的支持和保护。发展农业保险不仅是解决“三农”问题的有效手段，更是构建和谐社会、建设社会主义新农村的重要路径。

1. 新农村建设面临的难点

①自然灾害频发，防范和分散风险能力差。我国是一个农业大国，也是世界上农业自然灾害最为严重的国家之一。农业灾情频发、灾害种类多、受灾面积广、成灾比例高，每年，洪涝、台风、旱灾、风雹、雪灾、虫灾、低温、冷冻、山体滑坡和泥石流等自然灾害都有不同程度的发生。农业是最需要保险的行业，而我国却是农业保险深度和密度严重不足的国家，农业保险起步较晚、覆盖面小、保险能力低，这极大地制约了农业生产的稳定和持续发展。我国目前主要的救灾措施除了国家财政支持外就是发动社会捐助。而在国外，主要的救灾措施是发展农业保险。我国对农业灾害的损失补偿水平很低，一直维持在 2～5%左右，补偿手段有政府救济、社会捐助和农业保险三大类，其中以政府救济和社会捐助为主，占了整个补偿的 90%以上。农业保险作为一种主要的风险管理形式，在鼎盛时期的 1992 年也仅占总赔偿额的 25%左右，从 1992 年开始，农业保险在农村自然灾害补偿中的比例不断下降，到 2003 年末，农业保险赔款仅占总补偿额的 5%。这种事后财政补助、社会捐助的农业灾害救助模式，平均主义严重，容易引起资金挪用，最重要的是有限的财政支农扶贫款、救灾专项款以及社会捐助相对于广大农民所遭受的经济损失来讲可谓杯水车薪，这使政府面临无险可保的境地，受灾农民遭受苦难后常常只会处于无奈的窘境。全国

一年的财政救灾资金不过20多亿元，可是一次大的农业灾害造成的损失少则几百亿元、多则几千亿元。传统的救灾模式在一定程度上仍属于“救火”型，在灾害发生时，尽管对保证灾民的基本生活起到一定的作用，但是在防灾方面，在灾害后期即重建家园、恢复生产生活、补偿灾害损失方面则显得力不从心。社会捐助更多的是体现一种人道主义关怀，对农民的实际补偿作用显得微乎其微。这种传统的救灾模式耗费了大量的财力物力且资金使用效率不高，不利于健全的农业风险防范体系的形成。制度和机制的建立是至关重要的，这是因为：一方面，农业保险无疑能促使各级政府、农业部门、农牧民等多方增强风险防范意识，使农牧民得到更多的补偿和保障。由于农业保险为参保的农户提供的赔付标准一般高于政府救济标准，使农户受灾之后能够得到恢复生产的资金和正常生活的基本保障，不会因灾返贫，也不再单纯地依靠政府和社会的救济；另一方面，有了农业保险的保障，可以促进农业发展银行和财政系统的农发资金等扶贫支农资金，加大对农业扶贫开发项目的投入，既可以促进扶贫开发进程，尽快使贫困地区脱贫致富，又可以通过保险的保障，保证扶贫开发资金的安全和滚动使用，提高扶贫开发资金的使用效率，进一步加大扶贫开发力度，从而加快新农村建设步伐。

②投入严重不足，导致农业基础薄弱，生产力水平低。我国耕地面积18.31亿亩，不到世界耕地的9%，需要养活的人口却是世界人口的21%。虽然我国农村经济有了长足的发展，但农业投入严重不足，农业基础仍然很薄弱。当前，农业抵御自然灾害的能力不强，农业综合生产能力不高，人均占有的粮食、肉类还不到发达国家的一半，农产品市场面临着国际竞争的巨大挑战；农民收入水平低，城乡居民收入拉大，1994年城乡居民收入比为2.86∶1，2005年为3.22∶1；文教卫生等事业发展滞后，上学难、看病难等问题还相当突出；农村富余劳动力转移压力加大，农民医疗、养老等社会保障不健全，农村贫困人口基本生活保障还不普遍。农业投

入严重不足的原因是多方面的，但农业补偿机制的欠缺是其中的一个重要原因。农业的自然风险不仅让很多农民蒙受了巨大的经济损失，也让不少从事规模化种养业生产的投资者、承包大户们不敢扩大生产和投资规模，这使得农业不仅难以吸引社会资金的投入，反而有农村资金还大量流入到城市。

③农业经济现实的“弱质”状况，加之超小规模的农户分散经营，造成了我国农业风险机制的脆弱性。由于农业是世界公认的抵御自然灾害能力极差的“弱势产业”，我国又是世界上自然灾害损失最严重的国家之一。据统计，我国每年因自然灾害造成巨大的直接经济损失：20 世纪 50～60 年代平均每年约为 390 亿元，70 年代平均每年约为 520 亿元，80 年代上升至 620 亿元，到 90 年代的灾害损失则呈显著增加的趋势，年平均损失额达到 1747 亿元。我国自然灾害所造成的直接经济损失占 GDP 的比重平均超过 3%（而美国的这一比例约为 0.6%，日本约为 0.8%）。在自然灾害损失中农业最为严重，而且农业承受灾害损失的能力最为脆弱。在 20 世纪 90 年代，我国农业的成灾面积占播种面积和受灾面积的比例分别超过 20%和 50%，农业风险损失的范围和程度呈现加速扩大的趋势。再加上我国农业以农户经营为主，使农业生产具有低、小、散的特征，即产业化程度低、生产规模小，生产活动分散，抵御风险的能力极差，我国农民的收益和农业经济处在一种极度的不确定性状态。严重的自然灾害对一些种植业和养殖业大户（企业）来说，可谓是“灭顶之灾”，常常导致倾家荡产、债台高筑，难以起死回生的结局，政府的一点救济金对他们来说简直是无济于事。长期以来，我国农户生活在“靠天吃饭”的阴影里。客观上需要创建一种转移分散风险、分摊经济损失的风险管理机制。但是，我国农业保险却呈现不断萎缩的态势，这与我国经济持续多年快速增长形成了鲜明的反差。

从以上情况来看，新农村建设面临着农业风险集中、农业损失严重、分散风险能力低、社会保障能力弱和资金投入不足等诸多困难。所以说，新农村建设中的许多问题需要农业保险来化解，新农村建设中的许多工作需要农业保险来助推。农业保险在促进“三农”发展方面、保障社会主义新农村建设方面以及构建和谐社会方面的积极作用将得到充分体现。

2. 社会主义新农村建设中发展农业保险的必要性

（1）完善农村社会保障体系必须发展农业保险

建设社会主义新农村，离不开农村和谐社会的建设，必须高度重视关系农民切身利益的农村社会保障体系建设，稳定并逐步提高广大农民的心理预期。

我国目前的农户面临小规模、分散性经营的风险。家庭经营成为农业生产的主体形式，以家庭分散经营为主的农民面临自然灾害、市场风险和就业等诸多压力时没有足够的应付能力，对农业风险的应付能力更是薄弱，因此，农业风险往往给农民群众造成不可挽回的损失。另外，长期以来，我国农村教育、卫生、社会保险等社会事业发展滞后，公共服务体系严重不足。这种局面造成我国农业应付自然灾害的能力低下，从而严重影响建设社会主义新农村的进程。

而在建设社会主义新农村过程中，农民面临着许多问题和风险，迫切需要建立和完善社会保障体系。但是，农业保险是我国农村发展中最薄弱的环节，只有大力发展农业保险，不断提高农民的保障能力，切实消除农民生产经营等方面的后顾之忧，农村生产力才能更好地发展，我国城乡才能更加协调地发展，农村社会才能全面地发展与进步。

（2）发展农业保险是解放和发展农村生产力的重要手段

当前，我国农村和农业生产正处于深刻的变革时期，促进农业发展，关键是要改革现有生产关系中不适应现代农业稳定发展的深层次因素，进一步解放和发展农村生产力。而农业保险是解决这一问题的重要手段。首先，农业保险可以帮助建立农业风险补偿机制，提高农业抗御风险能力。通过发挥保险机构的风险管理技术和专业优势，可以保证农民受灾之后得到相应补偿，从而提高农民抗灾自救的防范能力与信心。其次，农业保险可以帮助建立农业风险预警机制，提高防灾能力。在农业风险防范中，保险业不仅可以发挥事后补偿能力，更可以利用专业技术，充分发挥农业保险的防灾、防损职能，将事后的灾害补偿和灾害救助与事前的防灾减灾功能有机地结合起来，从而建立起农业保险的防灾减灾体系。再次，农业保险可以帮助建立农业产业化促进机制，促进农村产业结构升级。现代农业发展的根本出路是农业产业化和农业工业化。随着农业产业化的不断发展，农产品越来越多地作为工业原料。农业保险通过对订单农户提供保险服务，能够有效地保障产业化生产基地的稳定发展，稳固产业化链条源头。一方面农业产业化龙头企业可适当给订单农户部分保费补贴，组织订单农户参加保险，降低了农民的保费负担，扩大了保险覆盖面；另一方面通过为订单农户提供保费补贴提高了公司与农户联系的紧密度，保证订单农户生产的稳定，有利于龙头企业扩大再生产，有利于加快农业产业化发展步伐和增强企业实力。

（3）农业保险是吸引资金投入新农村建设的重要渠道

农业保险在新农村建设中具有如下三大功能：一是经济补偿功能。对自然灾害、意外事故给农民造成的损失，以及农民生活的基本保障，通过农业保险的方式进行补偿；二是资金融通功能。通过农业保险，提高了农民偿贷能力，农业保险在防范农业风险的同时也防范了金融风险，从而加快了资金向农村的流入；三是社会管理的功能。农业保险使政府的临时救灾行为转变为经济契约行为，从而促进了市场救灾机制的形成，农业保险将逐步承担起救灾补偿的社会管理功能。农业保险是管理农业风险的有效手段。通过建立完善的农业保险制度，发挥保险业风险管理职能，将过去农民的自担风险转变为由保险公司集中管理并分散风险，变政府对农业灾害损失的事后救济为事前防范与灾后经济补偿，使政府和广大农民以较少的投入可获取较高的保障收入。

建设新农村的首要任务，就是推进现代农业建设。农业的现代化建设就要解决资金问题。首先是资金投入即融资问题；其次是资金补偿，就是保险问题。我国农村大量信贷资金“离乡进城”的一个重要原因就是农业生产的高风险性。一旦发生自然灾害或农产品价格暴跌，极易出现贷款损失。农业保险在世界各国金融体系中扮演着举足轻重的角色，农业保险是农村金融体系的重要组成部分，对保障和化解农村金融风险、吸引资金流入农业，增强农村金融服务有着很大的促进作用。

农业作为弱质产业，面临着自然和市场的双风险，补偿机制—农业保险尤为重要。只有解决了农业风险的补偿问题，才能更好地吸引资金投入到农业。农业保险有利于降低农村金融体系整体风险。在农业保险乏力的情况下，作为高风险的弱质产业，每当农业遇到自然灾害，就有大批农民和农村企业遭受损失，无力还贷，这势必要将大部分风险转嫁给农村金融机构，阻碍农村金融市场的发展，从而进一步弱化农户获得金融支持的能力，严重影响了金融机构开展农业贷款的效果和积极性，所以不利于维护农村金融体系的稳定。农业保险的推广使农村金融体系更加健全和完善，通过信贷与保险的结合，一方面可以使农村金融部门的贷款风险得以有效分散和转移，保证了金融资产安全，使金融企业的信贷资金得以有效利用，直接加大了支农力度；另一方面，有了保险的保障，金融部门降低了农民贷款的门槛，使农民更加容易解决生产投入所需的资金，同时也能吸引社会资金投入到农业，有利于促进农业生产的发展，推进社会主义新农村建设进程，这又会反过来推动农村金融业包括保险业的良性循环发展。

（4）农业保险是支持新农村建设的重要手段

农业保险可以转移和分散自然风险，提高农业综合生产能力，稳定农民收入，还可以缩小贫富差距。农业保险作为农业风险补偿的一种机制，是符合 WTO 规则的绿箱政策，为世贸规则所允许。所以世界上大部分发达国家与许多发展中国家主要采取农业保险手段对农业进行支持，实行政府参与对农业保险提供保费补贴的农业保险支持政策，这方面目前已达到一个较高的水平与规模，并成为世界农业政策的重要走向。农业保险可以实现政府支持农业、保护农业和统筹城乡发展、工业反哺农业的目的，成为社会主义新农村建设的重要手段。

一是农业保险是新时期政府支持和保护社会主义新农村建设的合理手段。随着我国加入世贸组织和经济体制改革进入新阶段，我国农业政策环境发生了深刻变化。世界贸易组织规则要求成员国不能对农产品价格直接给予补贴，但与农业生产相关的自然灾害保险则不予限制，因此，通过利用农业保险这样的“绿箱”政策，可以实施对农业的保护和支持，加大政府运用财政、税收、金融等方式支持政策性农业保险的力度，从而支持和保护社会主义新农村建设的顺利进行。

二是农业保险是政府统筹城乡发展、工业反哺农业的有效渠道。政府通过中央及地方财政对农业保险业务进行保费补贴，将工业积累的收入以保费形式补贴给农民，开辟了对农业和农村进行财政转移支付的有效渠道，从而达到以工促农的目的。同时，通过各种方式支持商业保险公司开展农业保险业务，使其能够用经营城市业务的积累来拓展农村市场，以实现以城带乡的目的。

总之，农业保险是新农村建设迫切需要解决的问题。“农业丰则基础强，农民富则国家盛，农村稳则社会安”，所以，党和政府作出了建设社会主义新农村的英明决策，建设社会主义新农村必须要大力发展农业保险。中国是农业大国，也是世界上农业自然灾害最为严重的国家之一，灾害种类多，受灾面积广，成灾比例高。我国农业以独立的农户为主要生产单位，广大农民抗御自然灾害的能力极其脆弱，急需提供风险保障。而现实中国的农业保险停滞甚至急剧萎缩状况，与当前我国农业基础地位及保险业发展状况极不适应，这就迫切需要建立新型的农业保险制度。大力发展农业保险以规避农业风险，是市场经济条件下保护我国农民利益和实现农业可持续发展的重要保障，也成为建设社会主义新农村要解决的最紧迫的问题。

3. 农业保险在新农村建设中的巨大作用

农业保险、农业科技、农业投入是现代农业可持续发展的三个关键要素，发展农业保险可以促进农业科技的发展与普及，能吸引更多的资金投入到农业。农业保险在新农村建设中发挥着化解农业风险、提高农村防灾防损能力及灾后恢复能力、维护农村社会稳定等多方面作用。所以，农业保险是现代农业发展的稳定器、助推器和调和器。其作用具体如下：

（1）稳定器的作用

农业保险的经济补偿、风险保障功能在新农村建设中发挥着“稳定器”作用。

一方面，发展农业保险可以有效化解农业生产中的各种风险，确保农业再生产的顺利进行。当农民在遭受可保自然灾害损失时，可通过农业保险获得最低保障，稳定了其收入。当灾害损失大于保险保障水平时，农民通过获得保险赔偿而恢复到保障水平，又增加了其收入。另一方面，发展农业保险，有利于稳定农业再生产能力，摆脱了农业“一年受灾，三年难以翻身”的局面，有了农业保险的保障，就可以保证受灾之年通过保险补偿收回成本，不影响下一年的生产；有利于稳定农民基本生活水平，改变了农民“一年受灾，即刻致贫”的现状；有利于稳定农村小康社会发展，解决了农村“十年致富奔小康，一场灾害全泡汤”的难题。总之，有了农业保险，一旦发生大的灾害，参保农民可以得到保险赔偿，收回全部或大部分成本，恢复再生产能力，减少因灾致贫、返贫的风险，减轻国家救助的负担，确保国家粮食安全和农村社会稳定，这又会进一步推动全国经济的发展和社会的稳定。

（2）助推器的作用

农业保险的资金融通、促进发展功能在新农村建设中发挥“助推器”作用。

第一，开展农业保险，有利于促进农业科技发展。通过保险公司为农业新技术的推广和应用提供服务，可以降低农业生产者对新技术应用风险的心理压力，增强采用新技术、引进新品种和新生产方式的信心，促进农业科技转变为现实生产力，为实现“加快农业科技进步，转变农业增长方式”的新农村建设目标起到积极的推动作用。

第二，开展农业保险，有利于促进农业结构调整和农村金融市场的发展。农业生产经营风险大，一定程度上限制了其生产规模的扩大，增加了融资的困难。开展农业保险，通过转嫁、分散农户在生产中所面临的各种风险，解除其后顾之忧，可以提高农户对农业投入的积极性，扩大生产规模。同时，农业生产经营风险的转移，降低了农户的风险预期，可以增强金融机构的放贷信心，促进农村金融市场的发展。

第三，开展农业保险，有利于推动农业产业结构优化和升级。近年来，我国农业经济已经由单纯的数量型向质量型转变，由普通产品向名优产品转变，由以产值为中心向以效益为中心转变，农业结构也开始由从单一的粮食结构向多元生产结构转变。从事经济作物种植和畜牧养殖利润较高，要求农民前期投入也较多，因而受灾害打击后损失也较大。通过保险的手段化解和降低灾害损失，能够保护农民种植、养殖的积极性，促进农业结构调整的稳步进行。

第四，开展农业保险，有利于促进农业产业化发展。农业产业化在生产规模化、集约化的同时，也加大了风险的集中和扩大，一旦某个环节风险发生导致损失过大，将严重影响整个农业产业化体系。农业保险可以有效解决农业产业化过程中风险集中和扩大的问题，确保灾后农业生产能力的迅速恢复，稳定和加强产业链的基础环节，保证产业化的持续健康发展。此外，随着农业产业化的不断发展，农产品被越来越多地作为工业原料。农业保险通过对订单农户提供保险服务，能够有效地保障产业化生产基地的稳定发展，稳固产业化链条源头。一方面在农业保险的开展中，农业产业化龙头企业可适当给订单农户部分保费补贴，组织订单农户参加保险，降低了农民的保费负担，扩大了保险覆盖面；另一方面通过为订单农户提供保费补贴，加强了公司与农户联系的紧密度，保证订单农户生产稳定，龙头企业原材料供应充足，有利于龙头企业扩大再生产，努力增加商品量和出口创汇，加快农业产业化发展步伐，增加企业实力，把农业产业做大做强。所以，通过农业保险，将农业产业化组织中的各个经营主体的利益和风险进行有机的联系，形成一种有效的利益共享、风险共担机制，进而强化农业产业化的组织基础，确保产业化进程的顺利开展。

第五，开展农业保险，有利于农村合作医疗保险和商业养老保险的发展。通过开展农业保险，一方面，保证了农民收入稳步增长，使农民参加新型农村合作医疗保险和商业养老保险成为可能。另一方面，从事农业保险的公司在农村社会保障体系还不健全的情况下，可以通过经办、代办农民社会养老保险，充分发挥保险公司的技术优势和直接面向“三农”的优势，有效地提高农民养老和医疗社会保障水平。

（3）调和器的作用。农业保险的社会管理功能在新农村建设中发挥“调和器”作用

发展农业保险，充分发挥保险公司识别、衡量和分析风险的专业优势，积累农业生产风险的相关资料，为农业生产风险管理提供数据支持；农业保险公司可以与相关部门合作，做好防灾减灾的工作；通过开展农业保险，转移农业生产中的各种风险，变政府的灾后救济为事前防范和灾后经济补偿，通过保险技术测算各种灾害发生时所需赔偿的金额，提高政府灾害补偿的科学性和效益性。建立和完善农业保险制度，能最大限度地消除农民面对灾害的焦虑，能给农民真正的安全感，满足农民心理安全的需求，这样才能构建真正和谐的社会主义新农村。

农业保险有利于社会主义新农村建设的均衡发展。贫困地区往往是自然灾害更为严重、频繁的地区，农民的生产积累薄弱、经济

落后、人均收入低，灾后自救和恢复生产能力差。有了农业保险的保障，就可以保证受灾之年通过保险补偿收回成本，不影响下一年的生产，从而促进和带动实现农业增效、农民增收，使农民摆脱贫困，早日走上致富的道路。同时，由于农业保险为参保的农户提供的赔付标准一般高于政府救济标准，使农户受灾之后能够得到恢复生产的资金和正常生活的基本保障，不会因灾返贫，也不再单纯地依靠政府和社会的救济，使政府部门从繁杂的扶贫救济工作中解脱出来，减轻了政府的扶贫工作压力，因此有利于政府职能的转变。另外，有了农业保险的保障，可以促进农业发展银行和财政系统的农发资金等扶贫支农资金的投入和有效使用。加大对农业扶贫开发项目的投入，既可以促进扶贫开发进程，尽快使贫困地区脱贫致富，又可以通过保险的保障，保证扶贫开发资金安全和滚动使用，提高扶贫开发资金的使用效率，进一步加大扶贫开发力度，从而加快新农村建设步伐。

三、新农村建设中农业保险亟待走出中国特色的发展之路

农业保险的特点决定了它很难赢利，如果没有政府的强力支持，大规模发展农业保险是不可能的，商业性保险公司在正常的市场环境下难以或不会进入该领域，所以需要政府介于农业保险。政府不仅要参与农业保险的宏观决策，一般还要介入农业保险的微观经营管理活动，政府要给农业保险业务经营补贴或其他财政优惠措施以及行政便利措施等。发展农业保险需要政府、保险公司和农民三方面的积极性，而政府是驱动农业保险的关键因素。农业保险关系到我国国民经济发展，关系到新农村建设是否能顺利进行，这样一个系统工程不可能在短期内一蹴而就，必须认真吸取国际农业保险发展的成功经验，总结我国农业保险的经验教训，立足于我国现

有国力和国情，用全新的思想和理念来探索和创建一个既适应未来我国农业和农村经济发展需要，又符合当今世界经济一体化要求的具有中国特色的农业、农村经济保障机制及运作方式。

（一）国外农业保险经验借鉴

1. 部分国家农业保险的成功经验

1）美国。美国于 20 世纪 30 年代开始试办农业保险，并以农作物保险为主要组成部分，由此习惯上称其农业保险为“农作物保险”。其模式经历了由私营公司试办到政府主办，再到政府退出由商业保险公司经营为主的曲折阶段。目前，美国农业保险管理机构是联邦农作物保险公司与风险管理局，属于两块牌子，一套人事，它主要负责全国性险种参数制订、费率厘定、业务指导和检查、开发维护软件等，并为商业保险公司提供经营管理费补贴与再保险。政府还给予商业保险公司免税和法律支持的优惠政策。目前美国 200 万农户中有 131 万农户投保了农作物保险，占总农户数的 65%。2000 年，全美农作物保险服务中心的成员公司的农作物保险年保费收入达 30 亿美元，这为发达的农业生产提供了有力支持。经过近 70 年若干次的实践探索与创新，美国农作物保险基本实现了由传统农作物保险向现代风险管理制度的历史性演变，其保险密度已高达 70%左右。归纳其成功经验主要有以下 4 个方面：

①建立与时俱进的法律保障体系。美国现行的农作物保险是由参议院提议后，经过 14 年的论证于 1938 年在《联邦农作物保险法》中确立的。该法规定了农作物保险的目的、性质、开展办法和经办机构等内容，为联邦政府在 1939 年全面实施农作物保险业务提供了法律依据和保障。此后美国政府又根据时宜的变迁对该法进行了多次修订与完善。

②逐步构建网络型农业保险组织体系。依据 1980 年修订的《农作物保险法》，私人保险公司既可以参与联邦农作物保险公司（FCIC）的农作物保险和再保险并独立承担风险损失责任，也可以

只做享受 FCIC 佣金的代理人而不承担风险责任。此后，在联邦政府财政及税收等优惠政策的激励下许多私人保险公司积极承保农作物保险，时至 2001 年 FCIC 就基本不再做原保险业务，而只代替政府行使政府职能专注于经营再保险。由此形成了农户向私人保险公司投保、并获得政府的保费补贴，私人保险公司不仅可以从政府获得各种费用补贴与优惠政策，而且又可向 FCIC 或私人再保险公司进行分保以分散风险，再保险公司又可从政府获取费用补贴及税收与金融等优惠条件的网络型农业保险组织体系。

③开设“模糊”的农业保险产品。根据保险的宗旨，保险只承保纯粹性风险（如自然灾害风险）而不承保投机性风险（如市场风险）。但美国在《1996 年农场法》中就推出了既承保农作物产量风险又承保农产品价格风险的收入保险，如团体收益保险、作物收益保险、农场总收入保险、收益保证保险和收入保护保险等。这些保险产品的推出受到了广大农民的欢迎，并促进了美国农作物保险的快速发展。至 2002 年承保面积已达到 1.16 亿 hm^2，占可保面积的 81.3%.

④强有力的政府扶持。美国政府开展农作物保险的目的是建立农村经济“安全网”，提高国民整体福利水平。正基于此，美国政府对农作物保险的财政扶持力度非常大，而且手段也更直接更有效。其重点体现在三个方面：第一，保费补贴只针对农作物保险业务而不针对保险机构。无论是 FCIC 还是私营保险公司，只要经营农作物保险就享受政府保费补贴；第二，农作物保险公司可以获得业务费用补贴。政府不仅向 FCIC 提供各种业务费用，而且还向私营保险公司提供 20%～25%的业务费用补贴；第三，通过再保险分散保险公司的风险。为了降低保险公司经营农作物保险的风险责任，提高其保障能力，联邦政府通过 FCIC 向私营保险公司提供比例再保险和超额损失再保险保障。

2）日本。日本农业建立在分散的、个体农户小规模经营的基础之上，农业保险是日本政府为了应付自然灾害给农业带来的不良后果，以保障农业再生产的经营稳定，使之适应国民经济的高速发展而采取的一种重要的支持形式。日本农业保险是上个世纪 20 年代发展起来的，经过了几次大改革，于 1929 年颁布《牲畜保险法》和 1938 年颁布的《农作物保险法》后，开始实行农业保险，直到 1947 年把两个保险法修改合并为《农业灾害补偿法》，整个农业保险制度才逐渐统一和完善。日本政府采取了民间非赢利团体经营、政府补贴和再保险相扶持的农业保险模式。这种模式是在政府支持下的相互会社进行投保和理赔，因此，它也可称为政府支持下的相互会社模式。在日本，农业保险由区域性农业共济组合经营，采取强制保险与自愿保险相结合的方式，政府通过提供部分经营费用和再保险，构筑了全国农业保险体系。日本农业保险的主要经验有以下几方面：

①建立多重风险分散与安全保障机制。日本农业保险组织由基层向高层分为 3 级：即农业共济组合、农业共济联合会和国家农业保险机构（即农业共济再保险特别会计处）。农业共济组合是设置在市、镇或村一级不以赢利为目的的民间保险相互会社，其作为最基层组织直接向本地区所有成员承保，然后再向农业共济组合联合会进行部分分保，以减小风险责任。都、道、府、县农业共济组合联合会经营农业保险业务。农业共济再保险特别会计处又向农业共济组合联合会提供超额赔款再保险，以降低其非常损失所致的高额赔偿责任。1952 年农业共济联合会与政府共同出资筹建了农业共济基金，用于农业共济联合会的补偿基金不足以支付赔款时向其提供贷款。由此日本构筑了农业保险的多重风险分散与安全保障机制：首先是通过原保险与两次再保险将农业风险在全国范围内的 3 个不同主体（投保人、承保人与政府）间进行 3 次分散；其次是通过农业共济基金又为农业保险经营机构实现长期收支平衡提供了一个“稳定器”，从而进一步增强了农业保险抗风险的能力。

②主要实行法定保险和自愿保险相结合。根据政府对农业和农村发展的经济和社会目标，对有关国计民生和经济社会发展目标的

实现有重要意义的少数几种农林牧渔产品的生产实行法定保险即实行强制保险。其他产品的生产实行自愿保险。同时，将农业保险和农业信贷结合起来，凡有农业生产借贷的农业保险标的，即使自愿保险项目也应依法强制投保，政府至少对法定保险险种提供保费补贴。日本中央政府在农业保险计划中的主要责任表现在三个方面：即对农业保险进行监督和指导、为农业共济组合联合会提供再保险、给农业保险保费补贴和管理费补贴等。这两项补贴额是比较大的，据统计，在日本，1947 至 1977 年，30 年间所积累的总补贴额占总保费收入的 59%，具体比例是政府补贴水稻保费的 50%到 60%，麦类保费的 50%到 70%。

③农业保险立法先行并逐步建立完善的法律保障体系。日本于 20 世纪 20 年代初开始酝酿农业保险，经过充分调研之后首先进行的就是立法。1929 年颁布了《牲畜保险法》、1938 年颁布了《农业保险法》，而在 1939 年 4 月才正式举办农业保险。在其后又对这两部法律进行了多次修改与完善，尤其是 1947 年日本政府根据当时所需将这两部法律修改合并为《农业灾害补偿法》，从而为实施强制保险和确认合作组织为基本组织形式提供了法律保障，并开创了独具特色的政府扶持下的民间非赢利团体经营模式。时至今日日本农业保险法制已十分健全，从微观的强制保险与自愿保险范围的设定、费率确定和赔款计算方法等，到宏观的组织结构、政府职责与再保险等都有具体的法律规定。并根据实施情况不断修改，日趋完善，使得日本的这种民间经营、政府补贴和再保险扶持的农业保险模式在世界农业保险模式中，别具一格，所以值得我们学习和借鉴。

④采取与政府调控目标相一致的实施方式及激励措施。日本农业保险实施的强制保险有两种情况：一种是对有关经济社会发展目标、有关国计民生及严重影响农民收入的农产品生产实行法定保险，如水稻、小麦、牛、马、猪、蚕等；另一种是当农户所种植的可保农作物面积超过法定最低限（目前为 0.3hm^2）时就会自动成

为该地区农业共济组合成员，即成为被保险人。自愿保险主要是对具有一定保险需求的农产品生产如水果、花卉等以及小规模农作物种植的农户。

3）法国。法国是一个农业比较发达的国家，也是农业保险起步较早、发展较快的国家之一。1840 年成立了第一家地区性互助保险公司，1986 年该公司被正式确定为法国农业互助保险集团公司，至今已有 150 多年的历史。法国粮食产量占全欧洲粮食产量的二分之一，农产品出口仅次于美国居世界第二位，既是欧盟最大的农业生产国，也是世界主要农副产品出口国。但法国农业用地的 96％为家庭所有，千家万户的法国农民使法国农业如此发达，与法国农业保险的完善密不可分。法国农业保险市场环境呈现出以下几个特征：一是农业生产经营向专业化、集约化发展；二是农民从生产领域转向商业流通领域；三是农民由农村走向城市，农业人口减少；四是农民逐步老龄化；五是农民教育程度普遍提高，农民的观念发生了根本变化。因此，法国的农业保险市场逐渐走向饱和。法国经营农业保险的成功经验有很多，如有特色的农业互助保险、国家立法保护农业保险、政府为减轻农民的保费负担向农民提供很大比例（50％～80％）的保费补贴、向保险公司提供费用补贴与税收优惠政策等。

①有特色的农业互助保险。法国农业保险的特色是互助保险，是它支撑着法国农业的发展。18 世纪末，在法国一个小地方，几户农民为了对付火灾，率先联合成立了农业互助保险。此后，法国各地相继成立了类似的互助保险社，以应付火灾、冰雹、牲畜死亡等农业生产经营风险，随后保险范围逐渐扩大到农业领域的各个方面。1900 年 7 月 4 日，法国通过了《农业互助保险法》，为法国农业保险的发展奠定了法律基础，政府从此对互保协会及再保险机构都定期给予一定的补贴。该法实施之后，农业相互保险在 20 世纪得到了蓬勃发展。1984 年，法国政府建立农业灾害基金，对互助保险组织不能承担的风险损失给予补贴。1986 年，法国成立了农

业相互保险集团，专门经营农业保险及其相关业务。目前该集团净资产达45亿欧元，保费收入达122亿欧元。靠农业互助保险起家的法国安盟保险集团，1998年7月与GAN保险公司合并，目前它已是法国第二大保险公司，也是世界500强企业之一。其业务已在欧洲农村保险市场稳居第一，在法国农业保险市场上占有率更是高达66%。正是由于有了互助保险，才使法国农业获得了长足发展。

②农业保险实行低费率高补贴政策。法国为了确保农业的快速发展，政府对农业保险实行了低费率和高补贴的政策，对农民所交保险费的补贴比例在50%～80%左右，也就是说，农民只需交保费的20%～50%左右，其余部分由政府承担。由于政府通过农业保险制度的建立，保障了农业生产的稳定发展，农民在政府那里得到了高额的保费补贴，分散了风险，减轻了受灾损失，这调动和保护了农民进行农业生产的积极性。

③建立了“金字塔”式的农业保险机制。塔顶为农业相互保险集团，负责政策的制定，并对地区或省级保险公司提供再保险。法国农业相互保险集团由政府控股、社会参股。集团下设4个保险公司，即农业相互保险公司、非农业财产保险公司、农民寿险公司和农业再保险公司。农业相互保险公司承保全国农民的所有财产、疾病和意外伤害保险；非农业财产保险公司主要承保农村的屠宰商、面包商、手工业商、小商业者的财产、疾病和意外伤害保险；农民寿险公司承保农民和非农民的人寿保险和死亡保险；农业再保险公司负责对内对外的分保业务。集团在开发农业保险的新险种前，首先进行可行性分析，通过试点，再逐步扩大。其中养殖业保险主要承担牲畜因火灾、暴风雨、雪灾等自然灾害所造成的死亡保险，而且部分险种只承保规模经营的养殖场，分散养殖户不予承保。集团公司在制定业务规划和公司发展战略上，重点考虑内外部环境，掌握保户的需求，不断完善保单要素。在发展策略上不断加强风险管理，提高管理水平，降低成本，进一步保持和发展优势业务。

“金字塔”的中层是22家地区或省级保险公司，在集团确定的大政方针框架内开展活动，确定自己的商务销售策略，拥有自己的营业网点和财务账目。其董事会成员是在农业保险社董事会领导层范围内选举产生的。它们作为“金字塔”的中层，承上启下，对上获得中央保险公司的再保险，对下向农业保险社提供再保险业务。

塔的最底层是 9000 家农业保险社，是保险集团最基层的单位。每个乡镇都有这样一个机构，也有几个乡镇共同拥有一个机构。农业保险社董事会由全体投保人组成的会员大会选举产生，董事会推选主席和地区保险公司的代表。农业保险社除主席外，还有一位秘书长和一位代理人（秘书长有时兼任代理人）。秘书长由主席任命。主席的工作是义务的，不拿工资。主席一般是群众关系好、受到村里人信任、能为大家服务、颇具影响力的人。秘书长和代理人的日常工作主要是维护和发展乡镇保险业务。他们来自基层，对当地农户的情况和需求了如指掌。他们也不拿工资，其收入主要是佣金并与业绩挂钩。秘书长和代理人草签协议发展的客户，都要到地区保险公司在当地设立的保险营业所办理保险手续。保险营业所的职员则拿工资。

④国家立法保护农业保险。法国的农业保险不管形式如何，由于它是非赢利性的，所以政府对所有农业保险部门都实行了对其资本、存款、收入和财产免征一切赋税的政策，通过法律的形式给予保障，并制定了《农业保险法》。其中规定，农业保险的项目由国家法律规定，保险责任、再保险、保险费率、理赔计算及许多做法也用法律或法规确定。并对一些关系到国计民生的大宗产品实行强制性保险，规定了对主要农作物（水稻、小麦、大麦、果树等）和主要饲养动物（牛、羊、马、猪、蚕等）实行强制保险。

4）印度。印度与中国均是发展中国家，具有相近的国情，如经济发展水平不高、农业生产力水平低、农民对农业保险的需求程度低等，所以印度举办农业保险的成功经验对中国也具有很大的启示作用。印度农业保险的主要经验如下：

①财政支持是促进农业保险发展的原动力。印度于 1961 年就

开始对其主要农作物如水稻、小麦等在部分地区进行了农业保险试验，但由于政府不提供财政支持，试点没取得任何进展。直到1972年政府通过建立全国性保险机构直接组织和经营，并实行保险责任由中央政府与邦政府两级按比例分摊、经营管理费用全由国家负责之后，农业保险才得以迅速发展。

②推行与国情相适宜的实施方式与承保范围。印度农业保险的实施方式是自愿保险与有条件的强制保险相结合。这里所说的有条件的强制保险是指进行生产性贷款的农户必须参加相关农业保险。由于开展农业保险市场环境不够成熟和政府的财力有限，印度农业保险的承保范围只限于关系到国计民生的主要农作物如水稻、小麦等和养殖业的主要牲畜如牛、马等。这样既可减少逆向选择与道德风险发生概率，又可集中国家财力保证农业的稳定发展。

（5）毛里求斯。毛里求斯的糖业保险基金在国际上被公认为是一项成功的农业保险模式，该模式具有四个鲜明特点：第一，效率高。由于该基金只承保一种作物，业务简单、单证费用低，加之计算机管理程度高、工作人员少，因而效率很高，其费用率仅占保费收入的7%（多数国家这一比例为15%～20%）；第二，费率拟定科学化。为防止风险不均质而导致逆选择，该基金设计了多达100个档次的费率体系，费率体系的高度差异化能激励生产者努力耕作，以改善自己的费率档次，从而达到少支付保费又能获得较大保障的目的；第三，投资收益高。基金的投资收入约为业务费用的150%，投资收入的50%用于基金积累，这能够相应减少农民的保费负担，增强基金抗巨灾的能力；第四，商业化运作。虽然政府在基金建立初期承担支付工作人员工资的职责，而且政府要求强制投保，但到目前，该基金从原保险到再保险完全采用商业方式来运作。

虽然世界各国的农业保险经营模式都不尽相同，但政府的基本扶持方式大致相似即主要采用法律保护、政府行政指导、财政资金支持、减免税费业务发展与农业信贷衔接等措施。政府之所以扶持农业保险，不仅取决于农业生产的国民经济基础地位，更取决于农业生产过程和农业所面临的风险所具的特殊性。农业保险涉及的范围大、受多重风险制约、保险经营投入大、赔付率高。农业保险的商业化模式展开难度大。所以，政府不得不通过相关政策、法规、经济等手段扶持来直接推动农业保险的发展。

2. 部分国家政府对农业保险补贴的方式及经验

在许多市场经济发达的国家，为了确保农业的稳定发展，政府对农业保险实行了低费率和高补贴的政策。如加拿大政府从1959年开始，在全国实施由政府组织的农作物保险。农作物的总投保面积从1960年的33.17万英亩发展到1992年最高峰的5301.40万英亩，占全加拿大耕地面积的65%。保险费率根据经济发展和农民的承受能力逐年增加，1960年保险费率为7.84%，1992年为11.02%，按照《农作物保险法》规定，农民只付保费的50%，不负担任何保险的行政业务支出，保费的其余部分由政府承担，1995年加拿大政府支付的农作物保险补贴为8.5亿加元。在美国、西班牙、法国、瑞典等国家，政府对农民所交保险费的补贴比例都在50%～80%左右。美国联邦政府1994年前每年支付的农作物保险补贴约为10亿美元，1998年达到15亿美元。日本政府对农业保险的补贴是按费率的高低递增，费率在2%以下政府补贴为50%，费率在2%～4%以内政府补贴为55%，费率在4%以上政府补贴为60%。政府对农业保险的补贴从1975年到1986年高达2055亿日元，农作物保险的承保面达90%。由于政府通过农业保险制度的建立，保障了农业生产的稳定发展，农民从政府那里得到高额的保费补贴，分散了风险，减轻了受灾损失，从而调动和保护了农民进行生产的积极性。

发达国家的农业保险是一种国家财政高度补贴型的保险制度，这一特有的保险制度仅适宜于农业保险的特殊性和各自国家农业发展政策。发达国家农业政策的主要目标大致有如下几类：保护农业生产者有满意、公平的生活水平；稳定农业收入；稳定国内农产品价格；减轻经济高速发展的影响；维护农村社区稳定；促进地区经济发展；保护和鼓励家庭农场；促进环境保护；保证安全、可靠、稳定及充足的食品供给；保证消费者有合理的价格；使农业富有效率及竞争能力。

（1）部分国家农业保险补贴的方式

①保险费补贴。这是直接对农民的农作物保险费率给予补贴，其目的是为了增加农民的付费能力，提高农民参加保险的积极性。但是补贴的程度在不同的国家有所不同，并且因不同作物而各异，一般来说农作物保险费率的补贴比例为50%～80%。自1980年以来，美国联邦作物的保费补贴是逐渐升高的，从2000年开始，保费补贴依照不同的保障水平在38%～64%之间变化。加拿大农作物保险费补贴为50%，日本为50%～60%，瑞典为66%，西班牙为20%～50%，菲律宾为56%～80%（李军，2002年）。

②经营主体管理费补贴。这是对农业保险经营主体所发生的管理费用给予的一项补贴。从可以获得的资料信息来看，为这项费用提供补贴的国家有美国、加拿大和日本等，而美国的补贴额最高，美国联邦政府向承办政府农作物保险的私营保险公司提供的业务费用的补贴比例在1988年以后为34%（庹国柱、李军，1996年）。

③再保险补贴。这是由国家的农业保险公司、或者是由农业部或财政部直接对农业保险的经营主体提供的再保险所发生的支出。例如，美国经营农作物再保险业务的主要实体是联邦农作物保险公司。加拿大的农作物保险由各省农作物保险公司独立经营，再保险是由联邦政府（农业部）向各省的农作物保险公司提供。日本的农业保险是由民间的市、町、村的农业共济保险组和都、道、府、县农共联组织经营，再保险是由中央政府向县农共联组织来提供。

④税收优惠。一些国家对商业性农业保险的经营实行免税，这些国家基本上是经济发达的国家，并且是农业保险体系比较健全的国家，如美国和加拿大。

一般来说，各国在农业保险的补贴方式和程度上的差异主要取决于以下几个因素：

第一，国家的经济实力。一个国家的经济发展水平是政府支持农业保险的经济基础。例如，美国从1980～1999年政府举办政策性农业保险的总成本是150亿美元，仅1999年一年政府给农作物保险的补贴就达22.4亿美元。如此昂贵的成本，发展中国家是难以仿效的。

第二，农业受自然灾害影响的广度和深度。目前世界上举办农业保险的国家或地区大约有40多个，但其中像英国、爱尔兰、丹麦等国家，由于自然灾害发生几率低。一般政府不提供财政补贴。

第三，农业在国民经济中的地位。一般而言，农业在国民经济中的地位越高，政府提供的补贴数额越大。比如处于欧洲大陆区域的希腊、法国、意大利、西班牙和葡萄牙等国就是这样。

第四，农业保险在国家的福利政策或社会保障政策中的作用。由于经济实力很强，在美国和加拿大，政府已经把农业保险作为农民社会福利和保障的一个组成部分。因此，这两个国家已经从农作物产量保险发展到对农民收入的保险。

（2）农业保险补贴的局限性

1）保费补贴对提高农作物保险参与率的作用有限。

农作物保险的参与率是指投保面积占可保面积的比例，或投保的农业生产者占总农业生产者的比例。从部分国家的情况来看，即使像美国和加拿大这样对农业保险投入非常大的国家，参与率也没有达到100%（希腊除外）。

农作物保险的参与率不仅仅取决于保障程度或保费补贴率的高低，还跟其他一些因素有关，诸如农民对风险的偏好、农民可以利用的风险管理工具、农业保险计划是否具有强制性等，这些都会不同程度地影响农民对参加农作物保险的决策。

2）经营管理费的补贴降低了商业保险公司的风险责任。

美国联邦政府向承办政府农作物保险的私营保险公司提供34%的业务费用补贴。在1990年，美国的私人保险公司共收保费达 7.46 亿元，按照 34%的比例，共得到 2.67 亿美元的经营管理费用补贴，而当年的总签单收益为 0.53 亿美元。和他们的签单收益相比，联邦政府的这笔经营管理费用补贴成了私人保险公司更大的收入来源。

由此可见，对经营主体管理费用的补贴，会有导致私人保险公司只追求业务的数量而不考虑项目风险的可能性。

3）政府补贴难以降低道德风险和逆向选择。

由于缺乏足够的信息资料而产生的逆向选择，使得风险高的农民比风险低的农民更愿意投保。而农民在投保后欺骗保险公司、或者对保险标的管理不善或不积极，而给保险公司带来的道德风险也是普遍存在的世界性问题。

世界银行的专家认为，不对称的信息会造成道德风险和逆向选择，加强稽查以及保险机构由地方经办可以最大程度地减少潜在的有害风险。

4）扭曲农业保险的功能。

大量的补贴实际上使农业保险原有的功能逐渐淡化，政策性农业保险日益成为农业政策的组成部分，成为财政对农业单位实现收入转移支付的工具。由于政策性保险从风险管理功能向收入转移功能的转化，从全社会的角度看，非但不能有效提高农业风险管理能力，而且由于逆向选择，反而更容易“引导”农业风险发生的方式和损失程度的扩大。

5）降低社会资金的效用。

政府的各种直接或间接补贴难以对保险机构产生激励作用，反而抑制保险的创新；在农业保险中普遍存在逆向选择问题，政策性农业保险更易于促使投保人将资金配置于高风险的经营项目，风险越高，意味着可能获得的转移支付的力度越大。

（3）国外农业保险补贴经验

1）在适当进行保费补贴的同时，采取强制性、区域性的投保措施，以保证农业保险必要的参与率。农民购买农业保险的经济能力和积极性受到农业（特别是农田）产出效益、农民收入总水平、收入来源多样化以及农民对风险的认识程度和保险意识的影响。在我国现阶段，提高农业保险参与率的一个十分有效的手段是实行强制性投保。因此，在我国建立政策性农业保险的过程中，应在适当补贴的同时，采取强制性、区域性投保措施，以增加我国农业保险的有效需求，保证必要的参与率。

2）对保险公司经营补贴要兼顾政策需要和效率，建立责任制约机制。由于采取经营补贴方法很容易带来责任淡化、效率不高的问题。因此我国应慎重使用这种补贴方式，尽量通过再保险、保费补贴等方法来分担保险公司的经营风险，提高保险公司的收入。在必须采用这种补贴方式时，一定要合理地定损和测定理赔水平。对政府经营的农业保险公司要给予财政资金支持，但不宜采取“大兜底”的方式，保险公司必须承担自己的经营责任。

3）积极发挥基层保险机构和财政机关的作用，充分掌握保险对象的有关信息，提高政策性农业保险的效率。农业保险机构的设置应贴近基层，以利于了解和掌握保险对象的有关信息，同时要充分发挥县、乡级财政干部的信息调查和稽查作用，以减少财政补贴的浪费，提高我国政策性农业保险的效率。

（二）国内政策性农业保险试点的经验总结

2004年以来，在上海安信、吉林安华和黑龙江阳光等农业保险公司相继获批成立的同时，江苏、浙江、四川、内蒙古等多个省份的政策性农业保险试点工作也已启动。实验成果有了一些突破，同时也面临很多的阻力和困难，正式制度的创建问题并没有解决，还需要不断地去摸索和探讨。

1．“以险养险”的“大农险”模式

保险公司除了经营农业保险外，还经营农村住房保险、农民财产和健康保险等一系列事关农业、农村、农民的“三农”保险业务，使得农业保险的外延扩大，在保险公司内部达到了以险（如赔付率较低的住房险）养险（如赔付率较高的种植业险）的目的。这种模式以上海、吉林为代表。

2004 年 9 月成立的上海安信农业保险公司，采取“政府扶持、市场化运作”的经营模式。安信公司仅靠发展种植险和养殖险，不能支持公司可持续发展。为了规避风险，该公司在国内率先开拓“以险养险”的一种新模式，尽量扩大其他商业险的拓展力度以支持农险业务的开展。上海农业保险的成功经验是：政府财政补贴推动、商业化运作、以险养险，即通过政府财政补贴与商业险种的收益来弥补种植业、养殖业保险可能产生的亏损。上海的模式是目前运行较好的农业保险模式，似乎为困扰的农业保险发展问题找到了一个解答，但这种模式其他地区很难复制，安信农业保险公司目前也不会考虑到上海以外的地区发展。

2004 年 12 月，由吉林省政府主导成立的商业性股份制农业保险公司—安华公司，是吉林省农业保险试点的主体。吉林省政府安排了包括农业风险基金、政策性保费补贴和保险业务补贴资金在内的专项资金，并要求省内试点地区按同比例配套补贴资金。公司经营首先从龙头企业订单农畜产品开始，在此基础上，公司扩大业务范围，开展农村商业性保险业务，已涵盖种养业、农民财产、农村房屋、健康、人身意外、责任保险等各个方面，以此走向了“大农险”发展之路。安华公司是商业化运作的，在经营运作过程中遇到的主要问题是农民虽然对农业保险有需求，但投保能力弱是一个普遍性问题。许多贫困地区的农民连扩大再生产的基本资金都没有，大灾之年农民的生产和生活只能靠政府的救助，更别提保费的缴纳。农民承受能力低，导致保险公司对保险标的的测算和农民承受能力之差很大。如果政府补贴乏力，将很难长期运转下去。

2. 黑龙江“互助制模式”

在黑龙江垦区投入运营的阳光农业相互保险公司是一家相互制保险公司。组建以来，阳光公司进行了新的尝试和探索，逐渐形成了比较成熟的经验和做法。建立了相互制管理体制，在公司和会员之间建立起利益共享、风险共担的机制。创造了保费由参保农户缴纳65%、申请国家财政补贴20%、地方财政（暂由黑龙江农垦总局）补贴15%的“三方筹集”的模式。创立了“三公开三到户”的业务管理模式即承保内容公开、损失测定公开、赔款兑现公开和承保到户、定损到户、理赔到户的管理模式，调动了会员参与公司管理的积极性。建立了大灾准备金和再保险制度。公司为平抑大灾风险，按保费收入的10%提取了大灾准备金。当保险社的综合赔付率超过140%时，超赔部分动用大灾准备金来弥补。同时用大灾准备金购买再保险，这样形成了化解风险的双重防线。

中国的自然灾害分布不均衡，自然灾害低发区的农民与当地政府对于这种经济的互助模式必然是反对的。如果强行实施又不利于激发农民生产的积极性。模式封闭，由于参与保险的股东都是农民，整体的技术水平低，这种自保的模式又不利于非农民的高技术人才的进入，必然导致人才的缺乏。同时由于资金的来源是股东的保费与一开始国家注入的资本金，因此不利于融资和引进其他行业的多余资金。该模式不适合在全国范围内推广，但可以在自然灾害分布大致相同、农民生活水平大致相同的地区进行推广。

3. 以“共保”为主的浙江模式

2006年，浙江省按照“政府推动＋市场运作＋农民自愿”的原则，进行政策性农业保险的试点，采用“共保经营”和“互助合作”两种方式。共保经营是主体形式，由在浙江10家商业保险公司组建“浙江省政策性农业保险共保体”，实行“单独建账、独立核算、赢利共享、风险共担”的管理核算制度，共同经营政策性农业保险业务。其主要特点是“市场运作，政府兜底”。互助合作作为辅助形式，主要依托农业行业协会、专业合作社，对风险较小的单一农产品进行农户自愿缴费、财政适当补助、合作共享、自负盈亏、自我管理的互助合作保险探索。2008年3月浙江省决定在全省开展政策性农业保险，对国家和省确定的政策性农业保险品种由省政策性农业保险共保体统一经营，共保经营范围扩大到全省有农业生产的所有县（市、区），并明确了赔付责任。

“共保”方式是国内外保险界对损失概率不确定的重大项目和罕见巨灾的一种理想的农业保险制度模式，可以降低独家承保的风险，提高化解巨灾风险的承受能力。但现在的问题是“共保”试点的区域太小。因为农业保险的风险单位很大，对单个投保农产来说大部分农业灾害都具有较大的相关性，因此，要在空间上分散风险必须要在较大范围内从事保险经营，否则大灾面前，区域小且财力弱的政府是难以兜底的。

4. 四川省的商业保险公司代办模式

四川的农业保险试点工作是在保险公司自办的基础上，争取地方政府支持而形成的代办模式。试点地区的政府均采取了财政以奖代补的保费补贴政策，即农户在投保后，持保险凭证到有关部门领取保费补贴，这样保证了保费补贴及时到位。

这种模式在实施中，保险公司展业的商业化意识较浓。保险公司一方面愿意积极参与试点，把试点作为抢滩农村巨大市场的契机；但另一方面又想把试点风险控制在最低范围内，客观上造成了保险产品单一、条款不尽科学合理。

5. 苏州市双重保护模式

2006年7月，苏州市推出一种由政府出大头、农民出小头的农业保险新模式——既保成本又保产值，使农业生产和农民收入得到双重保护。苏州市农业保险分“市险”和“地险”两种，“市险”指水稻、苗木、生猪、内塘水产养殖、家禽等5种苏州市级重点险种，实行全市统一的保费、理赔标准、财政补贴比例。“地险”是各市（区）根据当地农业生产的实际，增加的其他农业保险险种。

苏州农业保险的特点是财政补贴高、保障水平高。以主要险种水稻为例，如果农民自愿投保，保费总额的60％将由政府补贴，农民自己只需出保费的40％。主要险种不仅保成本，而且保产值。水稻的保险产量按照苏州前3年平均产量的70％，价格按照苏州前一年政府部门收购指导价确定。受灾农民可按损失程度获得相应的补偿，即使绝收，每亩地也可以获得近700元的理赔。

6. 湖南多元化的农业保险投保模式

2007年5月，湖南省在部分地区开始政策性农业保险试点。所选择的保险品种是水稻和棉花，保费由中央和省财政补贴50%，市（州）、县（市区）财政补贴不少于10%，其余由农户、龙头企业或合作经济组织承担。主要采取三种投保方式：一是龙头企业带动型，通过与其统一签订保险协议，并以其为依托，整体为相关农户承保或带动农户参保；二是合作组织发动型，借助农民专业合作组织的力量，统一组织种粮大户和农户参加保险；三是以县市区或乡镇、村组为单位，对试点险种进行统保。这种多元化的农业保险投保模式有利于调动多方面的投保积极性。

7. 江苏联办共保模式

所谓“联办共保”，具体而言，就是政府和保险公司联合开办农业保险，收取的保费和保险赔付都由双方按照一定比例分享和分担。保险公司按专业化管理和运作具体经营农业保险业务，同时设立农业保险专用账户，接受上级和同级财政、审计和保险监管部门的检查和监督。如果有结余，保险公司部分结余将按相关规定提足准备金，政府部分的结余则留作地方政府的农业风险基金。

由于政府与保险公司结成了利益共同体，在财政和农林等多个政府部门的协助和配合下，江苏的农业保险业务得以迅速提升，从中受益的农户数量也日益增多。据统计，2008年江苏省政策性农业保险签单保费为8.59亿元，累计承担各类农业风险为168亿元，累计有1450.2万户农户参加了各类政策性农业保险。全年累计暴风雨已决赔款为1.09亿元，未决赔款为0.96亿元；累计病虫害已决赔款为0.56亿元，未决赔款为0.36亿元。

在众多的发展模式当中，江苏的“联办共保”应当是目前较为成功的一种模式。经过一段时间的试点实践，这种模式的发展前景也非常值得期待。

从江苏的实践来看，“联办共保”模式之所以能够获得参与各方的认可并具备可持续发展的能力，这与其中的利益协调机制息息相关。在江苏的农业保险制度设计中，让所有的农业保险参与者成为利益的共同体，这个共同利益就是现阶段落实国家强农惠农政策。此外，从某种程度上来说，江苏农业保险的“联办共保”模式具有非常典型的代表意义，可以说是适应我国目前市场经济发展过程中的一种过渡方式，正是由于这种模式契合了我国当前的具体国情，因而才得以突破农业保险发展中的重重藩篱并获得发展。

尽管政策性农业保险试点工作取得了显著成效，但政策性农业保险在我国还仅仅处于开始和试点阶段，其险种不足、覆盖面不广的问题依然突出。同时面临很多的阻力和困难，正式制度的创建问题并没有解决。离服务“三农”、金融支持社会主义新农村建设的要求差距很远。

（三）新农村建设过程中农业保险经营模式的选择

纵观世界各国的农业保险经营模式，可以看出：第一，农业保险离不开政府的重视和支持，实际上均是在政府补贴和支持下开展的，要么直接对费率补贴，要么直接赔付，这是一种政策性保险；第二，农业保险走单纯的商业化之路行不通，但也离不开商业保险公司的支持。在新农村建设中，要根据目前我国农业和农业保险政策性特点的要求，改变传统商业性农业保险的经营形式，应积极探索具有中国特色的政策性农业保险新模式。中国的农业保险必须走政府和商业保险相结合之路，发挥政府、企业、农民三方之力。我国发展农业保险不可能完全依赖政府补贴，但没有政府补贴又是不行的。当前发展农业保险的关键问题是如何加大政府支持的力度。我国是农业大国，农业产业化、区域化、现代化、标准化发展很不平衡，农业保险不可能照抄照搬国外农业保险的做法，完全套用一种模式，但也不宜过于多元化、分散化。如果完全由各地分散决策，自行选择农险模式，由于公司经营区域有限，保险标的风险同质化特征明显，不能按照“大数法则”构建完善的农业风险分散体系，从而降低了保险公司分散风险的能力，也使今后全国的整合和统一成为一个大问题。因此，在积极鼓励各地探索农业保险新模式的同时，应建立全国相对统一的农业保险经营模式。

国内保险界学者将世界农业保险的主要模式归纳为五种：即美国、加拿大模式—政府主导模式、日本模式—政府支持下的合作互助模式、前苏联模式—政府垄断经营模式、西欧模式—民办公助模式、亚洲发展中国家模式—国家重点选择性扶持模式等，这些模式都有一定程度的政府参与。国外农业保险的模式概括起来就是两种模式即政府主导型模式和政府支持型模式。政府主导型农业保险实际上就是政府直接建立保险公司并直接经营农业保险。有学者认为，政府主导型农业保险就是使农业保险服务与商业性保险公司相分离，建立由政府直接领导、不以赢利为目的的政策性的国家和地方农业保险机构。其基本职能是制定和实施农业保险政策，实行农业自然灾害的预防与救助，进行灾后损失的评估和理赔及对农业保险实行统一管理和专业化经营。也有学者认为，政府建立非赢利性的国家和地方的农业保险公司为农村保险合作社办理分保和再保险业务，从而将政策性保险与合作性保险相结合。政府支持型农业保险是指由商业保险公司来经营农业保险，政府提供一定的财政补贴、税收优惠和技术支持等，这也是很多发达国家采用的一种方式。我国发展农业保险应该选择哪种模式，即到底是政府多一些还是市场多一些，这也是学术界争论最多的问题。有必要将政府主导型农业保险模式与政府支持的农业保险商业经营模式进行如下的比较：

1. 政府支持的农业保险商业化经营模式

这种模式要求国家对农业保险给予免税和补贴，由国家或各地政府将政策性农业保险业务委托给商业性保险公司管理，实行单独立账、单独核算。

这种模式的主要特点是：政府不参与农业保险的具体业务，但适当给予农业保险以保费和经营管理费用的补贴，给予税收方面的优惠政策，同时负责监管工作；立法确定商业保险公司经营的农业保险业务，也可以自营农业保险业务，政府给予商业保险公司提供各种补贴并提供再保险支持；允许商业保险公司之间开展农业保险业务的竞争，各自开发适时适地的险种，扩大承保面，宣传鼓励农民参与农业保险，政府对商业保险公司所经营的政策性农业保险项目还应该给予财政和金融方面的优惠政策，对法定保险项目应免除其营业税和所有税，自营项目也免除大部分税赋。

该模式政府的支持应体现在多个方面：首先，政府对农业保险给予优惠政策和财政资金的支持。一是对受委托保险公司经营的农险业务免征一切税收，并按照经营规模给予相应的管理费补贴；二是对投保农民给予保费补贴，解决农民保费支付能力低的问题，以调动农民投保积极性和扩大承保覆盖面。其次，农业保险在承保理赔时也离不开当地政府的支持，农险标的面广、分散，地方政府及相关部门熟悉农民情况，只有依靠县、乡、村政府的组织推动，相关部门的积极配合，才能更好地为农民提供优质的保险服务。

政府支持的农业保险商业化经营模式中，由政府提供必要的补贴和其他方面的支持，可以在一定程度上改变其以往在农业保险上经营亏损的局面，也有利于商业保险公司在农业保险业务上的发展。而且，有了政府的补贴，保险公司在给付保险金上就会足额快捷地到位，从而重新建立农民对商业保险的信用，促进农业保险供需方面均步入良性循环。同时，保险公司按商业化模式经营，有利于提高其在农业保险方面的经营管理水平，并积极培育开发潜力巨大的农业保险市场，从而提高农业保险产品的提供能力和在国际农业保险市场中的竞争力。

政府将农业保险业务交给商业保险公司经营，可以充分利用保险公司的现有资源而降低经营费用。政府只对损失较大、受灾面较广的灾害事故提供补贴，经营上仍由保险公司按商业化模式经营，从而保险公司有防灾防损、按商业规则展业理赔的激励。与政府直接经营农业保险业务相比，政府补贴业务简单且容易监管，这有利于解决“经济人”的机会主义行为，真正地实现效益财政。

该模式的最大优势在于：建立市场机制和政策支持有效结合的混合机制能更好地结合市场作用和政府作用，解决市场失灵和政府缺位问题，充分发挥现有资源，节约了成本并且易操作。还可以利用保险公司现有机构和人员，解决政府开办政策性农业保险的前期基础性投入问题，从而提速农业保险的发展进程。

在政府支持下，由商业性保险公司来经营政策性农业保险有如下优势：首先，商业保险公司原本就有众多经营保险的技术和专业人才，以及各种销售渠道和大量销售网点，政府能大大地节省成本；其次，商业性保险公司有了政府政策性补贴，还可以开发农村保险市场，对经营政策性保险有很大的积极性；另外，商业性保险公司信誉好，从制度到技术都比较规范，容易获得农民的信任。在这种情况下，政府更有精力搞好监管工作。但是这种模式的主要弊病在于：首先，政府对农业保险的补贴在很大程度上会困扰决策者，无论过多还是过少都会使政府受到指责；其次，如果没有很好的机制和方法解决基层政府对农业政策性保险经营的支持与协助，投保农户的道德风险与逆向选择问题都难以防范。另外，该种模式在实际操作上仍有较大的难度，特别是在法定保险项目上。

为有效地解决农民由于农业保险保费过高保不起、保险公司经营农险效益差赔不起、国家为扶持农业保险发展而补贴过多补不起的矛盾，该模式在具体操作中应注意以下几个方面的问题：一是坚持基本保障的原则。在产品的设计上，可选择几种与农民切身利益关系密切的风险责任，保险金额和费率不宜过高，以减轻农民缴费负担，从而实行基本保障的原则；二是适当推行强制保险，在足够大的领域内分摊风险，避免逆选择，减少保险公司经营农业保险的经营性支出；三是为解决好国家补不起的问题，农业保险的保费筹集应坚持多渠道、广筹集、因地制宜的原则。国家可从财政预算或支农资金、救济资金中划转一部分，国家补一点、地方拿一点、企业出一点、个人交一点，共同筹集，以减轻完全由国家补贴或个人交纳保险费的负担。

2. 政府主导型农业保险经营模式

政府参与农业保险体现了公共财政，然而当前理论界的共识是财政也要讲效益，即实现财政效益的最大化。就像社会保险，由政府主办并由政府设立相关机构从事经营这种模式的优势是显而易见的。

政府主导型农业保险经营模式的优势在于：首先，农业保险本身作为准公共产品，比较适合由政府来办，而且政府的干预可以纠正市场作用偏弱而出现的“市场失灵”问题，实现资源有效的配置；其次，政府运用其权威和国家管理的职能在农村进行强制性制度变迁，比较容易推行和为农民所接受；另外，可以在尽可能大的范围内推广，从而分散风险，提高偿付能力，降低经营成本。

但这种保险模式有许多弊端。政府成立保险公司及其分支机构将导致固定投资和费用开支十分庞大；由于是国家投资，经营由政府补贴，使国有独资的政策性公司在制度创新、机制创新、管理创新、技术创新等方面都比较困难；在政府活动中，供给与需求、成本与价格的关系被割裂，从而导致运转成本高而效率低；存在支出超预算的激励机制，从而导致财政预算和实际支出数字逐年增大；政府主导会导致多层次的委托—代理问题，导致财政资源的浪费；农业风险事故多，出险概率大，赔付金额巨大，监管难度也很大。如从培养农业保险市场经营主体的角度来看，政府主导型农业保险会遏制商业保险在农业保险中的发展。一方面因为政策性保险公司在经营上不会考虑太多的成本因素；另一方面，政策性农业保险公司在展业时肯定会突出其政策性的一面。其业务人员甚至会把其作为等同于政府救助来宣传，农民也会把其当作民政机构的类似机构来看待，农民在投保时肯定会选择政策性保险机构而非商业性保险机构，在某种程度上排挤商业保险。

其实，保险的本质就是分散风险，提供保障。将小范围的风险分散到大范围，而且是范围越大越好，再保险的出现也正是基于上述的考虑。有人认为，国家的承担可以理解为全国范围内的风险分散，但是国家财政的用途多，而且不可能因为某年的农业风险所造成的损失大就采取紧缩的财政政策而加大税收。这样做只会加重国家的财政负担，在财政吃紧时期可能会造成顾此失彼，那么，就更不可能对农业保险进行很好的扶持。农业保险的真正目的是通过分散风险，达到“消化”农业风险，将农业风险“消化”于“无形”中，而不希望制度安排只是简单地将重担由保险公司一方转移到国家一方。而且，WTO 农业协议规定政府对农业的补贴性保护政策是有限的。显然，政府并不能很好地也不可能充分地担负起这个重任。

发展农业保险如果主要以政府的财政来支持，农业保险过高的赔付率与过高的管理成本必然加大政府的财政负担。以美国为例，1980～1999 年政府举办政策性农业保险的总成本是 150 亿美元，仅 1999 年一年政府给农作物保险的财政补贴就达 22.4 亿美元，其中保费补贴为 13.53 亿美元。按 2000 年的《农业风险保障法》，此后每年政府给农业保险的财政支持都要超过 30 亿美元。近年来，以美国为代表的一些国家，在政府进一步加大对农业保险的支持和补贴力度的情况下，农业保险并非按照政府的意愿取得更快更好地发展。政策性农业保险的发展容易使政府背上沉重的财政负担。保费补贴对提高农作物保险参保率的作用也有限。从部分国家的情况看，即使像美国和加拿大这样对农业保险投入非常大的国家，参保率也没有达到 100%。在美国，目前还有 1/4 的农民仍然不习惯或不愿意使用农业保险这个现代农业风险管理的有效工具。经营管理费的补贴降低了商业保险公司的风险责任，有导致私人保险公司只追求业务的数量而不考虑项目风险的可能性。大量的补贴扭曲了农业保险的功能，政策性农业保险从风险管理功能向收入转移功能转化。从全社会角度看，不能有效提高农业风险管理能力，而且由于逆向选择，更容易“引导”农业风险发生的方式和损失程度的扩大。

总之，政府主办的政策性农业保险模式与政府支持的商业性农业保险模式两者采用的风险管理与保险技术并没有什么不同，根本差异在制度设计，即政府、商业保险公司、投保农户三者间的博弈。目前国内外现存的各种农业保险模式，就是政府、保险公司和投保农户在现有的风险管理与保险技术水平下博弈的产物。因此，长期以来，“没有政府参与就不能经营农险”的观念不仅成为国内一些保险公司老总们脑海中的“定式”，甚至一些保险专家也不乏持有这样的观点，这至少反映了农业保险的现状。

（四）新农村建设中农业保险模式选择的原则与依据

1. 设计中国农业保险模式的原则

在总结国内外农业保险经验的基础上，设计中国农业保险模式，应坚持以下原则：

①政府引导、政策支持与市场运作相结合的原则。农业保险是准公共物品，需要政府的支持，但单靠政府来组织和推动的政策性农业保险的成本昂贵而效率低下。政府在积极组织推动和给予财政税收政策支持的同时，要充分发挥市场配置资源的作用，利用商业保险公司等各种现有资源开展业务运作，才能收到较好效果。

②农民买得起的原则。保险完全交由保险公司市场化运作，存在“公司保不起，农户买不起”的问题，业务难以发展，起不到应有的功能作用；如果都由国家承担，风险太大，国力难以承受，这既不现实，也不可能。为此，需要政府、保险公司和农户的共同努力。在政府支持下，遵循市场有需求、保险公司保得起、农民买得起和成熟一个推出一个的原则，不断地增加保险险种。

③经营农业保险的保险机构获得平均利润的原则。以赢利为目的的商业保险公司，为追求企业利润最大化，必然希望他们投入农业保险的这部分资本获得平均利润，否则就不会经营农业保险，不

能赚钱的买卖不可能有人去竞争，也就不会有市场供给，市场在这里是失灵的，这已被我国农业保险发展的历程所证明。要调动商业保险公司经营农业保险的积极性，政府除给予适当补贴外，主要靠实施一系列的优惠政策，使其获得平均利润，这样农业保险的发展才是可持续的。

④政府合理补贴的原则。政府支持农业保险，但不包办。政府在各方面政策上大力支持农业保险，并适当进行合理补贴。近几年来，我国财政收入大幅度地增加，为政策性农业保险的建立奠定了雄厚的经济基础。因而在此之前，政府官员和学者们不厌其烦的鼓噪所谓的政府不要多补贴农业保险的理由，已经不存在了。

⑤适度竞争的原则。在政府主导下，在一个地区里，应鼓励多个保险机构开展业务竞争，以利于改善服务。各方面给予优惠，以鼓励商业性保险公司和外资保险公司的积极参与。

⑥农户和农业企业自愿投保与强制投保相结合的原则。农业保险的效率与参与率的高低有很大的关系，参与率越高，农户需支付的保费就可能比较低，政府的出资也可保持在合理水平。政府给予保费补贴的办法对于提高参保率并不能起到有效的作用。对于农业保险，农民是被动的接受者，对农业保险缺乏需求，靠农民自觉自愿，农业保险就不可能做起来，更不可能做大。这除了农民（特别是种植一般粮食作物和经济作物的农民）的收入普遍较低的原因以外，还在于他们还有其他分散风险的手段可用，包括多种经营和对政府救济的期望。如果完全实行自愿保险，农业保险市场的逆向选择会显得非常严重，参与率难以提高，会出现低参与率与高保费之间的恶性循环，农业保险市场萎缩和政府财政负担过重的恶果将难以避免。在发展农业保险过程中，必须坚持以农为本，充分尊重农民的意愿，但考虑到农业在国民经济中的基础地位和农业保险自身的特点，可对一些关系到国计民生的大宗产品适度实行强制性保险。将各种优惠政策与“适度的强制性”有机结合起来，并贯穿于农业保险的方方面面。为了解决自愿投保条件下农业保险参保率不

高的问题，许多国家通过有关法律法规，将参加农业保险和享受其他农业优惠政策联系起来，以吸收足够大量的农户来投保。

日本的农业保险被认为是世界上农业保险的“成功经验”。早在1947年，日本的《农业灾害补偿法》就规定，凡对国计民生有重要意义的粮食作物、牲畜等列为法定保险范围，进行强制性保险。实行强制保险的有水稻、旱稻、麦类、桑蚕；牛、马、种猪、肉猪、牛仔等家畜类；橘子、苹果、葡萄、柿子、栗子、樱桃等果树类，还有大豆、甜菜、甘蔗、荞麦、日本茶、园艺设施内的蔬菜等。对其他果树、园艺作物、旱田作物、家禽等实行自愿保险。自愿保险不是全国性的，而是一种区域保险。日本还通过法律明确规定，在农作物保险中，达到一定经营规模的农户要强制加入，这种办法被称为当然加入制。对达不到规模的农户，实行自愿保险。当然加入制是指每种保险品种的耕作面积，在规定范围内的，而且超过都、道、府、县规定面积以上的农户，就必须加入保险。除此之外，日本还将农业保险和农业信贷结合起来，凡有农业生产借贷的农业保险标的，即使自愿保险项目也应依法强制投保。

美国的专家们就专门研究过各种支农、惠农政策之间的替代效应。在很长时间里，他们发现，政府的其他救灾政策或优惠农业的政策在很大程度上阻止了农民去购买农作物保险，以至于1994年美国《农业保险修正案》明确规定，农业保险与其他救灾政策和优惠金融政策捆绑在一起，不买农作物大灾保险就不能获得其他优惠政策，如农产品贷款计划、农产品价格补贴和保护计划等，把实行了几十年的自愿农作物保险变成了有条件的强制保险。美国有条件地强制农民参加农作物保险，使他们农作物保险的参与率一下子从40％多提高到80％以上。在美国这种保险业极其发达、国民风险意识和保险意识比较强的国家，农民还不那么情愿购买农业保险，更何况发展中国家的农民呢？

亚洲一些发展中国家的农业保险也采取了一些强制性措施，这种强制一般都与农业生产贷款相联系，只是联系的方式有所区别。

斯里兰卡规定，凡种植被保险的粮食作物都要依法投保。菲律宾、泰国、印度等国只对那些种植被保险农作物并且申请到这种农作物生产贷款的农户依法强制投保。菲律宾 1978 年颁布的《农作物保险法》明文规定，对从银行获得贷款的农民必须实行强制性保险。

借鉴国外经验，我国发展农业保险也要根据业务险种承保对象、承保风险和承保责任的不同，分别采取法定强制和自愿保险的形式。发展农业保险需要采取适度的强制性措施，要像重视保费补贴那样重视强制性，因为只有保持农业保险适度的强制性，才能提高农业保险的参保率，这是一项基础性的工作。我国地区差异较大，在增强农业保险强制性时不能照抄国外的做法，不能搞“一刀切”，应结合当地的实际，在工作中摸索经验，在总结经验的基础上不断向前推进。

2. 选择农业保险经营模式的依据

①根据当地的经济发展水平决定采取何种农业保险模式。当地经济发展水平表现为当地政府的财政收入和农民收入的水平。由于农业保险的高风险、高赔付率性质，农业保险不论采取何种模式，都难以离开政府的政策支持，尤其是财政支持；同时，农民自身也必须承担与自己的收入水平相应的保险负担，毕竟农民自身才是农业保险的直接受益人，财政不可能也难以单独地承担农险保费的负担。

②根据当地的保险发展水平决定采取何种保险模式。一方面，农民的保险意识决定了当地农业保险的发展规模。如果当地保险发展水平高，农民的保险意识强，农业保险的规模较大，就可以获得规模效益；另一方面，如果当地保险发展水平高，各种保险都有较好发展，那么就可以实行“以险养险”的保险模式。

③根据当地的风险构成决定采取何种保险模式。农业的风险既有暴风雨等自然灾害、农产品价格下跌等市场风险，又有故意破坏等社会风险、战争等政治风险。对政治性风险，只能由国家提供政策性保障或者不予保障；对市场风险，在保险水平比较低下的情况

下一般由农民自己承担；对某些社会风险，商业保险公司可提供一般商业保险；而自然灾害，则是农业保险承保的主要风险。

（五）走政府支持的农业保险商业经营发展之路

政府支持的农业保险商业经营模式与政府主导型农业保险模式，实质上都是在财政补贴下的农业保险经营模式。二者的区别在于是政府多一些还是市场多一些的问题。农业保险的准公共物品的属性，决定着农业保险应该走政策性发展之路；农业保险更接近私人物品的属性，又决定着发展农业保险应该市场多一些。政府支持的农业保险商业化经营模式就是政府利用财政、税收、金融、再保险等经济手段以及其他技术手段支持发展农业保险，而农业保险则主要通过市场进行商业化经营。我国农业保险要取得实质性突破，必须解决由于我国农业分散化、小规模、差异性和农业保险的外部性等问题所引发的“四大矛盾”。这四大矛盾包括：农业保险的高费用、高费率与农民低购买力的矛盾；农业保险的外部性与保险双方利益的矛盾；农业保险的政策性与商业保险公司赢利性目标的矛盾；在较大范围分散农业风险的需要与保险公司在较小范围内经营的矛盾。发展适合我国实际的政策性农业保险不能照搬美国、日本或法国等西方国家模式，也不能再走我国农业保险自主经营型的老路，宜采取一种渐进的路径。其出发点为：建立政策性农业保险体系，既要基本克服以往农业保险发展中存在的矛盾和问题，又要适应我国农业经济发展的特点和国家财政能力的实际。发展我国农业保险，应按照“国家财政和政策扶持、商业化运营，自愿与强制相结合，在尽量大范围内分散风险，逐步完善市场监督机制和法律保障机制”的思路，走政府支持的农业保险商业化经营发展之路。

1. 农业保险的准公共物品属性，决定了发展我国农业保险离不开政府的支持

正确认识农业保险的属性非常重要，它关系到农业保险经营模式的选择。私人产品可通过市场对生产者的激励而产生，即私人产

品可以由市场提供。而公共产品却必须由政府提供。而介于公共产品和私人产品之间的准公共产品的供给，可能由私人企业通过市场机制提供，但难以达到社会最优水平。准公共产品虽然并不都完全由国家提供，但是，由于其外部性的存在，国家进行适当的支持却是必要的。农业保险的准公共产品属性，决定了它是一项政策性极强的保险，政府对农业保险的支持程度决定着一国农业保险的发展水平。然而，农业保险更趋近于私人产品，需要商业化运营。农业保险的准公共产品属性决定了发展农业保险单纯走商业化道路行不通，在世界农业保险发展史上，纯商业性农业保险的经营模式基本上都是失败的，但发展农业保险也离不开商业保险公司的支持，因此，必须从政策性和商业性相结合上寻求其发展难题的破解之道。

农业保险的准公共产品属性，决定了发展我国农业保险离不开政府的支持。近年，带有政府财力支持的政策性质的农业保险在一些地区试验的成功，则展示了政府政策扶植对农业保险发展的决定性意义。发展农业保险政府给予财政补贴和其他扶植是非常必要的，但农业保险更趋近于私人产品的属性，再加上新一轮农业保险试点受到政府财力及其自身经营效率的限制，不适合设立政策性农业保险公司直接经营，应该主要靠商业化经营。

2. 政府支持只是矫正市场失灵，但不应该取代市场

现代市场经济是一种市场机制与政府干预相结合的混合经济，只有两者共同发挥作用才能保证经济和社会的稳定发展。中外学者的研究成就表明，根据中国经济发展的实际需要，当前中国政府在资源配置上仍有不可取代的重要作用，但也不可因此而建立起庞大的政府机构来取代市场。即市场主导资源配置，政府只纠正“市场失灵”，提供市场无法有效解决的公共产品和公共服务，亦即政府必须是“有限政府”或“小政府”。财政支持是一种政府行为，主要作用是矫正市场失灵、弥补市场功能的不足与缺陷、为实现市场配置资源的效率创造良好的外部条件，而不是取代市场或否定市场的作用。因此，既要发挥财政支持政策的扶持和引导作用，调动各

方面发展农业保险的积极性，共同支持农业保险；又要充分发挥市场激励和制约机制，以市场运作为主，充分运用市场化手段化解农业保险的风险，从而避免产生财政支持对私人保险的“挤出效应”、政府直接经营容易产生的“寻租”和低效率现象等对市场配置功能的扭曲。

发展农业保险，应按充分发挥政府、企业、农民三方之力，努力寻求政府、农户和商业保险公司三赢的均衡点。当前，我国农业保险处在新一轮试点和起步阶段，能否成功关键取决于政府的支持力度，包括经济、政策、法律、行政等方面的支持。

3. 发展农业保险必须加大政府支持力度

①一是要加大财政补贴力度。国内外的实践反复证明：发展农业保险，如果没有充足的政府补贴，从长远看，无论采用何种农险模式，其保障作用都很有限。当前，我国财力还比较有限，财政补贴应坚持基本保障的原则，保险标的应首先选择关系国计民生的种植业和养殖业，并主要实行保费补贴。保费补贴标准大体为50％左右，由各级财政共同承担。中央财政补贴应向粮食主产区倾斜，并根据农业产业政策调整补贴标准。把我国长期实行的以直接的农业补贴、价格补贴和发生自然灾害时中央财政的救济款，逐步转向对农业保险的投入上。财政补贴还应坚持合理补贴的原则，农业保险所承保的风险并不全部都是不可保风险，所以政府不可能也没必要对一切农业保险都提供补贴。只有那些关乎国计民生和对农业和农村经济社会发展有重要意义，而商业性保险公司又不可能或不愿意从事经营的农业保险项目，才有可能纳入政策扶持范围，集中有限的财政资源予以支持。其他如某些单风险农作物保险，符合一般商业保险承保风险的条件的，可由商业保险公司自主经营。在确定了补贴范围后，还要进一步制订补贴标准，并保证及时足额地补贴到位。对财政补贴是补企业还是补农户有如下两种观点：一种观点认为，农业保险是政策性的保险业务，经营机构不应当有赢利，可考虑由专门的政策性保险公司经营，或者加大财政补贴力度，例如

减免各种税收，对保险公司提供保费和管理费用等补贴，其风险和亏损应由国家财政兜底；另一种观点则认为，某些险种的农业保险具有很强的政策意义，可以由政府主导推动，但政府的支持并非没有边界，还应引入市场机制，实现财务上的可持续。简单的“输血”往往事与愿违，不仅导致效率低下，还容易滋生腐败。在《中央财政农业保险保费补贴试点管理办法》中，中央政府确立了政府向农户补贴保费，由商业保险机构组织经营的试点模式。根据此方案，对于农业保险的风险，中央财政并没有任何“兜底”的承诺。参与试点的保险公司必须根据风险情况精算保费，在政府补贴的前提下，通过市场机制来实现自身利益。

②对经营农业保险的公司实行多方面的优惠政策。在税收上，对商业保险公司经营农业保险实行税收减免政策。许多国家对农业保险免征一切税收，我国现行税制规定，对农业保险免征营业税和印花税，但只限定在种植业和养殖业上。由于农业保险在我国尚处于起步阶段，应加大对农业保险的税收优惠力度，如具体地讲：免征经营种养两业部分的保险企业所得税，对其他涉农保险降低营业税、印花税税率；对农业保险经营主体经营其他种类保险业务的营业税与所得税可以在一定时期内和一定程度上加以削减，以利于经营主体增加准备金积累，降低保险费率，提高农民保险费的支付能力；允许保险公司在税前扣除较大金额的盈余资金作为农业保险准备金，以增加经营主体的资金实力。在资金方面，支持经营农险业务的保险公司进入资本市场进行融资，在必要时政府可直接为保险公司融资，使保险公司在良好的金融支持下持续经营，化解突发的资金短缺危机。在经营业务上，允许农业保险机构在经营农业保险的同时经营人身保险，实行以险养险。如，墨西哥农业保险的承保范围除种植业保险和畜牧业保险外，还经营农业生产设备的保险和农民人身保险。我国应在允许农业保险机构经营农业保险的同时，允许其经营农民人身意外伤害保险、农民短期健康保险等。特别是，农业保险在农村站稳脚后，可以允许其利用人力、设备等资源

开展一部分农村金融业务等，这样既可增加收入，又可方便农民。

③要加快农业保险立法。由于大部分农业保险业务具有政策性，现行的《保险法》不太适用农业保险。应尽快研究制定《农业保险法》及其配套的法律法规，从各方面对农业保险予以规范和规定，把已有的支持农业保险发展的良好经验以法律形式固定下来，明确政府尤其是财政在农业保险中的责任、作用和支持方式，以为农业保险的发展提供良好的制度环境，从而保证农业保险体系的健康运行。

④对农业保险发展予以行政支持。各国农业保险发展基本上都有行政保护。农业保险具有很强的政策性，涉及保监会、农业部、财政部和国家发改委等多个部门。所以，我国应借鉴日美等国的经验，适时考虑在国务院组建农业风险管理局或类似机构，统筹全国农业保险发展。农业保险的发展，需要各级政府和相关部门尤其是基层政府的大力支持、配合和参与。大力加强农业保险的宣传力度，与各级党政部门加强沟通和联系，充分利用各种传播途径，如广播、电视、报纸、互联网、农村科普读物、音像制品、挂图、黑板报、标语、专题讲座等，提高广大农民的参保意识，使其认识到农业保险是稳定生产生活的必要手段，从而有助于提高参保率，为农业保险的发展创造良好的社会环境。

⑤对农业保险再保险提供支持。农业保险的高风险性，导致农业保险公司往往由于力量薄弱难以承担全部风险，因此建立农业保险的再保险机制势在必行。再保险也称分保，是保险人在原保险合同的基础上，通过签订再保险合同，将其承担的风险和责任，部分地或全部地转嫁给其他保险人的经营活动。在现代保险业的发展中，再保险是保险人扩展其业务和进行风险管理的不可缺少的工具和途径。参照国际上的做法，财政应对政策性农业保险的再保险给予一定的补贴，并实行一定的税收优惠政策。由国家财政投资成立中国农业再保险集团公司，并以法律的形式规定：任何形式的农业保险业务，必须向中国农业再保险集团公司分保，超赔部分由国家

财政负担。同时扶持中国农业再保险集团公司为各家从事农业保险的机构分散风险，对于政策性农业保险的分入保费，设立专项基金，盈余之年基金滚存，大灾之年用滚存基金赔付，差额部分由政府补贴。

⑥支持建立巨灾风险基金。巨灾风险是可能造成巨大财产损失和严重人员伤亡的风险。国际保险界对巨灾风险没有统一定义，各个国家根据本国实际情况在不同历史时期对巨灾风险进行定义和划分。巨灾保险不同于一般政策性农业保险，是一般政策性农业保险所无法解决的。由于缺乏有效应对农业巨灾的风险转移分担机制，目前我国巨灾损失基本上完全由农险经营主体承担，一旦发生农业巨灾损失，往往吞噬了农业保险公司的所有准备金和资本金，从而严重地冲击农业保险公司的财务稳定，危及农业保险的可持续发展。科学有效的风险分散机制是农业保险长远发展的重要保证，需要建立政府主导下的中央级农业巨灾风险基金，对遭遇巨灾损失的农险经营机构提供一定程度的补偿，以增强其抵抗巨灾风险的能力。巨灾风险基金的筹集应以国家为主、地方为辅，由中央、地方提供财政支持，可以以农险保费收入的10％计提巨灾风险基金。在正常年景，巨灾风险基金只增加但不使用，一旦出现大的自然灾害，农险经营机构超赔部分则由巨灾风险基金赔付。

⑦提供技术、研究资料和防灾减损扶持。中国是个自然灾害频繁的国家，主要有洪水、干旱、地震、台风、和泥石流等自然灾害，这些灾害事故的发生大多有一定的气象或地质征兆。政府应集中必要的财力和人力进行深入研究，从而提供准确的预测信息，提前做好防灾准备，同时，政府还应该积极修建防洪抗旱工程，为商业保险公司提供防灾减损扶持。

4. 建立农业保险政策性业务商业化运行模式

以商业保险公司为主体的农业保险模式不但有其理论依据，而且符合我国的国情，在我国现行农业保险体系上实施起来阻力小、成本少，并且无论从近期还是从远期来看，都容易收到良好的效果。

如果成立单一的国家独资的政策性农业保险公司则存在着下列不少问题：一是国家的财力有限，国家财政难以将资金过多地注入到农业保险的政策性经营中；二是国家成了投资主体，公司的性质为国有独资保险公司，公司经营的盈亏责任全部由国家负责，这种体制同社会主义市场经济体制是相背离的，也不利于政府职能的转变，可能导致经营效率的低下；三是政策性农业保险公司的产权问题、法人治理结构问题可能会长期困扰公司的经营；四是农业保险经营中的道德风险和逆选择风险难以通过体制转换得以解决，将会给经营管理留下“黑洞”。因此，应该特别强调农业保险的商业化运作机制。发展农业保险的总的指导思想是“以商业经营为主、以政策支持为辅”。基于此，我国应该建立农业保险政策性业务商业化运行的模式。只要在政府的支持下，商业保险公司经营农业保险能获得平均利润，农业保险商业化经营是完全可行的。

走农业保险政策性业务商业化运行之路，既支持商业保险公司通过开展农业保险取得平均利润，又不至于加重投保农民的负担，政府又能够长期负担得起，以促进农业保险持续、健康地发展。政府提供必要的扶持，商业保险公司依靠自主经营、自负盈亏的原则经营农业保险，发挥市场机制对农业保险资源配置的主导作用，实现政府、保险公司、农民三者的良性互动，逐步建立多层次体系、多渠道支持、多主体经营的符合国情的政府支持的商业化经营的农业保险制度。

发展农业保险，需要政府财政支持，但不能完全依靠财政补贴，不能走单一组织形式的道路。要调动中央、地方政府、企业、农民和社会各方面的积极性，整合利用各种资源，充分发挥市场机制作用，走多元化道路。农业保险的发展也应该遵循大数法则这一保险经营的基本原则，尽可能地通过各种方式扩大承保面，以分散农业保险经营的风险。由于中国幅员辽阔，各地区之间在地理环境、自然条件和农业生产诸方面存在着较大的差异，农业自然灾害的发生频率、轻重程度和后果大小也不尽相同，因此，按照大数法则，农业保险所承担的风险可以随着时间的拉长、空间的扩大和标的的增多而得到有效分散。换句话说，全国性的农业保险公司有利于从纵向、横向和承保对象这三个维度形成“用无灾补有灾”的运作机制。在各地农业保险试点的基础上，全国应建立相对统一的农业保险政策性业务商业化运行模式。

另外，一个国家或地区究竟该建立哪一种模式最好？其实，不同的地区、不同的经济发展水平、不同的财政负担能力、不同的农户投保意愿等多种因素决定了模式的选择绝不能搞“一刀切”，而是要因地制宜，区别对待。我国区域发展不平衡，自然风险差异大，也需要多种模式发展农业保险。农业的自然属性和中国的具体国情决定了农业保险没有“一劳永逸”的模式，现阶段，发展农业保险必须走经营主体组织形式多元化的道路。可以以省市为单位，从本地区实际出发，选择适合本地区的农业保险模式，比如专业农业保险公司模式、商业保险公司代办农险模式、共保体模式或相互制模式等。目前中国在上海、广东、浙江、江苏等经济较发达的东南沿海地区，财政负担能力也相对较好，可以由政府组建专业型农业保险公司，比如“安信”和“安盟”的经营方式其实就是政策性保险的雏形；而其他经济欠发达的西部内陆地区，则可以考虑采用由政府补贴的商业性保险公司经营模式，比如中国人民财产保险公司在全国范围内经营的农业保险其实就是政府补贴的商业保险模式。中国开展农业保险总的经营原则是政策扶持、商业运作。政府应对保险机构经营的政策性农险业务给予财政补贴、税收优惠、巨灾再保险等政策支持。现阶段发展农业保险应以地方政府为依托，发挥政府、企业、农民三方之力，最初以试点的形式，逐步建立多层次体系、多渠道支持、多主体经营的符合中国国情的农业保险制度。

综上所述，农业保险既离不开政府的有力支持，但又不能全部依赖政府。因此，我们主张的农业保险制度安排应该是：以政府支持的商业化农业保险为主，相互保险或合作保险等其他为辅的农业保险发展格局。

参考文献

[1] 庹国柱，李军．农业保险［M］．北京：中国人民大学出版社，2005．

[2] 屠其璞，王俊德等．气象应用概率统计学［M］．北京：气象出版社，1984．

[3] 冯文丽．中国农业保险制度变迁研究［M］．北京：中国金融出版社，2004．

[4] 陈璐，宗国富等．中国农业保险风险管理与控制机制研究［M］．北京：中国财政出版社，2008．

[5] 孟　春．中国农业保险试点模式研究［M］．北京：中国财政经济出版社，2006．

[6] 刘京生．中国农村保险制度论纲［M］．北京：中国社会科学出版社，2000．

[7] 庹国柱，王国军．中国农业保险与农村社会保障制度研究［M］．北京：首都经济贸易大学出版社，2002．

[8] 杜饶东，毛慧琴等．华南地区寒害概率分布模型研究［J］．自然灾害学报，2003，12（2）．

[9] 王素艳，霍治国等．干旱对北方冬小麦产量影响的风险评估研究［J］．自然灾害学报，2003，12（3）．

[10] 霍治国，李世奎等．主要农业气象灾害风险评估技术及其应用研究［J］．自然资源学报，2003，11（6）．

[11] 王雪臣，冷春香等．长江中游地区洪涝灾害风险分析［J］．科技导报，2008，26（2）．

[12] 吴　扬．农业保险的理论依据及其效应分析［J］．社会科学，2005，（12）．

[13] 史建民．我国农业保险现状及存在的问题［J］．农业经济问题，2003，（9）．

［14］冯文丽．我国农业保险市场失灵与制度供给［J］．金融研究，2004，(4)．

［15］张跃华，顾海英．准公共产品、外部性与农业保险的性质［J］．中国软科学，2004，(9)．

［16］宗　琪．农业结构调整的风险识别与模糊评价［J］．统计与决策，2006，(4)．

［17］黎已铭．我国农业保险发展问题研究［D］．西南大学博士论文，2006．

［18］吴祥佑．我国农业保险市场失灵的特殊性及对策［J］．重庆工商大学学报（西部经济论坛），2005，(1)．

［19］高彦彬．农业保险市场失灵的经济学分析［J］．东北大学学报（社会科学版），2006，(6)．

［20］张小芹．国内农业保险发展模式的经验与启示［J］．福建农林大学学报（哲学社会科学版），2007，10（3）．

［21］刘书祥，王克祥．国外农业保险模式、经验与启示［J］．金融会计，2007，(3)．

［22］李　军．农业保险的性质、立法原则及发展思路［J］．中国农村经济，1996，(1)．

［23］冯文丽，林宝清．我国农业保险短缺的经济分析［J］．福建论坛（经济社会版），2003，(6)．

［24］陈　璐．农业保险产品定价的经济学分析及我国实证研究［J］．南开经济研究，2004（4）．

［25］黄英君．农业保险属性、税赋差异及供给的非均衡［J］．改革，2007，(7)．

［26］官　兵．农业保险是公共物品吗？［J］．财经科学，2008，(4)．

［27］周自强．公共物品概念的延伸及其政策含义［J］．经济学动态，2005，(9)．

［28］柏晶伟，郑新立．建设新农村具有重大深远意义［N］．中国经济时报，2005-11-28．

［29］王太广．浅谈建设社会主义新农村［N］．农民日报，2005-10-31．

［30］夏王君．开好头，起好步新农村建设正破题［N］．人民日报，2005-11-30．

［31］李　静．简论现代农业建设［N］．光明日报，2005-11-29.

［32］冯　雷．加快社会主义新农村建设［N］．济南日报，2005-11-28

［36］胡　敏．新农村“新”在哪里［N］．经济日报，2005-11-14.

［37］韩　俊．工业反哺农业城市支持农村—如何在新形势下更多地支持农业和农村发展［N］．人民日报，2005-11-18.

［38］丁少群，庹国柱．国外农业保险发展模式及扶持政策［J］．世界农业，1997，(8).

［39］皮曙初，何建锋．关于中国农业保险问题的思考［J］．农业经济问题，1994，(8).

［40］申曙光．农业保险体制改革的总体构想［J］．农业现代化研究，1994，(3).

［41］孙文军．中国农业保险模式的比较与选择［J］．理论与改革，2001，(1).

［42］庹国柱，李军．我国农业保险试验的矛盾及出路［J］．新华文摘，2003，(10).

［43］庹国柱．农业保险体制改革模式选择［J］．中国农村经济，1997，(6).

［44］王和，皮立波．论发展我国政策性农业保险的策略［J］．保险研究，2004，(2).

［45］朱大卫．农业保险出路初探［J］．上海综合经济，2000，(5).

［46］吴　刚．农业保险发展的国际比较及启示与借鉴［J］．商业研究，2001，(2).

［48］Samuelson，Paul A.．The Pure Theory of Public Expenditure［J］．The Review of Economics and Statistics，36(November)，1954.

［49］Babcock，Bruce A.．Actuarial Fairness of Crop Insurance Rates with Constant Rate Relativities［J］．American Journal of Agricultural Economics，2004，Vol. 86 Issue (3).

［50］Crocker，Keith J.．Is honesty the best policy? Curtailing insurance fraud through optimal incentive contracts，［J］．Journal of Political Economy，1998，Vol. 106 Issue (2).

［51］Glauber，Joseph W.．Crop Insurance Reconsidered［J］．American Journal of Agricultural Economics，2004，Vol. 86 Issue(5).

[52]Goodwin, B. K. , V. H. Smith. An Ex Post Evaluation of the Conservation Reserve, Federal Crop Insurance and Other Government Programs: Program Participation and Soil Erosion[J]. Journal of Agricultural and Resource Economics, 2003(28).

[53]Makki, Shiva S. . Evidence of Adverse Selection Crop Insurance Markets[J]. Journal of Risk & Insurance, 2001, Vol. 68 Issue(4).

[54]Miranda, Mario J. . Systematic risk, reinsurance, and the failure of crop insurance markets[J]. American Journal of Agricultural Economics, 1997, Vol. 79 Issue(1).

[55]Smith, V. H. , B. K. Goodwin. Crop Insurance, Moral Hazard, and Agricultural Chemical Use[J]. American Journal of Agricultural Economics , 1996, (28).

[56]Vercammen, James. Moral hazard cycles in individual-coverage crop insurance[J]. American Journal of Agricultural Economics, 1994, Vol. 76 Issue (2).

[57]Wang, H. Holly. On the Possibility of a Private Crop Insurance Market: A Spatial Statistics Approach[J]. Journal of Risk & Insurance, 2003, Vol. 70 Issue 1, p111, 14p.

